Vom Datum zum Dossier

Stephan Schleim
Gedankenlesen
Pionierarbeit der Hirnforschung
  2008, 184 Seiten, 18 €

Rainer Sommer
Die Subprime-Krise und ihre Folgen
Von faulen US-Krediten bis zur Kernschmelze
des internationalen Finanzsystems
  2009, 232 Seiten, 19 €

Stefan Weber
Das Google-Copy-Paste-Syndrom
Wie Netzplagiate Ausbildung und
Wissen gefährden
2., aktualisierte Auflage
  2009, 196 Seiten, 16 €

Klaus Schmeh
Versteckte Botschaften
Die faszinierende Geschichte der
Steganografie
  2009, 246 Seiten, 18 €

Vanessa Diemand, Uwe Hochmuth,
Christina Lindner, Peter Weibel (Hrsg.)
Ich, Wir und Die Anderen
Neue Medien zwischen demokratischen
und ökonomischen Potenzialen II
  2009, 212 Seiten, 18 €

Matthias Brake
Mobilität im regenerativen Zeitalter
Was bewegt uns nach dem Öl?
  2009, 154 Seiten, 16 €

Stefan Selke, Ullrich Dittler (Hrsg.)
Postmediale Wirklichkeiten
Wie Zukunftsmedien die Gesellschaft
verändern
  2009, 256 Seiten, 19 €

Matthias Becker
Datenschatten
Auf dem Weg in die Überwachungs-
gesellschaft?
  2010, 182 Seiten, 16,90 €

Lothar Lochmaier
Die Bank sind wir
Chancen und Perspektiven von
Social Banking
  2010, 160 Seiten, 15,90 €

Harald Zaun
**S E T I – Die wissenschaftliche Suche
nach außerirdischen Zivilisationen**
Chancen, Perspektiven, Risiken
  2010, 320 Seiten, 19,90 €

Stefan Selke, Ullrich Dittler (Hrsg.)
**Postmediale Wirklichkeiten aus
interdisziplinärer Perspektive**
Weitere Beiträge zur Zukunft der Medien
  2010, 256 Seiten, 19,90 €

Stephan Schleim
Die Neurogesellschaft
Wie die Hirnforschung Recht und Moral
herausfordert
  2011, 218 Seiten, 18,90 €

Weitere Informationen zu den TELEPOLIS-Büchern und Bestellung unter:
→ www.dpunkt.de/telepolis

Dr. Astrid Auer-Reinsdorff

ist Fachanwältin für Informationstechnologierecht. Zu ihren Arbeitsbereichen gehören das IT-Vertragsrecht sowie Fragen des E-Com-
merce und des IT-Risiko-Managements, des Datenschutzes und der
IT-Compliance. Sie ist Mitverfasserin des Lehrplans für die Fachan-
waltschaft IT-Recht sowie Dozentin. Seit 2005 ist sie Vorsitzende des
Geschäftsführenden Ausschusses der Arbeitsgemeinschaft Informa-
tionstechnologie im Deutschen Anwaltverein (www.davit.de). Sie ist
Vorsitzende des Fachanwaltsausschusses der Rechtsanwaltskammer
Berlin. Ferner ist sie Mitglied im Redaktionsteam des »Der IT-Rechts-
Berater« und publiziert zu aktuellen Themen des IT-Rechts. Sie ist
Mitglied des Beirats Xinnovations e.V. Berlin, Vorstandsmitglied des
FrauenComputerZentrumBerlin sowie Mitglied des Vorstands des
Deutschen Anwaltvereins.

anfrage@dr-auer.de   www.dr-auer.de

Joachim Jakobs

ist freier Journalist und Referent für Datenschutz und Datensicherheit.
Er hat 20 Jahre Erfahrung als Journalist und Öffentlichkeitsarbeiter;
seit über zehn Jahren engagiert er sich in der IT-Industrie, darunter
auch bei IBM in Schottland, als Leiter Unternehmenskommunikation
eines Instituts der Fraunhofer-Gesellschaft und Medienkoordinator
der Free Software Foundation Europe. Er ist gelernter Industriekauf-
mann und Diplom-Betriebswirt (FH). Seit Jahren veröffentlicht er zum
Thema Datenschutz und Datensicherheit – unter anderem für die
VDI-Nachrichten, DIE ZEIT, stern.de und den Rheinischen Merkur. Bei
Telepolis verfasst er regelmäßig seine Kolumne »JJ's Datensalat«.

jj@privatsphaere.org

Dr. Niels Lepperhoff

ist Geschäftsführer und Mitgründer der Xamit Bewertungsgesell-
schaft mbH, Düsseldorf. Er unterstützt Unternehmen und andere
Organisationen u.a. als externer betrieblicher Datenschutzbeauftrag-
ter, bei der Erstellung und Umsetzung von Datenschutz- und IT-
Sicherheitskonzepten sowie bei IT- und Softwareprüfungen. Der
Diplom-Informatiker war davor mehrere Jahre als Wissenschaftler und
Politikberater tätig. Er veröffentlichte zahlreiche wissenschaftliche
Bücher, Artikel und Studien zu Aspekten der Sicherheitspolitik, des
Datenschutzes und der IT-Sicherheit.

info@xamit.de

Astrid Auer-Reinsdorff · Joachim Jakobs · Niels Lepperhoff

Vom Datum zum Dossier

Wie der Mensch mit seinen schutzlosen Daten in der Informationsgesellschaft ferngesteuert werden kann

 Heise

Reihenherausgeber: Florian Rötzer, München, fr@heise.de

Lektorat: Dr. Michael Barabas
Copy-Editing: Susanne Rudi, Heidelberg
Herstellung: Birgit Bäuerlein
Umschlaggestaltung: Hannes Fuß, www.exclam.de
Druck und Bindung: M.P. Media-Print Informationstechnologie GmbH, 33100 Paderborn

Bibliografische Information der Deutschen Nationalbibliothek
Die Deutsche Nationalbibliothek verzeichnet diese Publikation in der Deutschen National-
bibliografie; detaillierte bibliografische Daten sind im Internet über http://dnb.d-nb.de abrufbar.

ISBN 978-3-936931-70-9

1. Auflage 2011
Copyright © 2011 Heise Zeitschriften Verlag GmbH & Co KG, Hannover

Inhaltsverzeichnis

Datenschutz blickt auf eine 2400-jährige Geschichte zurück. Der Eid des Hippokrates (460–370 v. Chr.) normiert unter anderem die Schweigepflicht für Ärzte. Eine Schweigepflicht schafft das für eine Behandlung notwendige Vertrauensverhältnis zwischen Arzt und Patient. Ohne Vertrauen berichtet ein Kranker über seine Beschwerden oder mögliche Ursachen nicht oder nur unvollständig. Deshalb ermöglicht die Schweigepflicht dem Arzt erst seine Berufsausübung. Weitere berufsspezifische Schweigepflichten gesellten sich im Laufe der Geschichte dazu: beispielsweise 1215 das Beichtgeheimnis und 1619 das Bankgeheimnis.

Eine umfassende Regelung zum Datenschutz wurde erst mit Aufkommen der elektronischen Datenverarbeitung notwendig. Bis dahin wurden Daten auf Papier »gespeichert«, also aufgeschrieben. Einmal auf ein Stück Papier geschrieben waren die Daten mit diesem untrennbar verbunden. Papier schützte die Daten unauffällig und kostengünstig in vielfältiger Weise:

- Schutz vor übermäßigen Auswertungen:
  Nur Menschen konnten beschriebenes Papier damals lesen, d.h., jede Auswertung bedeutete, dass Menschen zahlreiche Papiere durchsehen mussten. Im Alltag ein selten betriebener Aufwand.

- Schutz vor (unbemerktem) Diebstahl:
  Die Daten konnten entweder mit dem Papier gestohlen oder mussten mühevoll von Hand abgeschrieben werden. Im ersten Fall fiel das Fehlen auf. Der zweite Fall bedeutete einen je nach Umfang erheblichen Zeitaufwand.

- Schutz durch Vergessen:
  Da die Auswertung von Papieren aufwendig war, wurden viele Daten zwar erhoben, aber nicht systematisch ausgewertet. Die Zweckbindung war sehr strikt.

Die Erfindung und massenhafte Verbreitung des Computers beschert uns heute die elektronische Datenverarbeitung. Die Trennung von Daten und Speichermedium ist neben der elektronischen Bearbeitung die entscheidende Zäsur. Dasselbe elektronische Datum lässt sich auf CD, Papier, Diskette, DVD, Festplatte, Solid Disk oder USB-Stick speichern. Es kann beliebig ohne Qualitätsverlust kopiert, verändert und ausgewertet werden. Dadurch sind die drei oben genannten Schutzwirkungen des Papiers überwunden. Um die gleiche Schutzwirkung wie mit Papier zu erhalten, bedarf es zusätzlicher technischer, organisatorischer und rechtlicher Vorkehrungen.

Heute erleben wir, wie sehr der technische Fortschritt in der EDV unserem Denken und Fühlen, unseren gesellschaftlichen Entscheidungsprozessen und unserem Recht davonläuft. Gedanklich leben wir noch im Papierzeitalter: Wichtige Informationen kommen ausgedruckt in den Tresor. Ihre elektronischen Originale liegen derweil ungeschützt auf einem Rechner, denn unser Handeln bedient sich neuster Techniken.

Das deutsche Datenschutzrecht geht auf eine Zeit zurück, als elektronische Datenverarbeitung auf wenigen – sehr teuren – Großrechnern stattfand. Damals waren die Rollen Datenverarbeitender/Betroffener noch klar erkennbar. Trotz einiger Detailverbesserungen hinkt der Rechtsrahmen hinter der technischen Wirklichkeit hinterher. Heute findet Datenverarbeitung auf dem Handy in der Hosentasche, im Büro und Wohnzimmer statt. Die wenigen Großrechner sind durch Millionen Computer und Mobiltelefone abgelöst worden. Statt wenige eindeutig zu erkennende Unternehmen und Behörden verarbeiten heute alle Vereine, Unternehmen, Familien und Behörden Daten elektronisch.

Das stellt den Grundgedanken des Datenschutzes (Kap. 2) (»Jeder soll selber entscheiden, wer was über ihn weiß«) vor zentrale Herausforderungen:

- die Verknüpfung von Datenbeständen zu Persönlichkeitsdossiers[1] (Kap. 3),
- die Gestaltung der Datensparsamkeit (Kap. 4),
- der Umgang mit Daten im privaten Umfeld (Kap. 5),
- die Sicherheit der Daten (Kap. 6) und
- die Aufsicht und Kontrolle über die Datenverarbeitung (Kap. 7).

Die technische Entwicklung bleibt indes nicht stehen (Kap. 8), d.h., es kommen neue Möglichkeiten zur Datenerhebung, -verarbeitung und -verknüpfung hinzu. Wir müssen die Herausforderungen gesellschaftlich bewältigen, während immer neue hinzukommen.

Namentlich gekennzeichnete Beiträge geben ausschließlich die Meinung des kennzeichnenden Autors wieder und nicht die Meinung der Co-Autoren, die durchaus abweichend sein kann.

---

1) Synonym verwenden wir neben dem Begriff »Dossier« auch »Profil«.

2 Rechtlicher Rahmen der Datenverarbeitung

Astrid Auer-Reinsdorff

Dem deutschen Datenschutzrecht liegt der Ansatz zugrunde, dass mit der Zunahme der Datenerhebungen und mit dem Einzug der technischen Informationsverarbeitungen in die öffentliche Verwaltung und die Unternehmen Regelungen gefunden werden, welche den Betroffenen vor Beeinträchtigungen schützen, aber zugleich die Arbeit mit und an den Daten ermöglichen. Der von der Datenverarbeitung Betroffene ist heute längst nicht mehr nur der passive Bürger, dessen Daten im Interesse der Verwaltung und staatlichen Steuerung erhoben und verarbeitet werden. Bürger haben Teil an staatlichen Leistungen, kaufen und verkaufen im Wege des Fernabsatzes in Online-Shops, Auktionen etc., registrieren sich für Internetdienste und verarbeiten selbst Daten ihrer Freunde, Kontakte und Geschäftspartner.

Unter dem Stichwort Datenschutz hat sich seit In-Kraft-Treten des Bundesdatenschutzgesetzes zum 01.01.1979[1] eine Vielzahl von Themen angesammelt, welche eine laufende Fortentwicklung des Datenschutzrechts erfordern. Über den Gesetzeszweck des Bundesdatenschutzgesetzes, nämlich *den Einzelnen davor zu schützen, dass er durch den Umgang mit seinen personenbezogenen Daten in seinem Persönlichkeitsrecht beeinträchtigt wird*[2] hinaus, hat das Bundesverfassungsgericht im Volkszählungsurteil vom 15.12.1983[3] das Grundrecht auf informationelle Selbstbestimmung geprägt. Die Kernaussage unter C II 1 a der Entscheidung lautet: »*Mit dem Recht auf informationelle Selbstbestimmung wären eine Gesellschaftsordnung und eine diese ermöglichende Rechtsordnung nicht vereinbar, in der Bürger nicht mehr wissen können, wer was wann und bei welcher Gelegenheit über sie weiß. Wer unsicher ist, ob abweichende Verhaltensweisen jederzeit notiert und als Infor-*

---

1) Erstfassung des Bundesdatenschutzgesetzes vom 01.02.1977, BGBl. I S. 201.
2) § 1 Absatz 1 Bundesdatenschutzgesetz.
3) Urteil zur Verfassungsgemäßheit des Volkszählungsgesetzes 1983; Az. 1 BvR 209/83, 1 BvR 269/83, 1 BvR 362/83, 1 BvR 420/83, 1 BvR 440/83; BVerfGE 65, 1 ff. Vgl. http://de.wikipedia.org/wiki/Volksz%C3%A4hlungsurteil.

mation dauerhaft gespeichert, verwendet oder weitergegeben werden, wird versuchen, nicht durch solche Verhaltensweisen aufzufallen.«

Umfang, Art und Weise der Datenerhebung, -verarbeitung und -nutzung haben sich im Rahmen der Grundrechtsabwägung im öffentlichen und privaten Bereich daran zu orientieren, dass der Einzelne in den Fällen, in denen er sich einer Preisgabe seiner Daten nicht entziehen kann, möchte er am Gemeinwesen teilhaben, vor einer unbegrenzten Erhebung, Verwendung und Weitergabe seiner persönlichen Daten zu schützen ist.[4]

Das Datenschutzgesetz geht von dem Prinzip aus, dass die Verarbeitung[5] personenbezogener Daten grundsätzlich verboten ist und ihre Zulässigkeit von einer Einwilligung des Betroffenen oder aber einer gesetzlichen Ermächtigung abhängt. Dieses gesetzliche Verbotsprinzip ist nicht zwingend im informationellen Selbstbestimmungsrecht angelegt. Denkbar und derzeit diskutiert werden Ansätze, die von einer generellen Zulässigkeit der Datenverarbeitung ausgehen, solange sich diese im Rahmen des Zwecks der Datenpreisgabe seitens des Betroffenen hält oder dieser der Datenverarbeitung für die Zukunft nicht widersprochen hat. Auch dieser Ansatz schützt die Betroffenen vor einer schrankenlosen Verarbeitung ihrer Daten, trägt aber möglicherweise mehr den Realitäten der Datenverarbeitung in der Informationsgesellschaft Rechnung. Über die Zeit ist die angenommene eindeutige Zuordnung, wer Betroffener und wer Datenverarbeiter ist, einer Situation gewichen, in der die Rollen laufend wechseln. Die Gegenüberstellung von Staat und Unternehmen einerseits und Privatpersonen andererseits funktioniert nicht mehr als regulatorische Grundlage. Fraglich ist geworden, inwiefern die Annahme haltbar bleibt, der Betroffene sei unerfahren, ahnungs- und schutzlos im Hinblick auf die Wege der modernen Datenverarbeitung und den Wert personenbezogener Daten in den Bereichen der Gefahrenabwehr und des wirtschaftlichen Absatzes.

Das Recht auf informationelle Selbstbestimmung wird seit der Entscheidung des Bundesverfassungsgerichts zu Online-Durchsuchungen vom 27.02.2008[6] zum Grundrecht auf Gewährleistung der Vertraulichkeit und Integrität informationstechnischer Systeme – kurz *Computer-Grundrecht* – im Hinblick auf die technischen Möglichkeiten zur Auswertung und Ver-

---

4) C II 1 a der Entscheidung: *Freie Entfaltung der Persönlichkeit setzt unter den modernen Bedingungen der Datenverarbeitung den Schutz des Einzelnen gegen unbegrenzte Erhebung, Speicherung, Verwendung und Weitergabe seiner persönlichen Daten voraus.*

5) Datenverarbeitung wird hier stellvertretend für die Erhebung, Verarbeitung und Nutzung personenbezogener Daten im Sinne des § 1 Absatz 2 BDSG benutzt.

6) Az. 1 BvR 370/07, 1 BvR 595/07, abrufbar unter: http://www.bundesverfassungsgericht.de/entscheidungen/rs20080227_1bvr037007.html.

knüpfung von Datensammlungen flankiert. Mit dem technischen Fortschritt geht es längst nicht mehr nur um die Frage, welche Daten der Betroffene zur Teilhabe am gesellschaftlichen Leben preisgeben muss, sondern wie diese Datenbestände aus unterschiedlichen Quellen logisch verknüpft und jenseits der Zweckbindung ausgewertet und verarbeitet oder mittels einer heimlichen Maßnahme direkt beim Betroffenen abgezapft werden können.

Mit der Vorratsdatenspeicherung, welche das Bundesverfassungsgericht mit seiner Entscheidung vom 02.03.2010[7] als nicht verfassungsrechtlich legitimiert kippte, war ein weiterer Datentopf entstanden, aus dem die Provider zur Auskunft verpflichtet waren. Es bleibt abzuwarten, ob eine andere Vorgehensweise bei der Vorratsdatenspeicherung gesetzlich begründet wird und wie weit die Auskunftspflicht der Provider gegenüber öffentlichen Stellen und Privaten reichen wird.[8, 9]

Seit etwa 2008 sind Datenschutzskandale[10] vermehrt Gegenstand der Medienberichterstattung. Dies zeigt deutlich, dass dieses Thema in seinen Facetten der Bevölkerung nähergebracht wird. Die technischen Systeme bieten in den heutigen Entwicklungsstufen immer schnellere und zuverlässigere Möglichkeiten, Daten in großem Umfang auszuwerten und abzugleichen. Im Wettbewerb um Kunden sind deren Anschriften, persönliche Lebensbedingungen und Präferenzen sowie Daten über Kauf- und Suchverhalten zu einem erheblichen Faktor geworden. Rund 1300 Adresshändler bieten in unterschiedlichen Preissegmenten einfache oder qualifizierte Adressdatensätze und erwirtschaften damit Milliarden. (Vgl. Abschnitt 5.2.3)

Daneben steigen die Anforderungen an die Unternehmensleitungen, die Konformität ihrer Mitarbeiter und Prozesse mit den rechtlichen Vorgaben zu garantieren. Unter dem Stichwort Compliance geraten die Verantwortlichen zunehmend in den Zielkonflikt, die Einhaltung der Gesetze durch ihre Mitarbeiter sicherzustellen, ohne hierzu automatisierte Verfahren einzusetzen, welche den massenhaften Abgleich von personenbezogenen Daten mit verdächtigen Kontakten, Bankdaten oder Ähnlichem vollziehen.

---

7) BVerfG Urt. v. 02.03.2010, 1 BvR 256/08, 1 BvR 263/08, 1 BvR 586/08. http://www.bundesverfassungsgericht.de/pressemitteilungen/bvg10-011.html.
8) http://www.datenschutzskandale.de/; Forbes machte 2009 in seiner Ausgabe vom 24.11.2009 zum *Year of the Mega Data Breach*. http://www.forbes.com/2009/11/24/security-hackers-data-technology-cio-network-breaches.html.
9) http://www.heise.de/thema/Vorratsdatenspeicherung.
10) http://www.datenschutzskandale.de/; Forbes machte 2009 in seiner Ausgabe vom 24.11.2009 zum *Year of the Mega Data Breach*. http://www.forbes.com/2009/11/24/security-hackers-data-technology-cio-network-breaches.html.

Im Interesse des wirtschaftlichen Erfolgs ist die Bonität der Kunden, Mieter und sonstigen Vertragspartner von erheblicher Bedeutung. Professionelle Auskunfteien sowie oftmals Detektive unterstützen die Unternehmen bei ihrem Streben, Vergütungsausfälle oder nicht hinreichend gesicherte Vertragsbeziehungen zu vermeiden.

Die Sozialen Netzwerke nehmen die deutschen datenschutzrechtlichen Rahmenbedingungen mehr oder weniger ernst, wenn es um die Registrierungsdaten geht. Die Kommunikations- und Vernetzungsmöglichkeiten über die Sozialen Netzwerke stellen viele Nutzer vor Herausforderungen. Anbieter ohne einen Geschäftssitz in Deutschland sind nur eingeschränkt für aufsichtsrechtliche Maßnahmen oder im Wege der Einstweiligen Verfügung geltend gemachte Unterlassungs- und Beseitigungsansprüche der Betroffenen erreichbar.

Dem berechtigten Interesse, Informationen über das Handeln der öffentlichen Verwaltung zu erhalten, stehen wiederum die Interessen der am Verwaltungsvorgang Beteiligten am Schutz ihrer personenbezogenen Daten entgegen. Erst am 01.01.2006 trat in Deutschland das Informationsfreiheitsgesetz[11] in Kraft, welches den Grundsatz etabliert, dass Zugang zu behördlichen Informationen des Bundes zu gewähren ist. Damit ist die Zugangsverweigerung zur Ausnahme geworden. Sind personenbezogene Daten von dem Auskunftersuchen betroffen, bedarf es der Abwägung, ob die Interessen des die Auskunft Begehrenden als schutzwürdiger anzusehen sind als die des Betroffenen.[12]

Diese und neue Herausforderungen hat das Datenschutzrecht zukünftig abzubilden. Es erscheint dabei übereilt, für jedes konkrete Phänomen oder Geschäftsmodell eine gesetzliche Regelung nachzuziehen.[13] Dies trägt die Gefahr in sich, dass das Datenschutzrecht auf lange Sicht auf immer neue Entwicklungen reagiert, ohne selbst Grundprinzipien anzubieten. Datenschutzrechtliche Maßnahmen bedürfen zudem der Flankierung mit Bildungs- und Aufklärungsinitiativen. Die Bundesministerin der Justiz Leutheusser-Schnarrenberger hat die Einrichtung einer Stiftung Datenschutz[14] angeregt, welche ähnlich wie oder ergänzend zu den Tests der Stiftung Warentest Online-Angebote auf deren Nutzerfreundlichkeit in Sachen Datenschutz

---

11) Gesetz zur Regelung des Zugangs zu Informationen des Bundes vom 05.09.2005 (IFG – BGBl. I S. 2722).
12) § 5 Absatz 1 IFG.
13) Zum Beispiel aktuell die Diskussion über den Erlass eines Gesetzes zu Geodaten im Zusammenhang mit GoogleStreetView.
14) http://www.zeit.de/politik/deutschland/2009-10/datenschutz-internet; Dokumentation zum DAV-Datenschutzforum am 27.10.2010 in Berlin unter http://www.davit.de/informationen/.

bewerten soll. Im Haushalt 2011 sind 11 Millionen Euro als Stiftungskapital bereitgestellt.

Noch wird über die Aufgaben, die Organisationsform und die Umsetzung diskutiert.[15] Dabei hat insbesondere der Deutsche Anwaltverein[16] zu bedenken gegeben, dass die Durchführung von Audits im Auftrag der Unternehmen verbunden mit der Verleihung eines Gütesiegels zu einem Zielkonflikt führen könnte. Wie bei der Stiftung Warentest solle die Stiftung unabhängige vergleichende Tests durchführen. Der Bundesbeauftragte Peter Schaar hat in seinem Diskussionspapier vom 01.02.2011 vorgeschlagen, den Prüfungsinhalt und die Vergabe der Gütesiegel durch die Verzahnung der Arbeit zwischen den Aufsichtsbehörden und der Stiftung insbesondere über deren Gremien zu erreichen. Anders als die gegebenenfalls anlassbezogenen Prüfungen der Aufsichtsbehörden beruhten die Ergebnisse der Audits auf freiwilligen Angaben der Unternehmen, sodass diese für die Aufsichtsbehörden im Einzelfall keine Bindungswirkung entfalten. Außerdem sollen die Aufsichtsbehörden auf ihren Internetseiten bekanntgeben, wenn sie zu den in Testreihen der Stiftung erzielten Einschätzungen abweichende Feststellungen getroffen haben. Es ist fraglich, ob dies zu der erwünschten erhöhten Transparenz, Akzeptanz und Anwenderorientierung des Datenschutzes führt.

Die Datenschutzstiftung soll dann die dringend erforderlichen Bildungsmaßnahmen an Schulen, durch Informationsmaterial und -veranstaltungen anstoßen und in Zusammenarbeit mit den Ländern verstetigen. Ziel ist, ein höheres Maß an Datenschutzkompetenz bei jedem Einzelnen zu erreichen, um einmal die Sensibilität der Unternehmer für die Anforderungen und Prozesse des Datenschutzes zu erhöhen und zweitens die Anwender zu reflektiertem Umgang mit ihren Daten im Sinne eines Selbstdatenschutzes zu befähigen.

---

15) http://www.bfdi.bund.de/SharedDocs/Publikationen/
    KonzeptionStiftungDatenschutz.pdf?__blob=publicationFile.
16) http://anwaltverein.de/downloads/gebuehrenrecht/
    2009-12-09-Eckpunktepapier-Stiftung-DatenschutzEndfassung.pdf.

2.1 Gesetzlicher Rahmen des Datenschutzes

Für Deutschland gelten die datenschutzrechtlichen Regelungen der OECD[17], der Europäischen Union, des Bundes mit der Rechtsprechung des Bundesverfassungsgerichts zum Grundrechtscharakter des informationellen Selbstbestimmungsrechts und dem Computer-Grundrecht sowie der Länder teilweise mit Verfassungsrang in den Ländern. Dabei sind die datenschutzrechtlichen Regelungen nicht jeweils in einer Richtlinie oder einem Gesetz zusammengefasst, sondern finden ihren Niederschlag in bereichsspezifischen Regelungen wie zum Beispiel im Telekommunikationsgesetz.

International dienen die Regeln der OECD zu der Harmonisierung der Regelungen der Mitgliedstaaten der OECD, der Förderung eines freien Informationsaustauschs, der Vermeidung ungerechtfertigter Handelshemmnisse und dem Verhindern einer Kluft zwischen den US-amerikanischen Regelungen sowie denen der Europäischen Union. Das Regelwerk der OECD ist wie die Europäische Datenschutzkonvention[18] des Europarats vom 28.01.1981 kein zwingendes Recht. Die Europäischen Richtlinien sind hingegen für die Mitgliedstaaten der Europäischen Union bindend. Die Europäische Union hat folgende im Hinblick auf Datenschutzrecht relevante Richtlinien erlassen:

- Richtlinie 95/46/EG zum Schutz natürlicher Personen bei der Verarbeitung personenbezogener Daten und zum freien Datenverkehr,[19] deren Aktualisierung die Europäische Kommission aktuell betreibt,[20]
- Richtlinie 2002/58/EG Datenschutzrichtlinie für elektronische Kommunikation,[21]
- Richtlinie 2006/24/EG über die Vorratsspeicherung von Daten.[22]

Das Bundesdatenschutzgesetz gilt für die datenschutzrechtlichen Beziehungen von Bundesbehörden[23] und privaten datenverarbeitenden Stellen[24] wie Unternehmen und Vereine gegenüber den Betroffenen. Die Landesdatenschutzgesetze enthalten die datenschutzrechtlichen Rahmenbedingungen für

---

17) www.oecd.org, Organisation für wirtschaftliche Zusammenarbeit und Entwicklung mit den OECD *Guidelines for the Security of Information Systems and Networks: Towards a Culture of Security.*
18) Text der Konvention: http://conventions.coe.int/Treaty/GER/Treaties/Html/108.htm.
19) 23.11.1995, ABl. EG Nr. L 281 S. 31–50.
20) http://ec.europa.eu/justice/news/consulting_public/0006/com_2010_609_en.pdf.
21) 31.07.2002, ABl. EG Nr. L 201 S. 37–47.
22) 13.04.2006, ABl. EU Nr. L 105 S. 54–60.
23) Öffentliche Stellen des Bundes im Sinne des § 2 Absatz 1 BDSG.
24) Nicht öffentliche Stellen im Sinne des § 2 Absatz 4 BDSG.

Landes- und Kommunalbehörden[25]. Öffentliche Stellen des Bundes und der Länder sind auch deren privatrechtlich organisierten Eigenbetriebe[26], soweit sie hoheitliche Aufgaben wahrnehmen, und Public Private Partnerships[27]. Daneben von besonderer Bedeutung sind die datenschutzrechtlichen Regelungen des Telekommunikationsgesetzes (TKG) und des Telemediengesetzes (TMG).

2.2 Definition der personenbezogenen Daten

Die Datenschutzgesetze regeln den Schutz personenbezogener Daten. Nach § 3 Absatz 1 BDSG sind personenbezogene Daten alle Einzelangaben über persönliche oder sachliche Verhältnisse einer bestimmten oder bestimmbaren natürlichen lebenden Person – des Betroffenen. Relevante Einzelangaben sind alle Informationen, welche sich direkt auf eine Person beziehen oder geeignet sind, einen Bezug zu einer Person herzustellen.[28] Personenbezogene Daten sind zum Beispiel:

- Name, Alter, Familienstand, Geburtsdatum
- Anschrift, Telefonnummer, E-Mail Adresse
- Konto-, Kreditkartennummer
- Kraftfahrzeugnummer, Kfz-Kennzeichen
- Personalausweisnummer, Sozialversicherungsnummer
- Vorstrafendaten
- genetische Daten und Krankendaten[29]
- Daten über Leistung und Verhalten zum Beispiel in Zeugnissen
- Bewertungen der Kaufkraftklasse (Scorewert – vgl. Abschnitt 3.3.5).

---

25) Öffentliche Stellen der Länder im Sinne des § 2 Absatz 2 BDSG.
26) Gemäß § 2 Absatz 4 BDSG. Eigenbetriebe sind kommunalrechtlich wirtschaftliche Unternehmen einer Gemeinde auf Grundlage der jeweiligen Gemeindeordnung errichtet, die keine eigene Rechtspersönlichkeit besitzen. Sie können zu ihren Abnehmern (Benutzern) in öffentlich-rechtlichem oder privatrechtlichem Verhältnis stehen, z.B. Kindertages-, Sportstätten und Kultureinrichtungen im Eigenbetrieb.
27) Gemäß § 2 Absatz 3 BDSG. Öffentlich-Private Partnerschaften (ÖPP) sind Kooperationen zwischen Hoheitsträgern und privaten Wirtschaftsunternehmen, welche der Bereitstellung von Erfahrungen, Ressourcen und privatem Kapital zur Bewältigung hoheitlicher Aufgaben dienen.
28) Sog. personenbeziehbare Daten.
29) Besondere personenbezogene Daten im Sinne des § 3 Absatz 9 BSDG.

2.3 Prinzipien des deutschen Datenschutzrechts

Das dem Datenschutzrecht in Deutschland zugrunde liegende Verbotsprinzip, das jegliche Verarbeitung als vermutlich rechtswidrig einstuft, gestattet eine Verarbeitung nur auf Basis gesetzlicher Regelungen oder mit Einwilligung des Betroffenen.

Dieser Grundsatz wird wie folgt flankiert:

- Prinzip der Direkterhebung (§ 4 Absatz 2 BDSG)
- Prinzip der Zweckbindung (§§ 14 und 28 ff., 39 BDSG)
- Einwilligung (§§ 4 und 4 a BDSG)
- Datenvermeidung (§ 3 a BDSG)
- Datensparsamkeit (§ 3 a BDSG)
- Datensicherheit (§ 9 BDSG nebst Anlage).

Die personenbezogenen Daten sind nach § 4 Absatz 2 BDSG grundsätzlich beim Betroffenen zu erheben, also zum Beispiel durch Aufnahme der Vertrags- oder Registrierungsdaten. Wenn es der Geschäfts- oder Zweck des Verwaltungshandelns erfordern, können Daten auch bei Dritten erhoben werden. Zum Beispiel ist es für eine Detektei, Anwaltskanzlei u. Ä. sogar typisch, dass sie die Daten über die Gegner oder sonstigen anderen Beteiligten wie Zeugen bei den Mandanten erfragen oder in allgemein zugänglichen Quellen ermitteln.

Im Rahmen der Datenerhebung ist der Betroffene über deren Zweck zu informieren. Ferner ist die Identität der erhebenden Stelle anzugeben und, soweit die Übermittlung an andere Stellen infrage kommt, die Kategorie dieser dritten Stellen. Die Information über den oder die Verwendungszwecke muss eindeutig gestaltet sein. Insbesondere wenn eine weitergehende Verwendung der Daten über das hinaus beabsichtigt ist, was erforderlich ist zur Begründung und Erfüllung eines Vertragsverhältnisses, ist der Vertragspartner klar und transparent zu informieren und gegebenenfalls dessen Einwilligung einzuholen. Die Daten, welche im Rahmen einer Registrierung, eines Vertragsschlusses erhoben werden, werden rein zweckgebunden hierfür preisgegeben, und meist ergibt sich der Zweck direkt, ohne dass es eines besonderen Hinweises des Vertragspartners bedarf. Sollen die erhobenen Daten an Dritte weitergegeben werden, so ist hierauf kategorisiert hinzuweisen, zum Beispiel, dass die Abrechnung, der Forderungseinzug u. Ä. durch eine beauftragte dritte Stelle erfolgt.

Bei der Datenerhebung ist immer zu beachten, dass so wenige Daten wie möglich erhoben werden und nicht mehr benötigte Daten gelöscht werden. Die Prinzipien der Datenvermeidung und Datensparsamkeit sind aktuell bei vielen Online-Angeboten kaum mehr bekannt. Ziel der verschiedenen Dienste scheint vielmehr, so viele Daten als möglich zu sammeln, damit sie für vielfältige Analysen und das Aufsetzen zielgruppenspezifischer Angebote genutzt werden können. Gerade einige Betreiber von Sozialen Netzwerken und Suchmaschinen sind Datensammler. In diesen Bereichen ist die transparente Ausgestaltung der erforderlichen Einwilligung zur Datenverarbeitung seitens des Betroffenen fraglich. In all den Bereichen, in denen nicht aufgrund einer gesetzlichen Ermächtigung eine Berechtigung zur Datenerhebung gegeben ist, ist die Einwilligung des Betroffenen erforderlich. Beim Einholen der Einwilligung ist über den Zweck der Datenverarbeitung sowie die Folgen der Verweigerung der Einwilligung hinzuweisen. Dies soll den Betroffenen in die Lage versetzen, freiwillig seine Einwilligung zu erteilen. Angesichts oftmals umfangreicher Allgemeiner Geschäftsbedingungen, in denen sich dann auch die Abfrage der Einwilligung findet, ist deren Transparenz oftmals zweifelhaft. Für bestimmte Bereiche haben die Datenschutzaufsichtsbehörden Klauseln mit den Unternehmen verhandelt wie zum Beispiel die Schufa-Klausel.

Die Einwilligung ist weiterhin Voraussetzung für Werbeanrufe. Auch E-Mail-Werbung ist nur in eng begrenzten Ausnahmefällen ohne vorherige Zustimmung nach § 7 Absatz 3 UWG erlaubt, wobei die Bedingungen kumulativ vorliegen müssen:

(3) Abweichend von Absatz 2 Nummer 3 ist eine unzumutbare Belästigung bei einer Werbung unter Verwendung elektronischer Post nicht anzunehmen, wenn

1. *ein Unternehmer im Zusammenhang mit dem Verkauf einer Ware oder Dienstleistung von dem Kunden dessen elektronische Postadresse erhalten hat,*
2. *der Unternehmer die Adresse zur Direktwerbung für eigene ähnliche Waren oder Dienstleistungen verwendet,*
3. *der Kunde der Verwendung nicht widersprochen hat und*
4. *der Kunde bei Erhebung der Adresse und bei jeder Verwendung klar und deutlich darauf hingewiesen wird, dass er der Verwendung jederzeit widersprechen kann, ohne dass hierfür andere als die Übermittlungskosten nach den Basistarifen entstehen.*

Ein weiteres sehr wichtiges Prinzip des Datenschutzes ist die Datensicherheit. Die Anforderungen an technische und organisatorische Maßnahmen, welche das erforderliche Datenschutzniveau unter dem Aspekt der Datensicherheit abbilden sollen, finden sich allgemein in § 9 BDSG und mit einer auf die jeweilige Verarbeitung anzupassenden Maßnahmenliste in der Anlage zu § 9 BDSG[30]:

Werden personenbezogene Daten automatisiert verarbeitet oder genutzt, ist die innerbehördliche oder innerbetriebliche Organisation so zu gestalten, dass sie den besonderen Anforderungen des Datenschutzes gerecht wird. Dabei sind insbesondere Maßnahmen zu treffen, die je nach der Art der zu schützenden personenbezogenen Daten oder Datenkategorien geeignet sind,

1. *Unbefugten den Zutritt zu Datenverarbeitungsanlagen, mit denen personenbezogene Daten verarbeitet oder genutzt werden, zu verwehren (Zutrittskontrolle),*
2. *zu verhindern, dass Datenverarbeitungssysteme von Unbefugten genutzt werden können (Zugangskontrolle),*
3. *zu gewährleisten, dass die zur Benutzung eines Datenverarbeitungssystems Berechtigten ausschließlich auf die ihrer Zugriffsberechtigung unterliegenden Daten zugreifen können, und dass personenbezogene Daten bei der Verarbeitung, Nutzung und nach der Speicherung nicht unbefugt gelesen, kopiert, verändert oder entfernt werden können (Zugriffskontrolle),*
4. *zu gewährleisten, dass personenbezogene Daten bei der elektronischen Übertragung oder während ihres Transports oder ihrer Speicherung auf Datenträger nicht unbefugt gelesen, kopiert, verändert oder entfernt werden können, und dass überprüft und festgestellt werden kann, an welche Stellen eine Übermittlung personenbezogener Daten durch Einrichtungen zur Datenübertragung vorgesehen ist (Weitergabekontrolle),*
5. *zu gewährleisten, dass nachträglich überprüft und festgestellt werden kann, ob und von wem personenbezogene Daten in Datenverarbeitungssysteme eingegeben, verändert oder entfernt worden sind (Eingabekontrolle),*
6. *zu gewährleisten, dass personenbezogene Daten, die im Auftrag verarbeitet werden, nur entsprechend den Weisungen des Auftraggebers verarbeitet werden können (Auftragskontrolle),*
7. *zu gewährleisten, dass personenbezogene Daten gegen zufällige Zerstörung oder Verlust geschützt sind (Verfügbarkeitskontrolle),*
8. *zu gewährleisten, dass zu unterschiedlichen Zwecken erhobene Daten getrennt verarbeitet werden können.*

---

30) Fundstelle des Originaltexts: BGBl. I 2003, 88.

Eine Maßnahme nach Satz 2 Nummer 2 bis 4 ist insbesondere die Verwendung von dem Stand der Technik entsprechenden Verschlüsselungsverfahren.

Der Einsatz von Verschlüsselungsverfahren steht immer wieder auf dem Prüfstand,[31] einmal in die Richtung, dass neue höhere Algorithmen zu finden sind,[32] um die Sicherheit zu gewährleisten, aber auch vor dem Hintergrund der Strafverfolgung und präventiver Maßnahmen zum Schutz des Allgemeinwohls, was Forderungen der Politik bedingt, die Verschlüsselungstechniken verbieten zu lassen oder zumindest einzuschränken: 1997 wollte die Bundestagsfraktion von CDU/CSU die Verwendung von Kryptographieverfahren einschränken.[33] 2003 wollte ein Abgeordneter der Grünen die zwangsweise Hinterlegung von Kryptoschlüsseln prüfen.[34] Der frühere Schleswig-Holsteinische Justizminister Patrick Döring stellte 2006 fest,[35] »Es gibt inzwischen Methoden, die so kompliziert sind, dass man sie nicht knacken kann«, und verlangte Einschränkungen. (Vgl. Abschnitt 4.1.2)

Gerade die Aufrechterhaltung und Aktualisierung des erforderlichen Maßes an technischen und organisatorischen Regeln ist mit den Möglichkeiten, immer größere Datenmengen auf kleinen Datenspeichermedien bereitzuhalten und Datenmengen auszuwerten oder mit anderen zu verknüpfen, eine Herausforderung. Oftmals sind es eher die fehlenden organisatorischen Maßnahmen welche zu Datenpannen[36] führen. Zum Beispiel wirft der Fall einer im Zug vergessene CD-ROM mit Sozialversicherungsdaten die Frage auf, weshalb der betreffende Mitarbeiter schon rein technisch und organisatorisch in der Lage war, diese Daten auf eine CD-ROM zu spielen, und ob es erforderlich war, dass er den gesamten Datenbestand im Zug transportierte.

2.4 Meldepflicht und Datenschutzbeauftragte

Für die Gewährung des Datenschutzes verantwortlich sind jeweils die erhebenden und verarbeitenden Stellen, wobei die Datenverarbeitung von den Datenschutzbeauftragten kontrolliert wird. Dabei beginnt die Datenschutzorganisation auf der Ebene der Unternehmen und Behörden mit der Melde-

---

31) http://web.archive.org/web/19970606125755/www.cducsu.bundestag.de/texte/
    marsc43i.htm.
32) http://www.simonsingh.net/The_Code_Book.html.
33) http://web.archive.org/web/19970606125755/www.cducsu.bundestag.de/texte/
    marsc43i.htm.
34) http://www.heise.de/newsticker/meldung/Gruener-Abgeordneter-will-Hinterlegung-von-
    Kryptoschluesseln-pruefen-88049.html.
35) http://www.spiegel.de/netzwelt/web/0,1518,433126,00.html.
36) http://www.fr-online.de/digital/datenpannen-ohne-ende/-/1472406/3217228/-/index.html.

pflicht (§§ 4 d und e BDSG) und der Vorabkontrolle (§ 4 d Absatz 5 BDSG) und/oder der Bestellung eines Datenschutzbeauftragten (§ 4 f BDSG) sowie des sogenannten Jedermann-Verfahrensverzeichnisses (§ 4 g Absatz 3 BDSG).

Bei Meldepflicht ist die automatisierte Verarbeitung jeweils vor Inbetriebnahme der zuständigen Aufsichtsbehörde gegenüber anzuzeigen. Diese Meldepflicht umfasst nach § 4 e BDSG:

1. *Name oder Firma der verantwortlichen Stelle,*
2. *Inhaber, Vorstände, Geschäftsführer oder sonstige gesetzliche oder nach der Verfassung des Unternehmens berufene Leiter und die mit der Leitung der Datenverarbeitung beauftragten Personen,*
3. *Anschrift der verantwortlichen Stelle,*
4. *Zweckbestimmungen der Datenerhebung, -verarbeitung oder -nutzung,*
5. *eine Beschreibung der betroffenen Personengruppen und der diesbezüglichen Daten oder Datenkategorien,*
6. *Empfänger oder Kategorien von Empfängern, denen die Daten mitgeteilt werden können,*
7. *Regelfristen für die Löschung der Daten,*
8. *eine geplante Datenübermittlung in Drittstaaten,*
9. *eine allgemeine Beschreibung, die es ermöglicht, vorläufig zu beurteilen, ob die Maßnahmen nach § 9 zur Gewährleistung der Sicherheit der Verarbeitung angemessen sind.*

Die Meldepflicht entfällt, wenn die verarbeitende Stelle einen Datenschutzbeauftragten hat oder wenn dort regelmäßig nicht mehr als neun Personen laufend mit der Datenverarbeitung beschäftigt sind und die Stelle weder geschäftsmäßig personenbezogene Daten zum Zwecke der Übermittlung an Dritte verarbeitet noch zum Zwecke der Markt- und Meinungsforschung bereitstellt. Sofern eine Meldepflicht besteht, unterliegt die Stelle der Vorabkontrolle (Prüfung vor Beginn der Verarbeitung), soweit die Datenverarbeitung besondere Risiken birgt, was regelmäßig bei der Verarbeitung besonderer personenbezogener Daten im Sinne des § 3 Absatz 9 BDSG oder immer dann der Fall ist, wenn die Datenverarbeitung dazu bestimmt ist, die Persönlichkeit des Betroffenen einschließlich seiner Fähigkeiten, seiner Leistung und seines Verhaltens zu beurteilen.

Ein Datenschutzbeauftragter ist in öffentlichen Stelle oder Unternehmen immer dann zu bestellen, wenn mehr als neun Personen ständig mit der automatisierten Verarbeitung und bei anderer Verarbeitung mindestens 20 Personen damit befasst sind.[37] In der Praxis sind Unternehmer oftmals der irrigen Annahme, die datenschutzrechtlichen Vorschriften fänden auf ihr Unternehmen keine Anwendung, wenn keine Verpflichtung zur Bestellung eines Datenschutzbeauftragten besteht. Die Datenschutzvorschriften gelten für jedes Unternehmen, welches personenbezogene Daten automatisiert oder auf andere Art und Weise systematisiert verarbeitet. Sind weniger als neun bei automatisierter, sonst 20 Personen einschließlich des Geschäftsführers und gezählt nach Köpfen unabhängig vom zeitlichen Umfang ihrer Tätigkeit für das Unternehmen ständig mit der Verarbeitung personenbezogener Daten befasst, hat die Geschäftsleitung auf andere Art und Weise sicherzustellen, dass die Aufgaben des Datenschutzbeauftragten erfüllt werden (§ 4 g Absatz 2 a BDSG).

Der Datenschutzbeauftragte ist nach seiner fachlichen Qualifikation und Zuverlässigkeit auszuwählen. Der Grad der Fachkunde kann sich dabei am Umfang und an der Sensibilität der verarbeiteten Daten orientieren und sollte technisches, juristisches und organisatorisches Know-how vereinen. Die geforderte Zuverlässigkeit ist eine Anforderung an die persönliche Integrität des zu bestellenden Datenschutzbeauftragten und hat neben Aspekten wie etwaige Vorstrafen auch dessen Eintreten für den Datenschutz zu berücksichtigen. Auch die Motivation für das Unternehmen kann ausschlaggebend sein, und insgesamt soll verhindert werden, dass Personen als Datenschutzbeauftragte zum Einsatz kommen, welche in anderen Arbeitsbereichen nicht reüssierten. Findet sich im Unternehmen oder in der öffentlichen Dienststelle keine geeignete Person bereit, die Position des Datenschutzbeauftragten auszufüllen, können die verpflichteten Stellen auf die Bestellung eines externen Datenschutzbeauftragten zurückgreifen. Unternehmer sind befugt, sich zur Erfüllung ihrer datenschutzrechtlichen Verpflichtungen eines Spezialisten zu bedienen, welcher in Fragen des Datenschutzes ausgebildet ist. Hier ist wie bei der internen Auswahl auf die Sach- und Fachkunde zu achten. Selbstständige Datenschutzbeauftragte sind oftmals mehr technisch versiert und haben sich die rechtlichen Grundlagen angeeignet. Das Unternehmen hat zu beachten, ob es wegen seiner Branchenzugehörigkeit besondere datenschutzrechtliche Anforderungen hat oder Grundfragen auf rechtlicher Ebene vorab zu klären sind. Oftmals wird der externe oder interne technische Datenschutzbeauftragte daher anwaltlicher Unterstützung bedürfen. Für öffentliche Stellen besteht ebenfalls die Möglichkeit, einen externen Datenschutzbeauftragten zu bestellen, wobei extern aber lediglich aus einer anderen Dienststelle bedeutet.

---

37) In den Fällen des § 4 d Absätze 5 und 5 BDSG ist unabhängig von der Zahl der mit der Verarbeitung Beschäftigten immer ein Datenschutzbeauftragter zu bestellen.

Die Bestellung des Datenschutzbeauftragten erfolgt schriftlich (s. Anhang 11.1).[38] Die Aufgabe des Datenschutzbeauftragten umfasst nach § 4 g BDSG grob folgende Bereiche:

- Sicherstellung der Einhaltung des Datenschutzes
- Überwachung der ordnungsgemäßen Anwendung der Datenverarbeitungsprogramme
- Schulung der mit der Datenverarbeitung Befassten
- Durchführung der Verpflichtung auf das Datengeheimnis nach § 5 BDSG
- Anforderung der Erstellung eines Verfahrensverzeichnisses und dessen Bereithaltung oder Verfügbarmachen bei Meldepflicht
- Ansprechpartner bei der Wahrnehmung der Betroffenenrechte.

Der Datenschutzbeauftragte (DSB) sollte Qualifikationen in den Teilbereichen Rechtliches, IT-Fachliches und Organisatorisches haben oder sich Know-how oder Beratung bei spezifischen Fragen einholen können. Die rechtlichen Kenntnisse umfassen insbesondere detaillierte Kenntnisse der einschlägigen Rechtsnormen mit Datenschutzbezug, der hierzu ergangenen Rechtsprechung, Literatur und Stellungnahmen der Aufsichtsbehörden und die Fähigkeit, die Rechtskenntnisse auf den konkreten Einzelfall anzuwenden, sowie das datenschutzrelevante Regelwerk des Unternehmens oder der öffentlichen Stelle zu bewerten und mitgestalten zu können. Im Bereich der informations- und kommunikationstechnischen Kenntnisse (ITK) sollte er den konkreten Anforderungen angemessenes spezifisches Wissen zu Hardware, Systemsoftware und Anwendungsprogrammen zur Konzeption, Organisation und Kontrolle von Datensicherheitsmaßnahmen (§§ 9 ff. BDSG, § 109 Telekommunikationsgesetz (TKG)) haben, welche ihn befähigen, die datenschutzrechtlichen Risiken zu bewerten. Organisatorische und betriebliche Befähigung setzt insgesamt die umfassende Kenntnis des Betriebs, aller datenschutzrelevanten Geschäftsprozesse sowie der formellen Organisations- und Entscheidungsstrukturen voraus.

---

38) Vgl. Muster in Anlehnung an
https://www.datenschutzzentrum.de/wirtschaft/mustbdsb.htm.

2.5 Rechte der Betroffenen

Sowohl das Bundesdatenschutzgesetz als auch die Landesdatenschutzgesetze und die EU-Vorgaben sehen Möglichkeiten der Wahrnehmung der Rechte des Einzelnen bei der Datenverarbeitung durch die öffentlichen Stellen auf Bundes-, Landes- oder EU-Ebene vor.[39]

§§ 19 bis 21 BDSG sehen vor:

- Auskunftsrechte (§ 19 BDSG)
- Benachrichtigungspflichten (§ 19 a BDSG)
- Berichtigungs-, Löschungs- und Sperrverpflichtungen (§ 20 BDSG)
- Widerspruchsrecht (§ 20 Absatz 5 BDSG)
- Anrufungsrecht zum Bundesbeauftragten für den Datenschutz und die Informationsfreiheit (§ 21 BDSG)
- Schadensersatzpflicht (§§ 7, 8 BDSG).

Ebenso sieht das Bundesdatenschutzgesetz für den Bereich der privaten Datenspeicherung Benachrichtigungs-, Auskunfts-, Berichtigungs-, Löschungs- und Sperrverpflichtungen vor:

- Benachrichtigungspflichten (§ 33 BDSG)
- Auskunftsrechte (§ 34 BDSG)
- Berichtigungs-, Löschungs- und Sperrverpflichtungen (§ 35 BDSG)
- Widerspruchsrecht (§ 28 Absatz 4 BDSG)
- Widerruf der Einwilligung für die Zukunft (§ 28 Absatz 3a BDSG)
- Informationspflicht bei unrechtmäßiger Kenntniserlangung, »Datenschutzpanne« (§ 42 a BDSG)
- Schadensersatzpflicht (§ 7 BDSG)
- Information an die Aufsichtsbehörde (§ 38 BDSG).

Die Wahrnehmung dieser Rechte setzt jeweils voraus, dass der Betroffene erstens von der Datenverarbeitung sowie zweitens von der Identität der verantwortlichen Stelle Kenntnis erlangt. Im Bereich der Telemediendienste informieren die Anbieter regelmäßig mittels einer allgemeinen Datenschutzerklärung über die Erhebung, Verarbeitung, Zweckbestimmung sowie verantwortliche Ansprechpartner im Unternehmen zu Datenschutzfragen. Die Verpflichtung hierzu ergibt sich direkt aus dem § 13 TMG und umfasst zumeist in Anlehnung an § 4 e BDSG die dort gelisteten Informationen.[40]

---

39) Beispielhafte Informationsseite des Bayerischen Datenschutzbeauftragten:
http://www.datenschutz-bayern.de/nav/0001.html.

40) §§ 11 bis 15 a TMG enthalten spezifische Datenschutzregelungen für Telemediendienste.

Im Bereich des Adresshandels ist für den Einzelnen oft nicht nachvollziehbar, wer für die unerwünschte Werbezusendung verantwortlich zeichnet, und es herrschen Missverständnisse über die gesetzlichen Regelungen bei den Betroffenen und oftmals gleichermaßen bei den Werbenden. Leider verfahren die Werbenden allzu oft nach dem Prinzip, dass sie eher von einer zulässigen Datenverwendung ausgehen,[41] und lassen die nötige Vorsicht und Prüfung der Validität der Adressdatensätze vermissen. Kern der datenschutzrechtlichen Diskussion war lange fast allein § 28 Absatz 3 BDSG in der alten Fassung. Verbraucher nahmen das Datenschutzrecht wahr, wenn sie mit als störend empfundener Werbung »belästigt« wurden. Um dieser Praxis der Massenwerbesendungen entgegenzutreten, wurde Nichteinhaltung der datenschutzrechtlichen Vorgaben zum Inhalt wettbewerbsrechtlicher Abmahnungen und die Betroffenen nahmen dort ihre Rechte wahr. In 2009 wurden im Rahmen der drei Novellen des Bundesdatenschutzgesetzes tiefgreifende Änderungen in diesem Bereich umgesetzt. Sowohl das Listenprivileg[42] als auch die Möglichkeit, Empfehlungswerbung[43] unter Angabe der verantwortlichen Stelle zu betreiben, sind geblieben, wenn auch mit weiteren Einschränkungen für die Werbenden. Ein Beispiel für eine Auskunfts- und Löschungsanforderungen findet sich im Anhang (11.2).

In erster Linie kann der Betroffene immer Auskunft verlangen.[44] Je nach dem, auf welcher rechtlichen Grundlage und zu welchem Zweck die Daten gespeichert sind, kann kein Löschungsanspruch durchgesetzt werden. Zum Beispiel kann in einem bestehenden Vertragsverhältnis nicht die Löschung der Daten und damit die Beendigung des Vertragsverhältnisses ohne entsprechendes Kündigungsrecht erzwungen werden. Sind Daten unberechtigt gespeichert, kann der Betroffene Löschung verlangen.[45] Werden Daten an sich berechtigt gespeichert, aber wird durch die Auskunftserteilung bestätigt, dass Daten außerhalb der Zweckbestimmung genutzt werden, kann der

---

41) http://www.zeit.de/online/2009/05/datenschutz-adresshandel-lobbyismus.

42) § 28 Absatz 3 Satz 2 BDSG sieht vor, dass Werbende Adressen aus öffentlich zugänglichen Verzeichnissen übernehmen und an diese Werbung richten dürfen. Hierbei kommt es bei der Erstellung der Liste der zu bewerbenden Personen darauf an, dass diese auf der Zugehörigkeit der erfassten Personen zu einer Gruppe beruht und nur Daten wie Berufs-, Branchen- oder Geschäftsbezeichnung, Name, Titel, akademischer Grad, Anschrift und Geburtsjahr erfasst werden, aber gerade keine Telefonnummern oder E-Mail-Adressen.

43) § 28 Absatz 3 Satz 5 BDSG erlaubt die Werbung für fremde Produkte oder Dienstleistungen, wenn die verantwortliche Stelle bei der Werbung eindeutig erkennbar ist, etwa beim Beilegen eines Werbezettels für ein fremdes Angebot in den Versandkarton einer Bestellung.

44) Musteranschreiben der Verbraucherschutzzentrale unter http://www.vzbv.de/mediapics/auskunfteien_musterschreiben_03_2010.pdf.

45) Ausnahmsweise reicht die Sperrung, wenn besondere Umstände nach § 35 Absatz 3 BDSG vorliegen.

Betroffene die Sperrung dieser Daten zu diesen nicht umfassten Zwecken verlangen. Daneben kann der Betroffene die Berichtung gespeicherter Daten einfordern, zum Beispiel, wenn unrichtige Schufa-Einträge zu verzeichnen sind. Die beanstandeten Angaben sind zu sperren, auch wenn sich deren Unrichtigkeit nicht feststellen lässt, der Betroffene aber deren Richtigkeit bestreitet. Von Auskunfteien[46], also solchen Stellen wie zum Beispiel die arvato infoscore GmbH, bei denen personenbezogene Daten zur geschäftsmäßigen Übermittlung gespeichert sind, kann der Betroffene ausnahmsweise nur einmal im Jahr unentgeltlich Auskunft in Textform (Brief, E-Mail) verlangen. Weitere Auskunftersuchen sind kostenpflichtig zu beantworten, wobei das Entgelt rein die Kosten der Auskunftserteilung abdecken darf. Sonst – also außerhalb des Bereichs der Auskunfteien – sind Auskünfte immer kostenfrei für den Betroffenen.

Betroffene nehmen nach wie vor ihre Rechte selten wahr und die datenverarbeitenden Stellen sind nicht selten organisatorisch und technisch nicht hinreichend vorbereitet. Theoretisch, aber kaum je praktisch relevant, geben § 7 und § 8 BDSG dem Betroffenen Schadensersatzansprüche an die Hand, um den berechtigten Auskunfts-, Löschungs-, Sperrungs- und/oder Berichtigungsansprüchen Nachdruck zu verleihen.[47]

---

46) http://www.vzbv.de/mediapics/auskunfteien_liste_03_2010.pdf.
47) http://www.heise.de/tp/r4/artikel/33/33360/1.html.

3 Große Datensammlungen

Joachim Jakobs

Der Bürger muss bei allen von ihm herausgegebenen personenbezogenen Daten darauf vertrauen, dass die Daten nur zu dem Zweck genutzt werden, für den sie – hoffentlich korrekt – erhoben wurden. Häufig finden sich allerdings über die ursprünglich gedachte Anwendung hinaus weitere Einsatzmöglichkeiten für die nun vorhandenen Rohdaten. Oder schlimmer noch: Dritte wollen Zugriff auf die Daten selbst oder Analysen derselben.

Und schließlich besteht die Möglichkeit, aus einer Vielzahl staatlicher und/oder privater Datensammlungen ein Personenprofil oder Dossier einer Person zu erstellen. Je mehr Datenquellen für das Dossier herangezogen werden, desto größer ist das Risiko, dass sich Fehler einschleichen. Bei medizinischen Daten etwa könnte sich das tödlich auswirken. Hinzu kommt die Gefahr, dass der Interessentenkreis für diese Daten in dem Maß wächst, in dem das Profil an Schärfe gewinnt.

In den Abschnitten 3.3 und 3.5 erläutern wir die Möglichkeiten zur Verwendung eines solchen Dossiers – und die möglichen Folgen für den Betroffenen. Im Folgenden beschreiben wir einige Datensammlungen von Staat und Wirtschaft. Diese überschneiden sich vielfach – eine konsequente Trennung ist kaum möglich.

3.1   Staatliche Datensammlungen

Der Bürger hat keine Möglichkeit, der Sammlung seiner Daten von Staats wegen zu widersprechen – er muss seine Daten beim Einwohnermeldeamt und vielen anderen Behörden speichern lassen.

Deshalb ist es besonders wichtig, dass dieses Vertrauen mit besonderer Sorgfalt durch die Behörde quittiert wird.

3.1.1 Der neue Personalausweis/elektronische Reisepass

Der deutsche Reisepass enthält seit 2005 neben einem biometriefähigen Passfoto auch zwei Fingerabdrücke – eine Konzession an die USA, die mit dem Ende der Visafreiheit im Transatlantik-Verkehr gedroht hatte. Die erkennungsdienstliche Behandlung der Passinhaber ist auch deshalb so umstritten, weil sie sich in der Praxis durch eine hohe Fehleranfälligkeit ausweist.[1] In Zukunft könnte noch ein Scan der Iris hinzukommen.

Der »neue Personalausweis« (nPA) trägt ebenfalls Fingerabdrücke – wenn der Inhaber dies möchte. Er dient – anders als der Reisepass – nicht nur zum Ausweis der Identität in der realen Welt, sondern auf Wunsch auch – mit seiner Option der »qualifizierten elektronischen Signatur« – in der virtuellen: Wenn der Ausweis in einem speziellen Lesegerät steckt, kann der Inhaber rechtsgültig Bauanträge einreichen oder Versicherungsverträge abschließen.

Die Bundesregierung will dem Steuerzahler 24 Millionen Euro zur Finanzierung einer Million sogenannter »Basis-Lesegeräte« in Rechnung stellen.[2] Diese Basisgeräte haben keine eigene Tastatur. Die PIN muss daher über die Computertastatur eingegeben werden. Befindet sich auf dem Computer eine Schadsoftware, kann die PIN von einem Kriminellen »abgephisht« werden. In der Folge könnte – so Norbert Pohlmann, Geschäftsführender Direktor am Institut für Internet-Sicherheit der FH Gelsenkirchen – der Kriminelle beliebige Rechtsgeschäfte auf Kosten des Ausweisinhabers vorbereiten und in dem Augenblick ausführen lassen, in dem der Ausweisinhaber den Personalausweis erneut ins Lesegerät legt.

Aber auch in der realen Welt sorgt der neue Ausweis nach Angaben des ARD-Magazins *Monitor* für Verwirrung:[3] So wird in der sogenannten »hoheitlichen Zone« der erste Vorname des Ausweisinhabers gespeichert – egal an welchen Rufnamen sich der Mensch, seine Mitmenschen, Arbeitgeber, Behörden und Banken bislang gewöhnt hatten. Das schafft Verwirrung, da der Mensch sich nicht mehr korrekt ausweisen kann, d.h., er kommt z.B. nun plötzlich nicht mehr an sein Geld, weil seine Unterschrift mit den Angaben im Ausweis nicht übereinstimmt. Die Verwirrung könnte womöglich noch zunehmen, wenn der Ausweis beim virtuellen Einkauf genutzt wird. Das vermeintlich höhere Maß an Sicherheit kann zum Ausschluss aus staatlichen und wirtschaftlichen Systemen führen.

---

1)   http://www.heise.de/tp/r4/artikel/30/30109/1.html.
2)   http://www.tagesschau.de/inland/personalausweis136.html.
3)   http://www.wdr.de/tv/monitor/sendungen/2010/1118/ausweis.php5.

3.1.2 ELENA

Jährlich werden 60 Millionen Einkommensnachweise in Deutschland ausgestellt – damit die Empfänger Kredite oder staatliche Leistungen beantragen können. Da soll der Elektronische Entgeltnachweis (ELENA) ab 2012 Abhilfe schaffen. Zur Vorbereitung melden die Arbeitgeber seit 01.01.2010 Löhne und Gehälter ihrer Mitarbeiter jeden Monat 40 Millionen Mal an die Deutsche Rentenversicherung nach Würzburg.

Der Leiter des Unabhängigen Landeszentrums für Datenschutz (ULD) Schleswig-Holstein, Thilo Weichert, kritisiert,[4] dass die Daten nicht individuell verschlüsselt werden. Die ELENA-Webseite scheint das zu bestätigen.[5] Mit anderen Worten: Ein Schlüssel muss für alle Daten aller Versicherten herhalten. Weichert fürchtet, dass die Finanzämter zu den Hauptinteressenten von ELENA werden könnten. Weiter wird um die Fülle der Daten gerungen: Abmahnungen, Fehlzeiten und mögliches »Fehlverhalten« werden dokumentiert.

Der Bundesbeauftragte für den Datenschutz (BfD) weist in einem Brief vom April 2010 darauf hin,[6] »dass Beschäftigte im Beamtenverhältnis keinen Anspruch auf Arbeitslosengeld haben. [...] Diese Daten wurden bislang [...] nicht erhoben. Sie werden auch weiterhin nicht benötigt. Die Erhebung der Daten für eine Beschäftigtengruppe, für die die Daten nicht erforderlich sind, verstößt gegen den verfassungsmäßigen Grundsatz der Erforderlichkeit.« Weiter wendet sich der BfD gegen Freitextfelder: Dort könnten beliebige Angaben gemacht werden, ohne dass der Betroffene sich wehren könnte.

3.1.3 Elektronische Steuerverwaltung

Die neue Steuer-Identifikationsnummer wurde zum 1. Juli 2007 eingeführt und ist seit diesem Zeitpunkt bzw. für Neugeborene von der Geburt an lebenslang gültig. Sie ersetzt die bisherige Steuernummer. Zu der Identifikationsnummer werden alle persönlichen Angaben gespeichert: Name(n), Anschrift(en), Geschlecht, Geburtstag und -ort sowie das zuständige Finanzamt. Der Bundesbeauftragte für den Datenschutz fürchtet, dass die Steuernummer sich zu einem allgemeinen Personenkennzeichen entwickeln könnte:[7] Arbeitgeber würden sie kennen, die Kunden eines Selbstständigen,

---

4) https://www.datenschutzzentrum.de/presse/20080625-elena.htm.
5) http://www.das-elena-verfahren.de/arbeitgeber/verfahren/sendung/
    verschluesselung-einer-sendung.
6) http://www.das-elena-verfahren.de/verantwortung/gremien/ak-elena/sitzungen/
    sitzung-02-2010/protokollentwurf.
7) http://www.dradio.de/dlf/sendungen/interview_dlf/737812/.

die Rentenversicherung, das Arbeitsamt, das Finanzamt, womöglich auch die Polizei. In seinem Volkszählungsurteil von 1983 hat das Bundesverfassungs-gericht ein solches Personenkennzeichen für verfassungswidrig erklärt.[8]

3.1.4 Vorratsdatenspeicherung

Die Europäische Union will mit ihrer »Data Retention Directive« »schwere Straftaten« wie Terroranschläge verhindern. Wikipedia schreibt: »Vorratsda-tenspeicherung bezeichnet die Verpflichtung der Anbieter von Telekommuni-kationsdiensten zur Registrierung von elektronischen Kommunikationsvor-gängen, ohne dass ein Anfangsverdacht oder eine konkrete Gefahr besteht (Speicherung bestimmter Daten auf Vorrat).«

In Deutschland sollten § 113 a TKG[9] zufolge gespeichert werden:

- für Telefonverbindungen und für Kurznachrichten (SMS) die Rufnum-mern von Anrufer und Angerufenem, die Anrufzeit sowie bei Handys zusätzlich die 15-stellige international einheitliche Seriennummer, Funkzellen und bei anonymen Guthabenkarten auch Aktivierungsdatum und -funkzelle.
- bei Internet-Telefondiensten auch die jeweilige IP-Adresse des Anrufers bzw. des Angerufenen.
- für den Verbindungsaufbau mit dem Internet die für diese Verbindung vergebene IP-Adresse des Nutzers, nicht jedoch die IP-Adresse und die URLs der im Internet aufgerufenen Adressen sowie auch nicht die abgeru-fenen Inhalte selbst.
- beim Versand einer E-Mail die Absender-IP-Adresse, die E-Mail-Adressen aller Beteiligten und der Zeitpunkt des Versands, beim Empfang einer E-Mail auf dem Mailserver wiederum alle involvierten E-Mail-Adressen, die IP-Adresse des Absender-Mailservers und der Zeitpunkt des Emp-fangs, beim Zugriff auf das Postfach der Benutzername und die IP-Adresse des Abrufers, ansonsten keine weiteren Bestandteile der E-Mails.

Vorratsdaten bergen erhebliches Schikane-Potenzial. *Telepolis* berichtet von der Hausdurchsuchung bei einem Sicherheitsexperten, der sich professionell mit Schadsoftware beschäftigt.[10] Der Grund für die Hausdurchsuchung: Die Ermittler hatten festgestellt, dass er eine verseuchte Bilddatei auf seinen Rech-ner geladen hatte. Der Durchsuchungsbeschluss sprach von Malware-Ver-

---

8) http://de.wikipedia.org/wiki/Personenkennzeichen#Grundsatzentscheidung_1983.
9) http://dejure.org/gesetze/TKG/113a.html.
10) http://www.heise.de/tp/r4/artikel/33/33653/1.html.

breitung via Facebook und einem »Ermittlungsverfahren gegen Unbekannt wegen des Verdachts auf Ausspähens von Daten, der Datenveränderung u.a.«. Später stellte sich der Vorwurf als unbegründet heraus.

Zwei Urteile sind in dem Zusammenhang interessant. *Spiegel Online* berichtet:[11] »Wie leicht dabei unbescholtene Bürger in die Fänge der Justiz geraten, zeigt die Fahndung nach einem Brandstifter im schleswig-holsteinischen Bad Segeberg. Dort erließ das Amtsgericht am 16. Juni 2005 den Beschluss, sämtliche Mobiltelefonate herauszugeben, die am 5. Juni zwischen 0 und 3 Uhr im Bereich ›Lindhofstraße 1, anliegende Querstraße: Ziegelstraße (B 432), Geokoordinaten Ost 10°18'31', Nord 53°57'03''‹ geführt wurden. Es bestehe ›Gefahr im Verzug‹. Es dauerte sieben Wochen – dann schrieb die Polizei rund 700 Teilnehmer an und bat um Mithilfe als Zeugen. In Wahrheit wurden sie wie Beschuldigte behandelt und sollten ohne Rechtsbelehrung aussagen, wo genau sie sich zur fraglichen Zeit aufhielten, in welchem Auto sie saßen oder wer ihr Handy benutzt habe. ›Angaben können ggf. technisch überprüft werden!‹, drohte die Polizei.«

Das Bundesverfassungsgericht erklärte die deutsche Ausgestaltung der Vorratsdatenspeicherung am 2. März 2010 für verfassungswidrig und damit nichtig. Angesichts der »Streubreite« der verdachtsunabhängigen Erfassung von Verbindungs- und Standortdaten sowie deren »weite Aussagekraft« müssten in einer Neufassung des Gesetzes glasklare Normen geschaffen werden.[12] Außerdem müsste eine besonders hohe Datensicherheit gegeben sein. Die Daten müssten verschlüsselt und die Zugriffe darauf protokolliert werden. Ein »diffus bedrohliches Gefühl des Beobachtetseins«, das eine unbefangene Wahrnehmung der Grundrechte in vielen Bereichen beeinträchtigen könne, müsse vermieden werden, so Gerichtspräsident Papier. Derzeit ist noch eine Klage vor dem Europäischen Gerichtshof für Menschenrechte anhängig.[13] Davon unbeeindruckt, machte die CSU im Januar 2011 einen erneuten Vorstoß zur Wiedereinführung von Vorratsdatenspeicherung und Netzüberwachung.[14] Auch jenseits des individuellen Telekommunikationsvorgangs soll das Kontrollnetz dichter werden: Im November 2009 wird

11) http://www.spiegel.de/lexikon/Romberg_mi_SPC_mi_00132007000030006400-name.html.
12) http://www.heise.de/newsticker/meldung/Bundesverfassungsgericht-legt-Huerde-fuer-kuenftige-Vorratsdatenspeicherung-hoch-944021.html.
13) http://www.heise.de/newsticker/meldung/Vorratsdatenspeicherung-erneut-Fall-fuer-den-Europaeischen-Gerichtshof-994399.html.
14) http://www.heise.de/newsticker/meldung/CSU-will-bei-Vorratsdatenspeicherung-und-Netzueberwachung-Tempo-machen-1162711.html.

berichtet,[15] dass die Bundesnetzagentur den Telekom-Anbietern den Vorschlag unterbreitet habe, die Suche in den Bestandsdaten der Kunden angesichts neu zu erfüllender gesetzlicher Verpflichtungen zu erleichtern.

Ein leitender Staatsanwalt bekennt sich im Interview mit *Spiegel Online* im Januar 2011 zu den wahren Gründen für den Wunsch nach den Vorratsdaten:[16] »Das Fehlen der bevorrateten Verkehrsdaten zeigt sich längst schmerzvoll, wenn es um die Identifikation einzelner Täter geht. Die meisten Betrügereien, Verunglimpfungen und Alltagsstraftaten im Zusammenhang mit dem Internet können nicht strafverfolgt werden.«

Im Kern dreht sich die Debatte um eine Güterabwägung: Auf der einen Seite erwarten die Bürger vom Staat, dass er ihre Sicherheit gewährleistet. Auf der anderen Seite wollen die Bürger aber auch frei sein. Je größer die Ansprüche an die Sicherheit werden, desto mehr Einschränkungen muss der Bürger hinnehmen.

3.1.5 Verkehrsüberwachung

Lkws mit über 12 Tonnen zulässigem Gesamtgewicht müssen in Deutschland für das Befahren von Autobahnen und einigen Bundesstraßen eine streckenabhängige Mautgebühr entrichten. Kritiker wenden ein, dass damit ein Bewegungsprofil der Abgabepflichtigen entstehen könnte. Das technisch aufwendige System der Firma Toll Collect besteht aus Videokameras, die an Autobahnbrücken befestigt sind, und sogenannten »On Board Units«, die im Fahrzeug untergebracht sind. Die Videokameras sind angeblich in der Lage, Spurwechsel bei Tempo 200 zu erfassen.[17] An der Gesichtserkennung der Fahrer wird laut Wikipedia gearbeitet.[18]

In Bayern ist das Scannen von Autokennzeichen rechtmäßig,[19] in Baden-Württemberg läuft eine Verfassungsbeschwerde,[20] die in Hessen und Schleswig-Holstein übliche Praxis zur Kfz-Beobachtung wurde 2008 vom Bundesverfassungsgericht für nicht mit dem Grundgesetz vereinbar erklärt.[21] In

---

15) http://www.heise.de/ct/meldung/
Zentralstelle-fuer-Bestandsdaten-aller-TK-Anbieter-in-Planung-850601.html.
16) http://www.spiegel.de/netzwelt/web/0,1518,738708,00.html.
17) http://www.daserste.de/wwiewissen/beitrag_dyn~uid,aouxi1wiqu95tuwt~cm.asp.
18) http://de.wikipedia.org/wiki/Lkw-Maut_in_Deutschland.
19) http://www.heise.de/ct/meldung/
Verwaltungsgericht-Muenchen-Kfz-Kennzeichen-Scanning-ist-rechtmaessig-789852.html.
20) http://www.heise.de/autos/artikel/
Verfassungsbeschwerde-gegen-Kfz-Scanning-in-Baden-Wuerttemberg-872729.html.
21) http://www.heise.de/newsticker/meldung/
Verfassungsgericht-stemmt-sich-gegen-den-glaesernen-Autofahrer-189298.html.

Großbritannien wird angeblich ein »nationales Netzwerk von Kameras« aufgebaut, um Autokennzeichen verfolgen zu können.[22] Und mit dem Einzug »intelligenter Autos«[23] auf Deutschlands Straßen muss damit gerechnet werden, dass diese aller Welt mitteilen, dass der Reifendruck zu gering, der Alkoholgehalt zu hoch und der Sicherheitsgurt nicht angelegt ist.

In London wird die Innenstadt komplett videoüberwacht. Das soll dazu dienen, Straftaten zu verhindern bzw. die Ermittlungsbehörden bei der Aufklärung unterstützen. Wie leicht dabei Kollateralschäden entstehen können, zeigt der Mord an der Fernsehmoderatorin Jill Dando 1999: Eine Frau dient den Strafverfolgern dabei als Hauptbelastungszeugin; 17 Monate nach dem Mord will sie Barry George auf einem Überwachungsvideo als den Mann erkennen, der Stunden zuvor in der Straße war, in der das Opfer später ermordet wurde.[24] Bis sich dieser Justizirrtum im Jahre 2008 aufgeklärt hatte, saß George schon acht Jahre lang im Knast. (Vgl. Abschnitt 8.1 – »RFID«)

Im November 2010 wurde bekannt, dass US-Beamte in einem Gerichtsgebäude unzulässigerweise 35.000 Bilder sogenannter »Körperscanner« speicherten.[25] Aufgrund besonderer Vorschriften konnte die Zeitschrift *Gizmodo* die Herausgabe von 100 dieser Bilder erzwingen. Teilweise wurden die Fotos (anonymisiert) veröffentlicht. Es zeigt sich, dass der Gesetzgeber es nicht allein bei Versprechungen bezüglich dem Datenschutz belassen kann, sondern auch die Exekutive anweisen muss, entsprechende organisatorische Regelungen zu treffen, Personal zu schulen etc.

500 Scanner sind angeblich auf Lkws zwischen Los Angeles und New York montiert[26] und durchleuchten alles, was sich in der Nachbarschaft aufhält. Sie dienen dazu, Sprengstoff, Drogen und menschliche Körper in den observierten Fahrzeugen aufzuspüren. Ein Sicherheitsmitarbeiter wurde wegen eines tätlichen Angriffs auf einen Kollegen angeklagt: Der soll sich über sein Geschlechtsteil lustig gemacht haben, das beim Training mit dem Gerät sichtbar wurde.

Auch hierzulande entflammte die Diskussion um Nacktscanner an Flughäfen erneut, im Dezember 2010 soll ein »ranghoher Sicherheitsbeamter« des Hamburger Flughafens angesichts einer Fehlerquote von 75 Prozent gesagt

22) http://news.bbc.co.uk/2/hi/programmes/whos_watching_you/8064333.stm.
23) http://www.berlin.de/special/auto-und-motor/news-und-zubehoer/
    1114477-44850-wlanimstra%C3%9Fenverkehrdiezukunftf%C3%A4hrtsta.html.
24) http://www.innocent.org.uk/cases/barrygeorge/dandobkreview.html.
25) http://gizmodo.com/5690749/.
26) http://blogs.forbes.com/andygreenberg/2010/08/24/
    full-body-scan-technology-deployed-in-street-roving-vans/.

haben, die Technik sei »ein totaler Ausfall«.[27] Die Diskussion um Scanner an Bahnhöfen oder in der (Kreuz-)Schifffahrt lässt noch auf sich warten.

Bis Ende 2010 ist in Deutschland auch die Debatte über das Scannen der Kraftfahrzeuge ausgeblieben. In den USA dagegen wurde bereits 2008 geprüft, ob Autos mit Röntgenstrahlung auf Bomben durchsucht werden könnten.[28] Mittlerweile werden solche Systeme von der Firma American Science and Engineering angeboten:[29] Sekunden nachdem das Fahrzeug über den Scanner gefahren ist, erhält der Mitarbeiter der Sicherheitsfirma das Ergebnis der Prüfung. Die Scanner könnten für Fahrzeuge jeder Größenordnung (einschließlich LKW und Container) genutzt und in sicherheitskritischen Bereichen eingesetzt werden. Derzeit brauchen die Scanner für eine Untersuchung noch 30 Sekunden und sind damit für den »fließenden« Verkehr ungeeignet. Nicht auszuschließen ist aber, dass sich die Effizienz der Geräte im Lauf der Zeit erhöht. Dann könnten auch Ortsein- und Ausfahrten, Autobahnzu- und -abfahrten und die Parkhäuser von Flughäfen, Bahnhöfen, Konzerthallen sowie Einkaufs- und Kongresszentren mit dieser Technik überwacht werden.

Kritiker wenden ein, dass die Strahlenbelastung »deutlich höher als beim medizinischen Röntgen« sein soll.[30, 31] Die Industrie behauptet stattdessen, dass die Strahlenbelastung niedriger sei als »beim Fliegen mit einem Flugzeug«.[32]

Trotz der einerseits vielfältig eingesetzten Technik scheinen allerdings nach wie vor große Lücken möglich: Im Januar 2010 weist das ARD-Magazin *Kontraste* auf Sicherheitslücken in Flughäfen hin:[33] So sei es möglich gewesen, die Ausweise des Sicherheitspersonals zu knacken. Im Dezember 2010 wurde bekannt, dass den Sicherheitsbehörden bekannte islamistische »Hassprediger« ungehindert nach Deutschland ein- und ausreisen können.[34]

27) http://www.golem.de/1012/80063.html.
28) http://www.usatoday.com/news/nation/2008-09-17-car-scanner_N.htm.
29) http://www.as-e.com/products_solutions/portal.asp.
30) http://de.wikipedia.org/wiki/Scanner_%28Sicherheitstechnik%29.
31) http://www.heise.de/tr/artikel/Streit-um-Dosis-bei-Durchleuchtung-1142042.html.
32) http://www.ytisystem.com/rapid-car-scanning-system.html.
33) http://www.rp-online.de/reise/news/Sicherheitsluecken-in-Flughaefen_aid_807108.html.
34) http://www.mdr.de/fakt/7963111.html – Nach Ansicht der Islam-Wissenschaftlerin Ursula Spuler-Stegemann geht von diesen Imamen eine Gefahr aus: Sie würden mit ihren Hasspredigten den Grundstein für die Terroristenszene legen.

3.1.6 Swift-Abkommen: Austausch von Bankdaten

Die Society for Worldwide Interbank Financial Telecommunication (SWIFT) wickelt täglich Finanztransaktionen im Wert von 4,8 Billionen Euro zwischen 8000 Geldinstituten in über 200 Ländern ab.[35] Seit den Anschlägen vom 11. September 2001 werden täglich »mehrere Millionen« Daten zu diesen Geldbewegungen ausgetauscht.[36] Nach längerem Streit wurde dieser Austausch im August 2010 auf eine neue Vertragsgrundlage gestellt.[37] Künftig werden Absender, Empfänger, Kontodaten, Summe und Verwendungszweck an die US-Strafverfolger übermittelt, wenn die Überweisung aus der Europäischen Union in ein Land in Afrika, Asien, Südamerika oder die USA geht. Der Bundesbeauftragte für den Datenschutz und Informationsfreiheit ist der Meinung, damit würden internationale Datenschutzabkommen verletzt. Es sei zu erwarten, dass der Großteil der an die USA übermittelten Daten Personen beträfen, »die in keinerlei terroristische Aktivitäten verwickelt sind«. Weder der Umfang der Informationsübermittlung noch die Kriterien für den Datenzugriff seien sauber eingegrenzt. Die vorgesehene Speicherdauer sei »unverhältnismäßig«, die ermöglichte Datenschutzkontrolle bleibe »lückenhaft«. Außerdem wird befürchtet, dass die USA die Daten an Wettbewerber Europäischer Unternehmen weitergeben könnten.

3.1.7 Auch Fluggastdaten werden ausgetauscht

Grundsätzlich enthält ein Passagiernamensregister (PNR) »alle Daten und Vorgänge rund um eine Flugbuchung (auch Hotel- oder Mietwagenbuchung)«. Diese werden »über einen gewissen Zeitraum auch nach Ende der Flugreise noch in den jeweiligen Computerreservierungssystemen gespeichert«, schreibt Wikipedia.[38] Kritiker fürchten, dass darüber hinaus »Kreditkarten- und Telefonnummern, IP-Adressen, besondere Essenswünsche, Hotelzimmer oder mitgeführte Bücher« enthalten sein könnten.[39] Speziell die USA hätten versucht, die im US-Datenschutzgesetz vorgesehenen Auskunftsrechte bei diesem Register einzuschränken.

---

35) http://de.wikipedia.org/wiki/SWIFT.
36) http://www.heise.de/newsticker/meldung/
US-Regierung-laesst-internationales-Finanzdatennetz-ueberwachen-135388.html.
37) http://www.heise.de/newsticker/meldung/
SWIFT-Abkommen-zum-Finanzdatentransfer-tritt-in-Kraft-1048817.html.
38) http://de.wikipedia.org/wiki/Passenger_Name_Record.
39) http://www.heise.de/newsticker/meldung/
US-Buergerrechtler-klagt-auf-Herausgabe-von-Flugpassagierdaten-1067819.html.

Die USA haben außerdem 2007 von der EU verlangt,[40] alle Akten über die diesbezüglichen Verhandlungen mindestens zehn Jahre lang geheim zu halten. Das hat handfeste Konsequenzen: 2004 wurde ein Mitarbeiter des Europaparlaments am Flughafen Miami verhaftet, 24 Stunden festgehalten, verhört und misshandelt.[41] Vermutlich war »seine« Fraktion (die »Vereinigten Linken/Nordische Grüne Linke«) die falsche für die US-Behörden. Sollten sich Passagiere an Bord befinden, die den US-Behörden nicht geheuer sind, müssen die Fluggesellschaften damit rechnen, dass der Überflug über US-amerikanisches Territorium verboten wird – wie die Niederländische KLM 2005 erfahren musste.[42] Im November 2010 verlangt das EU-Parlament in einer Resolution, dass die sensiblen Informationen der mit den sogenannten Passenger Name Records (PNR) erhobenen Daten »unter keinen Umständen für die gezielte Extraktion von Daten« oder »die Erstellung von Personenprofilen« verwendet werden dürfen.[43] Es fordert die Kommission auf, den Unterschied zwischen der vorgesehenen Nutzung von PNR zur »Risikoabschätzung« und dem unerwünschten »Profiling« zu erläutern.

3.2 Privatwirtschaftliche Datensammlungen

Das Kontrollieren gesetzlicher Vorschriften liegt im staatlichen Interesse. Die Wirtschaft will ihre Kunden aus kommerziellem Interesse kennenlernen: Dazu sind nicht nur Name, Wohnort, Alter, Geschlecht, sozialer Status, Bewegungsprofil, Einkommen und Gesundheitszustand von Interesse, sondern auch Bildungsstand, Verwandtschaft, Freunde, Erbanlagen, Meinungen, Einstellungen, politische Überzeugungen, Lebenswandel, Freizeitbeschäftigungen, Ernährung und vieles andere mehr. Wir stellen einige Werkzeuge und Methoden vor, mit denen die Unternehmen ihre Kunden auf Herz und Nieren abklopfen. Es liegt in der Natur der Dinge, dass sich staatliche und private Sammlungen teilweise überschneiden.

---

40) http://www.heise.de/newsticker/meldung/
    USA-wollen-Details-zu-Fluggastdaten-Absprache-geheim-halten-175377.html.
41) http://www.heise.de/tp/r4/artikel/17/17943/1.html.
42) http://www.heise.de/tp/r4/artikel/19/19868/1.html.
43) http://www.heise.de/newsticker/meldung/EU-Parlament-fuer-klare-Begrenzung-des-transatlantischen-Datentransfers-1135208.html.

3.2.1 Risiken und Nebenwirkungen der Intelligenz im Stromnetz

Künftig wollen wir unseren Strom nicht mehr aus Atom- oder Kohlekraftwerken beziehen, sondern »nachhaltig« aus erneuerbaren Energien wie Wind und Sonne. Diese Energien sind aber nicht so stetig verfügbar, wie wir uns das wünschen. Deshalb brauchen wir ein »Internet der Energie«. Dort soll gemessen, gerechnet und geregelt werden – etwa wer zu einer bestimmten Uhrzeit wie viel Strom verbraucht, wie viel Sonnenenergie zur Verfügung steht, wie viel Strom derzeit aus den noch zu bauenden Stromspeichern bezogen werden kann und ob bzw. wie viel konventioneller Strom zugeschossen werden muss.

Ab 1. Januar 2010 hat jeder Haushalt in Deutschland einen Anspruch auf monatliches Ablesen der Stromzähler – ein erster Schritt zum hoffentlich »intelligenten Stromnetz«.[44] Es soll beim Stromsparen helfen, weil beispielsweise Haushaltsgeräte dann betrieben werden können, wenn Strom günstig ist.

Diese Verknüpfung könnte beispielsweise der Energieeffizienz-Bus[45] (EEBus) der Firma Kellendonk aus Köln herstellen, der auf einer Konferenz des Bundeswirtschaftsministeriums in Berlin vorgestellt wurde.[46] Dazu müssten nicht nur Toaster, Lampen und Waschmaschinen (Stromverbraucher), sondern eben auch die Photovoltaikanlage (Stromgewinnung) auf dem Dach und die Autobatterie (Stromspeicher) an den EEBus geklemmt werden. Bis zu 60.000 Knoten will der Hersteller auf diese Weise miteinander kommunizieren lassen. Technisch können die Geräte auf unterschiedlichen Wegen miteinander verknüpft werden. Der EEBus kommuniziert wahlweise per Stromkabel (Powerline) oder Funk. Im Hause Miele hat sich ebenfalls das Stromkabel als Transportmedium durchgesetzt. Ethernet scheint wegen zu hoher Kosten zur Verkabelung ungeeignet.

Die Kommunikation soll aber auch in umgekehrter Richtung funktionieren: So will der Versorger EnBW seinen Kunden künftig 24 Stunden im Voraus mitteilen, wie viel die Kilowattstunde im Verlauf des kommenden Tages kosten wird. Daraufhin soll der Kunde seine Waschmaschine zum günstigsten Preis laufen lassen. Sogar Gefrierschränke könnten ähnlich betrieben werden, wenn sie in der Lage wären, Kälte regelmäßig nachts zu speichern, um sie tagsüber wieder abzugeben.

Da auch der Stromzähler eine IP-Adresse erhält,[47] muss er nicht nur den tatsächlichen Verbrauch präzise messen, sondern auch manipulationssicher

44) http://www.golem.de/specials/smartgrid/.
45) http://www.kellendonk.de/eebus/.
46) http://www.eco.de/verband/202_7268.htm.
47) http://www.koeln-nachrichten.de/medien/internet/
koeln_eco_internetverband_2011_umstellung_ip_adressen.html.

vor Angriffen des Verbrauchers, des Versorgers sowie von Dritten sein. Das Risiko ist real: Kriminelle sind bereits in das US-Stromnetz eingedrungen.[48] Fachleute meinen, es gäbe für jede Angriffsart auch ein Mittel, um sie abzuwehren. Allerdings muss man dieses Mittel kennen und wissen, wie es einzusetzen ist: Dazu ist es notwendig, dass die Techniker und Ingenieure in den Unternehmen von den Wissenschaftlern an den Universitäten lernen.

Die Sicherheit der privaten Haushalte ist von herausragender Bedeutung, da die im Haushalt befindlichen Geräte Aufschluss über den Lebensstandard seiner Bewohner geben. Die Verwendung der Geräte lässt Schlussfolgerungen auf Lebensgewohnheiten zu. Beides zusammen ermöglicht weitere Rückschlüsse – etwa auf die Personenzahl eines Haushalts: Wenn regelmäßig zwischen 18 und 19 Uhr werktags zweimal geduscht wird, handelt es sich vermutlich um zwei Kinder, die anschließend ins Bett gehen – eine These, die sich anhand des Lichts im Kinderzimmer erhärten lässt, das um 20.30 Uhr regelmäßig ausgeschaltet wird. Wer immer in der Lage wäre, an solche Daten eines Haushalts heranzukommen, würde die Daten vermutlich auch von Millionen anderen Haushalten bekommen. Damit ließen sich präzise Haushalts- und Personenprofile bzw. -dossiers erstellen. Diese Profile ließen sich mit weiteren Daten aus anderen Lebensbereichen ergänzen. (Vgl. Abschnitt 3.3)

3.2.2 Die Informationstechnik im Gesundheitswesen

Das Gesundheitswesen soll komplett digitalisiert und vernetzt werden. Um dieses Ziel zu erreichen, müssen allerdings zunächst einmal sämtliche Patientendaten aus sämtlichen Aktenschränken in Praxen und Krankenhäusern in den PC eingegeben werden, der zwecks Austausch und Abrechnung mit Fachärzten, Physiotherapeuten, Krankenkassen und Apotheken ans Internet angeschlossen sein muss. Krankenhausinformationssysteme[49] (KIS) sollen Auskunft geben über die Gesamtheit aller informationsverarbeitenden Einheiten zur Bearbeitung medizinischer und administrativer Daten in der Klinik. Hierzu gehören Computerprogramme, Personen und nicht IT-basierte Informationssysteme. Zusätzlich sollen die Patienten über ihr Mobiltelefon auf dem Laufenden gehalten werden – etwa über die Veränderung ihres Blutzuckerspiegels.[50] Weiter sollen (Alzheimer-)Patienten künftig einen RFID-Chip eingepflanzt bekommen, um zu verhindern, dass sie sich verlaufen[51] und um die Arbeitsabläufe zu verbessern bzw. zu beschleunigen. Man sollte

---

48) http://www.golem.de/0904/66385.html.
49) http://de.wikipedia.org/wiki/Krankenhausinformationssystem.
50) http://www.handelsblatt.com/_d=HB111017813,_p=1174,_t=ft_archive.
51) http://www.rfid-basis.de/article-0073.html.

mit diesen Chips aber nicht zu nahe an medizinische Geräte gehen, weil die mitunter zum Ausfall der Chips und damit sogar zum Tod eines Patienten führen können.[52]

Wird auch nur ein einziger Baustein dieses Systems mit einem digitalen Schädling verseucht, kann die Sicherheit des gesamten Systems gefährdet werden.

Diese Digitalisierung – speziell die elektronische Gesundheitskarte – lässt seit fünf Jahren auf sich warten. Die Gründe dafür liegen in den politischen, finanziellen und technischen Schwierigkeiten, die damit verbunden sind.

Außerdem sollten die Leistungserbringer Sensibilität für die Risiken entwickeln und den Umgang mit den Werkzeugen lernen. Die Daten einer großen Universitätsklinik mit 700.000 Patienten jährlich passen heute bequem auf eine einzige Festplatte. Das Volumen dieser Festplatte könnte etwa dem einer Milchtüte entsprechen. Speicherkosten: wenige tausend Euro. Wenn die Patientendaten in jede Handtasche passen, verlangt das nach anderen Sicherheitskonzepten als zu Analog-Zeiten.

Über diese Veränderungen informiert Georgios Raptis in einer 25-seitigen Präsentation:[53] So seien in einer Arztpraxis ohne EDV lediglich physikalische Sicherungen notwendig – etwa eine stabile Tür mit Schloss, Stahlschrank und Alarmanlage. In einer »Offline«-Praxis mit Informationstechnik sei zusätzlich eine lokale Verschlüsselung erforderlich. Wenn die Patientendaten elektronisch in einer zentralen (internetbasierten) Infrastruktur vorgehalten werden sollten, steigen die Risiken für den Sicherheitsexperten sprunghaft: Der »Angriff hat alle Daten aller Patienten als Ziel, darf nie erfolgreich sein«. Die empfohlenen Maßnahmen: »(Dezentrale) Verschlüsselung, Geflecht von Sicherheitsmechanismen gemäß eines Sicherheitskonzepts, kryptographisch abgesicherte Berechtigungskonzepte, sichere kryptographische Schlüssel auf Chipkarten, Sicherheitszertifizierungen usw.« Anschließend bringt Raptis den Ärzten Grundkenntnisse zur Sicherheit in der Informationstechnik bei: »Verwenden Sie sichere Passwörter!« (vgl. Abschnitt 6.1), »Nicht mit Administrator-Rechten arbeiten!« und »Verschlüsselung vor Übertragung von Dokumenten (z. B. Arztbriefen)«.

Raptis hat seinen Vortrag zweimal gehalten. Er sei »sehr gut« von den Zuhörern angenommen worden: »Endlich erklärt uns mal einer die Zusammenhänge!« Zusätzlich sei der Vortrag in der Fachzeitschrift *Ärzteblatt* veröffentlicht worden. Die Bundesärztekammer hat Raptis' Angaben zufolge keinen Überblick darüber, inwieweit ihre sicherheitstechnischen Empfehlun-

---

52) http://www.cio.de/healthcareit/aktuelles/856982/index.html.
53) http://www.eco.de/dokumente/090506_Raptis_Bundesaerztekammer.pdf.

gen tatsächlich in den Praxen umgesetzt werden. Wenn aber ein solcher Vortrag mit derartigem Basiswissen so gute Resonanz findet, wäre es dringend nötig, erst die gesamte Ärzteschaft auf dieses minimale Bildungsniveau zu bringen, bevor die Branche in die Gesundheitstelematik aufbricht.

Andere haben bereits Lehrgeld gezahlt: In den USA etwa werden 2500 Dollar für einen Patientendatensatz hingeblättert.[54] Ebenfalls in den USA haben sich Kriminelle die Daten von acht Millionen Schmerzpatienten unter den Nagel gerissen.[55] Die Originale auf dem Server wurden gelöscht, die Kopien verschlüsselt. Die Entführer verlangten ein Lösegeld von 10 Millionen US-Dollar.[56]

3.3 Zusammenführung der Daten zu Profilen

Wer hat nun Zugriff auf welche Datenquellen bzw. ist in der Lage, daraus ein Profil des Betroffenen zu erstellen? Wer kann dieses Profil als Ganzes – oder auch nur Teile davon – wozu nutzen?

Als Hauptinteressenten sind der Staat, Wirtschaft, Privatpersonen und Kriminelle zu nennen. Der Staat benötigt Daten zu vielfältigen Aufgaben: Die Ermittlungsbehörden wollen Straftäter fassen, die Finanzämter wollen die Staatseinnahmen sichern, die Sozialbehörden müssen über die Zuwendung sozialer Leistungen entscheiden, die Kfz-Zulassungsstelle verteilt Nummernschilder, die Schufa erteilt Banken Auskünfte über die Bonität eines Kunden usw. Zur effizienten Abwicklung all dieser Leistungen sind Daten notwendig oder können zumindest hilfreich sein. Aus Sicht der Datenverarbeiter ermöglichen personenbezogene Daten effiziente Arbeitsabläufe: So ist es für den Staat hilfreich zu wissen, ob eine Person gefährdet sein könnte, Terroranschläge zu begehen, sich soziale Leistungen zu erschleichen oder ob die Person womöglich ihr Geld künftig auf ausländischen Konten anlegen bzw. Steuern hinterziehen könnte.

Wichtig ist dabei zu betonen: Ohne Personenprofile würde die hoch technisierte Gesellschaft womöglich gar nicht funktionieren. Jede Organisation – Behörden, Wirtschaftsunternehmen, (potenzielle) Arbeitgeber, Ausbildungsunternehmen, Finanzdienstleister, Werbetreibende, Krankenkassen und Immobilienunternehmen – braucht Daten ihrer Klientel. Und auch der pro-

---

54) http://identitytheft911.org/alerts/alert.ext?sp=631.
55) http://www.heise.de/newsticker/meldung/
    Cracker-fordern-10-Millionen-US-Dollar-fuer-Patientendatenbank-217345.html.
56) http://mirror.wikileaks.info/wiki/
    Over_8M_Virginian_patient_records_held_to_ransom%2C_30_Apr_2009/index.html.

fessionell arbeitende Verkäufer eines Investitionsgüterherstellers interessiert sich für den Geburtstag seines Kunden. Bleibt die Frage, welche Detailtiefe der jeweilige Interessent dabei erzielen will und welchen Aufwand er treibt, um an das Objekt der Begierde zu gelangen. Der Grat zwischen Professionalität, einem Mangel an Moral und Illegalität ist schmal. Und schließlich bleibt die Frage nach der Verwendung der Daten.

Der eine oder die andere mag etwa mit dieser Vision des Deutschen Geschäftskundenchefs von Vodafone Jan Geldmacher zur Verbindung von Verkehrstelematik und dem »intelligenten« Haushalt sympathisieren:[57] »Langfristig sind auch Plattformen denkbar, über die das Navigationssystem Informationen über einen Stau auf dem täglichen Weg zur Arbeit direkt an den Wecker leitet, der dann eine Stunde früher klingelt.« Nicht jeder aber wird dem Telekommunikationsbetreiber anvertrauen wollen, wer der Arbeitgeber ist, welche täglichen Routinen in seinem Leben ablaufen und welche Geräte sein Haushalt beherbergt und wie diese verkabelt sind.

Ellis Huber formuliert die subtile Variante:[58] »Wenn ein Versicherter mehr kostet als er einbringt, erscheint auf dem Bildschirm des zuständigen Sachbearbeiters ein roter Punkt, und man behandelt ihn etwas weniger freundlich.« Huber muss es wissen. Er ist Vorstand der Securvita Betriebskrankenkasse. Anderswo geht's brutaler zu: 1934 trat in den USA der »National Housing Act«[59] in Kraft. Auf der Grundlage dieses Gesetzes markierten die Banken geographische Gebiete, in denen keine Hypotheken vergeben wurden. Später wurde nach ähnlichem Muster die Diskriminierung von Rassen und Geschlechtern durch Finanzdienstleister, Arbeitgeber, das Gesundheitssystem oder sogar Supermärkte betrieben. In den USA ist der Vorgang als »Redlining« bekannt.

1977 trat der »Community Reinvestment Act« (CRA)[60] unter (dem demokratischen) Präsident Jimmy Carter in Kraft. Damit sollte die Beschränkung von Krediten auf wohlhabende Gegenden aufgehoben werden. Das Gesetz geriet durch die Hypothekenkrise auf dem US-Immobilienmarkt 2008 in die Kritik: Die Republikaner kritisierten, dass die Banken gezwungen worden seien, Kredite an kreditunwürdige Schuldner zu vergeben. Dies wurde von Ökonomen der US-Notenbank zurückgewiesen – nur ein Bruchteil der in den USA vergebenen Subprime-Hypotheken sei unter den CRA gefallen.

57) Handelsblatt Nr. 042 vom 01.03.2011, Seite 18.
58) http://www.abendblatt.de/daten/2005/03/07/407213.html.
59) http://en.wikipedia.org/wiki/Redlining.
60) http://de.wikipedia.org/wiki/Community_Reinvestment_Act.

Trotzdem wird gefordert, den CRA zu beerdigen.[61] Damit würden vermutlich neue Barrieren auf Basis von Alter, Geschlecht, Rasse und beliebiger anderer Daten eingeführt, die diejenigen zu überwinden hätten, die einen Hypothekenkredit aufnehmen wollten.

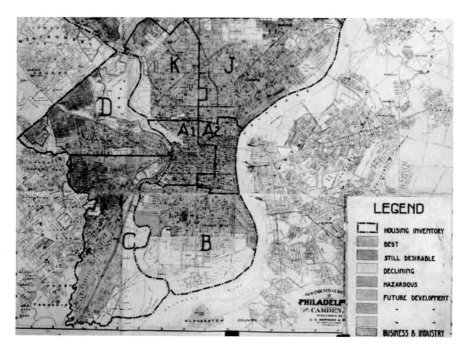

Bewohner der »roten« Zone in Philadelphia erhielten 1936 keine Hypotheken- oder Geschäftskredite. (Quelle: Wikipedia)

Die Möglichkeit für die Datensammler, neue Anwendungen zu schaffen, bedeutet für den Betroffenen, dass er permanent mit einem Datenmissbrauch zu rechnen hat. Die Liste der Nutznießungen – etwa zur Kontrolle der Bürger – lässt sich beliebig ändern und ergänzen. Der Datentopf, aus dem geschöpft werden kann, um die jeweilige Maßnahme umzusetzen, schlummert vulkanähnlich geduldig vor sich hin, liefert aber jederzeit »auf Knopfdruck« die gewünschten Informationen. Besonders heikel wäre es, wenn die Teile des Profils auf Abwege gerieten, die im Vertrauen auf eine spezielle Schweigever-

---

61) http://www.investors.com/NewsAndAnalysis/Article/557087/201012161856/Slay-The-Sacred-CRA.aspx.

pflichtung dem Arzt[62], dem Pfarrer[63] oder der Bank[64] mitgeteilt wurden. Und die Gefahr steigt, da z. B. die Gläubigen ihre Sünden der katholischen Kirche jetzt auch per iPhone beichten können.[65] Die Sünden werden damit genauso für die Ewigkeit protokolliert wie alle anderen digitalisierten Daten. (Vgl. zu den Folgen Abschnitt 8.4)

3.3.1 Zensus 2011

Unter dem Titel »Zensus 2011« führt der Staat 2011 eine Volkszählung durch. Die Begründung:[66] Eine Volks- und Wohnungszählung sei für viele Entscheidungen von Bund, Ländern und Gemeinden, aber auch in der Wirtschaft, der Verwaltung und der Wissenschaft eine unerlässliche Grundlage. Der Großteil der Daten soll dabei »aus vorhandenen Datenbeständen« extrahiert werden. Lediglich bei zehn Prozent der Bevölkerung wird stichprobenartig geprüft, ob diese Daten nach wie vor korrekt sind. Die Bundesregierung betont, dass die Ergebnisse dieser Erhebung nicht an die Meldebehörden zurückgegeben werden dürfen. Bei dem Prozess rechnet der Staat mit Widerstand. Deshalb sollen möglichst wenige Informationen mittels Fragebögen und möglichst viele aus vorhandenen Datenbeständen übernommen werden. Welche Register genau miteinander abgeglichen werden und wie sichergestellt wird, dass keine Fehler übernommen werden, bleibt unklar. Dass Daten in die Hände Unberechtigter gelangen, kann nicht ausgeschlossen werden.

Zu den Hauptkritikpunkten gehört die vorgesehene »Ordnungsnummer«. In § 13 Zensusgesetz heißt es:[67] »Für jede Anschrift, jedes Gebäude, jede Wohnung, jeden Haushalt und jede Person wird von den statistischen Ämtern des Bundes und der Länder eine Ordnungsnummer vergeben und geführt, die gemeinde- und gebäudeübergreifend sein kann.« Gemäß Absatz 3 dieser Vorschrift darf die Ordnungsnummer bis zu vier Jahre gespeichert werden. Solange können die Angaben aus den Erhebungen auf Personen zurückgeführt werden. Der Arbeitskreis Vorratsdatenspeicherung ist außerdem besorgt, dass der Gesetzgeber in diesen vier Jahren auf die Idee kommen könnte, die Aufbewahrungsfrist zu verändern.

---

62) http://www.sueddeutsche.de/muenchen/muenchen/vermischtes/
zwei-weitere-datenaffaeren-patientenakten-in-der-muelltonne-1.961974.
63) http://www.badische-zeitung.de/freiburg/
wurde-das-beichtgeheimnis-gebrochen--6229987.html.
64) http://steiermark.orf.at/stories/494525/.
65) http://www.heute.de/ZDFheute/inhalt/24/0,3672,8210872,00.html.
66) http://www.bmi.bund.de/DE/Themen/PolitikGesellschaft/DemographEntwicklung/
Zensus2011/zensus_node.html.
67) http://www.gesetze-im-internet.de/zensg_2011/__13.html.

Der Bundesrat kritisierte den Zensus:[68] »Die enorme Datenmenge« eines Referenzdatenbestands widerspreche dem datenschutzrechtlichen Gebot der Datensparsamkeit. Weiter zweifelt die Länderkammer an der Realisierbarkeit eines solchen bislang noch nie angewandten Datenbanksystems. Und fordert im nächsten Satz, die Religionszugehörigkeit ebenfalls abzufragen.

3.3.2 Wird die ärztliche Schweigepflicht geopfert?

2007 wurde diskutiert, ob Ärzte Folgeerkrankungen von Tattoos und Piercings bei den Krankenkassen melden sollten.[69] Hätte sich die Idee damals durchgesetzt, stünden heute vermutlich auch die Folgeerkrankungen von Rauchern, Alkohol- und anderen Suchtkranken, Dicken, Dünnen, Sportlern und Nichtsportlern zur Disposition. Oder »ungesundes Leben«: Wissenschaftler der Berliner Charité haben ein Gerät entwickelt,[70] das äußerlich an eine Computermaus erinnert im Inneren aber über Sensoren verfügt, die Aufschluss geben sollen über den persönlichen Lebensstil – über Ernährung, Alkoholkonsum, Stress oder Rauchen. Dazu misst das Gerät per Lichtstrahl die Konzentration sogenannter »Antioxidantien« auf der Handinnenseite. Die kommen besonders häufig in Obst und Gemüse vor. Wie genau sich der Tabakkonsum oder Stress nachweisen lassen, ist unbekannt. Jedenfalls errechnet sich aus den Antioxidantien ein Punktwert – wer zehn Punkte hat, lebt besonders gesund. Die Erfinder hoffen auf einen erzieherischen Effekt: Die prompte Rückmeldung soll dazu führen, dass die Menschen auf ein möglichst gesundes Leben achten. Das soll jetzt an einer Schule in Kassel getestet werden. Sollte sich das Verfahren durchsetzen, könnte die Krankenkasse demnächst theoretisch den Beitrag anhand einer solchen Punkteskala bemessen.

Vorausgesetzt, dass sich Gesundheit tatsächlich objektiv mit solchen Punkten ausdrücken lässt, wäre dann eine gesellschaftliche Diskussion zu den ethischen Aspekten des Vorgehens wünschenswert.

3.3.3 Der Terror-Score

Das Bewerten von »Kunden« mithilfe von Punkten ist vermutlich in allen großen Organisationen üblich. Das amerikanische Heimatschutzministerium will die Wahrscheinlichkeit einschätzen, mit der Menschen Terroranschläge begehen. So wird jedem, der in die USA einreist, ein »Terror Score« zugeord-

---

68) http://www.bundesrat.de/cln_090/nn_6898/DE/presse/pm/2009/016-2009.html.
69) http://www.welt.de/politik/article1277712/
    Aerzte_wollen_nicht_fuer_Krankenkassen_schnueffeln.html.
70) http://www.berlinonline.de/berliner-zeitung/berlin/331358/331359.php.

net. Die zugehörigen Daten ruhen für 40 Jahre in einem Washingtoner Computer.[71]

Dazu wird zum Beispiel die sogenannte »No-Fly-Liste« gepflegt: Personen, die als »gefährlich« eingestuft werden, dürfen den US-amerikanischen Luftraum nicht mehr passieren. Gegen ihren Namen auf der No-Fly-Liste der USA legten 2007 bereits 15.000 Menschen Beschwerde ein. Es sollen auf der Liste auch Säuglinge und Greise verzeichnet sein.[72] Um die Gefährlichkeit von Personen einzuschätzen, fragen die US-Behörden zahlreiche Datenbanken ab und kombinieren die Ergebnisse.[73] Eine Wahrheitsprüfung findet nicht unbedingt statt. Als Beispiel sei no-fly-list.com erwähnt: Die Datenbank enthält nach eigenen Angaben 82.268 Namen von nicht flugberechtigten Personen. Die Besucher der Internetseite müssen zwar auf ein Foto des Verdächtigen verzichten, erfahren dafür aber seine Augen- und Haarfarbe (z.B. »r2g1b1«), seine Größe, seinen »potenziellen Bedrohungsvektor« sowie seinen »abnormen Verhaltensbereich«. Ausdrücklich weist die Seite jedoch darauf hin, dass sie keinerlei Garantie für die Richtigkeit und Präzision der enthaltenen Angaben übernimmt. Die Daten sollten nur für »Referenzzwecke« genutzt werden – alle Personen hätten als unschuldig zu gelten, bis das Gegenteil bewiesen worden sei. Im Frühjahr 2010 wurde dem Buchautor Gabriel Kuhn die Einreise in die USA verweigert,[74] weil sein Name auf der No-Fly-List steht. Kuhn ist u.a. Herausgeber kritischer Bücher wie »Neuer Anarchismus« in den USA. Seattle und die Folgen« (erschienen im Unrast-Verlag, Münster). Zumindest auf den ersten Blick scheint Kuhn vor allem wegen seiner Gedanken für die USA bedrohlich zu sein.

Die US-Bundesregierung will ihre Bürger aber nicht nur vor Kriminellen und Terroristen schützen, sondern auch vor »schädlichen« Einflüssen. Deshalb wurde *Der Spiegel* nach seinen Berichten über die Veröffentlichung geheimer Dokumente durch Wikileaks auf eine »schwarzen Liste«[75] gesetzt. Zumindest diejenigen, die eine Karriere in US-amerikanischen Behörden

---

71) http://www.guardian.co.uk/business/2006/dec/02/theairlineindustry.usnews.
72) Heise Online (2007): Viele Beschwerden gegen No-Fly-Liste mit Terrorverdächtigen, 08.11.2007. http://www.heise.de/newsticker/meldung/Viele-Beschwerden-gegen-No-Fly-Liste-mit-Terrorverdaechtigen-193394.html. Letzter Zugriff: 16.11.2010.
73) Heise Online (2008): US-amerikanische Terror-Datenbank in der Diskussion. 28.08.2008. http://www.heise.de/newsticker/meldung/US-amerikanische-Terror-Datenbank-in-der-Diskussion-201056.html. Letzter Zugriff: 15.11.2010.
74) http://unrastwildcat.blogsport.de/2010/01/29/unrast-autor-wird-einreise-in-die-usa-verweigert.
75) http://www.stuttgarter-nachrichten.de/inhalt.kampf-gegen-wikileaks-us-luftwaffe-sperrt-zeitungsportale.3bb6caf2-ed8e-4c82-aabe-dac96255d10f.html.

anstreben, sollten künftig auf die Lektüre von *Spiegel Online* verzichten. Ob auch Zeitungskioske überwacht werden, ist nicht bekannt.

Weltweit wird seit Jahren debattiert, ob Gesundheitsdaten zur Terrorbekämpfung eingesetzt werden sollen.[76] Auch diese Daten – zum Beispiel über etwaige Schussverletzungen – könnten sich negativ niederschlagen.

Auch die Strafverfolger blicken in die Zukunft: Sie geben sich künftig nicht mehr damit zufrieden, Verbrechen zu bekämpfen, sondern sie wollen sie von vornherein verhindern. Der Präsident des Bundeskriminalamts Jörg Ziercke will mithilfe eines »vorausschauenden Ansatzes [...] vor die Lage kommen«.[77] Dazu sollen Informationen aus zahlreichen Quellen maschinengestützt ausgewertet werden – etwa Webseiten, Verhörprotokolle, Zeugenvernehmungen, Observationsberichte, Audio-Mitschnitte der Telefonüberwachung, Faxe, Videos, E-Mails, Bewegungsprofile, Handy-Ortungsdaten, automatisiert gescannte Fahrzeugkennzeichen und georeferenzierte Daten. Vor diesem Hintergrund ist das regelmäßige Fordern Zierckes nach Wiedereinführung der Vorratsdatenspeicherung, Onlinedurchsuchung und »Kinder-Pornosperren« verständlich – aus seiner Sicht steigt die Sicherheit mit der Zunahme personenbezogener Daten. Die *Jungle World* fürchtet dagegen, dass so die Verbrechen nicht nur prophylaktisch bekämpft, sondern auch das Verhalten der Bürger normiert werden könnte.

In diesem Zusammenhang sei an die Bundeskanzlerin erinnert: Angela Merkel hat sich immer wieder für eine konsequente Überwachung ausgesprochen. Unkorrektes Müllentsorgen, Parken in der »dritten Reihe«, das »Anrempeln« anderer – das alles sei nicht hinnehmbar. Deshalb bedürfe es der Videoüberwachung, der Onlinedurchsuchung und »vielem anderen mehr«.[78] »Wir werden nicht zulassen, dass technisch manches möglich ist, aber der Staat es nicht nutzt [...].«[79]

Die technische Entwicklung macht im Jahr 2011 im Vergleich zum Wahljahr 2006 manches mehr möglich. Dazu gehört auch das elektronische Filzen von Kühlschränken und Mülltonnen sowie die vorausschauende Kriminalprävention. Würde die Politik davon Gebrauch machen, würde das vermutlich zu einer neuerlichen Klage vor dem Bundesverfassungsgericht führen. Der Demokratie wäre es aber dienlicher, wenn diese Frage politisch an der Wahlurne statt verfassungsrechtlich in Karlsruhe geklärt würde.

---

76) http://www.itespresso.de/2010/04/12/
   wie-sich-datenschutz-und-gesundheitskarte-gegenseitig-verbrennen/.
77) http://jungle-world.com/artikel/2009/49/39932.html.
78) http://www.youtube.com/watch?v=wcVRlzP6SQA.
79) http://udovetter.de/lawblog/merkel_os.mp3.

Grundsätzlich gilt: Die Liste der möglichen Anwendungen wird einzig und allein von der Unschärfe des individuellen Dossiers und seiner zugrunde liegenden Daten begrenzt. Des Weiteren können Denunziation und üble Nachrede nicht ausgeschlossen werden.

Es kommt vor, dass sich die Strafverfolgungsbehörden mit ihrem unerschütterlichen Glauben an die scheinbare Wahrheit der Daten selbst im Weg stehen. So hatten Dutzende Polizeibeamte jahrelang eine vermeintliche Serientäterin gesucht.[80] Tatsächlich aber stammten die an den zahlreichen Tatorten gefundenen DNS-Spuren nicht von einer Serienmörderin, sondern der Mitarbeiterin eines Verpackungsunternehmens.[81] Die deutschen Erfahrungen aber hinderten einen Ausschuss des britischen Parlaments nicht, sich im Sommer 2010 für den vereinfachten Datenaustausch innerhalb Europas auszusprechen.[82] Betroffen wären u.a. die Gen-, Fingerabdruck-, Finanz-, Kfz- und Vorratsdaten mutmaßlicher Krimineller, Terroristen und Asylbewerber. Insgesamt umfasst die Liste ein gutes Dutzend Datenaustausch-Instrumente. 2005 hatte sich die EU-Kommission in einem Strategiepapier für den Aufbau von zentralen Datenbanken ausgesprochen. Diese hätten Fingerabdrücke, Gen-Daten, Einwohnermeldedaten und Reisedokumente aller EU Bürger enthalten sollen. Das berichtete die *Times*.[83] Mithilfe eines zu errichtenden gesamteuropäischen »Automatischen Fingerabdruck-Identifikationssystems« (AFIS) solle verhindert werden, dass sich Kriminelle der Strafverfolgung durch Flucht in ein anderes Land entziehen. Zu den Vorantreibern dieser Entwicklung scheint nicht zuletzt auch die Industrie zu gehören, wie eine Pressemitteilung eines Marktforschers zeigt.[84]

3.3.4 Rabattsysteme

Seit jeher erhalten sich Unternehmer die Treue ihrer Stammkunden durch kleine Aufmerksamkeiten. Legendär sind die Rabattmarken früherer Tage: Für einen bestimmten Einkaufswert gab es eine Marke. War das Markenheft voll, konnte man sich eine Prämie aussuchen. Der Vorteil für den Kunden bestand in seiner Anonymität. Für den Verkäufer waren die Herstellung und

---

80) http://www.spiegel.de/panorama/justiz/0,1518,615843,00.html.
81) http://www.scienceblogs.de/weitergen/2009/03/
     das-desaster-um-das-phantom-von-heilbronn.php.
82) http://www.publications.parliament.uk/pa/cm201011/cmselect/cmeuleg/428-ii/
     42814.htm.
83) http://www.timesonline.co.uk/tol/news/uk/article596397.ece.
84) http://www.prlog.org/11347917-afis-technology-to-dominate-the-global-biometric-
     market-till-2013.html.

Verwaltung der Marken vergleichsweise aufwendig und fehler- bzw. betrugs-
anfällig.

Heutige Kundenbindungsprogramme sind ausgefeilter: Das wohl
bekannteste trägt den Namen »Payback«. Die Karte wird beim Bezahlen in
den beteiligten Partnerunternehmen vorgelegt. Der Kunde erhält einen
Rabattbetrag entsprechend seinem Warenwert gutgeschrieben. Im Gegenzug
werden Kundennummer, Datum, Filiale, Umsatz und von manchen Payback-
Partnern auch Warengruppencodes an Payback übermittelt. Der Kartengeber
speichert außerdem die gekauften Produkte. Payback beobachtet so ein
Umsatzvolumen in Höhe von 14,5 Milliarden Euro.[85] Das Programm wird
von 30 Partnern und 300 Internetunternehmen unterstützt. Payback steht seit
Jahren unter gerichtlichem Druck, sich an die Bestimmungen des Datenschutzes zu halten.[86]

Beliebt ist auch die »BahnCard«: 2007 hat die DB AG vier Millionen
davon ausgegeben und erwirtschaftete damit die Hälfte ihres Fernverkehrum-
satzes in Höhe von 3 Milliarden Euro.[87] Auch die Bahn wird von Daten-
schützern kritisch beäugt: Für den RFID-Chip in der »BahnCard 100« hat
das Unternehmen 2007 den Big Brother Award erhalten.[88] Fotos und andere
Kundendaten werden von der Citibank in den USA (!) zu den BahnCards verarbeitet.[89] Bedenklich bezüglich Datenschutz ist es, die BahnCard mit einer
Kreditkartenfunktion auszustatten: Der Kunde gibt bei jeder Kartennutzung
mehr von sich preis als notwendig. Schließlich ist interessant: Das Unternehmen »Loyalty Partner« betreibt nicht nur das Bonusprogramm Payback, sondern auch die Bonusprogramme bahn.comfort und bahn.bonus und wickelt
auch die BahnCard ab.[90] Ein Geschäftsführer ist in Personalunion für
Payback und die Bahn-Produkte zuständig.

---

85) http://www.payback.net/de/programm/daten-fakten/.
86) http://de.wikipedia.org/wiki/Payback_%28Bonusprogramm%29#Kritik:_Datenschutz.
87) http://www.welt.de/wirtschaft/article1069965/Die_Bahncard_hat_Verspaetung.html.
88) https://www.bigbrotherawards.de/2007/.com.
89) http://www.spiegel.de/spiegel/spiegelspecial/d-8889478.html.
90) http://www.loyaltypartner.com/nc/de/presse/pressemeldungen/pressemeldung/
     select_category/18/article/payback-expands-management-team/245/
     %2B%28200%2Bok%29%2BACCEPTED/?cHash=acebfba1cc&sword_list[0]=bahn.

3.3.5 Auskunfteien liefern Score-Werte

Auch die Wirtschaft will Risiken minimal halten. Deshalb kaufen (Auto-) Banken, Telefondienstleister, Vermieter und Versicherungsunternehmen Auskünfte über ihre Kunden bei speziellen Dienstleistern.

Neben der Frage, ob die Auskunfteien ihre Daten rechtmäßig erhalten haben, ist die Qualität der Auskünfte umstritten: In einer von der Bundesregierung finanzierten Studie[91] wurden die Arvato Infoscore und Bürgel, CEG Creditreform Consumer GmbH und die Schufa unter die Lupe genommen. In der »Zusammenfassenden Schlussfolgerung« des Dokuments wird kritisiert, dass keine Auskunftei vollständige Daten liefern würde, die Fehlerquote sei unvertretbar hoch. Das Zustandekommen der Daten sei nicht nachzuvollziehen und die Aussagekraft zweifelhaft. Beruhigenderweise schreibt der Bankenverband in einer Broschüre, dass besonders sensible persönliche Daten, wie beispielsweise die ethnische Herkunft, die Religion oder die sexuelle Orientierung, nicht von der Kreditwirtschaft für Scoring-Zwecke eingesetzt würden.[92] Das lässt den Schluss zu, dass sie die Möglichkeit dazu hätten.

Dass die Aussagekraft von Auskunfteien nicht immer besonders groß ist, wird die Journalistin Tina Groll bestätigen: Kriminelle hatten 2009 – sie schätzt in »Hunderten Fällen« – Ware auf Grolls Namen bestellt, aber nicht bezahlt.[93] Die Ware wurde an eine Wohnadresse in Bremen geliefert, deren Briefkasten mit Grolls Namen beschriftet war. Durch die Verbindung von Name und Geburtsdatum konnte die Creditreform recht schnell den tatsächlichen Wohnort von Tina Groll ermitteln. Dort wurden dann die Mahnungen hingeschickt. Die Wahrscheinlichkeit ist groß, dass auch die Bank, der Mobilfunkdienstleister und andere Dienstleister die Bonität der (scheinbaren) Schuldnerin infrage gestellt haben. Die Wirtschaftsauskunftei und ein beauftragtes Inkassounternehmen haben die Angaben, die von den Betrügern gestreut wurden, für bare Münze genommen, ohne sie auf ihren Wahrheitsgehalt zu überprüfen.[94] Umgekehrt wurde Groll als Betroffene (ihrer Darstellung nach) mehrfach aufgefordert nachzuweisen, dass sie die betreffende Wohnung in Bremen nicht angemietet und dorthin auch keine Ware bestellt hatte. In den USA von derartigen Betrügereien Betroffene sagen gar, ihr Leben

---

91) http://www.bmelv.de/cae/servlet/contentblob/638114/publicationFile/36026/Scoring.pdf.
92) www.netbank.de/nb/downloads/kreditscoring.pdf.
93) http://www.zeit.de/digital/datenschutz/2010-01/
    identitaetsdiebstahl-selbsterfahrung?page=1.
94) http://www.zeit.de/digital/datenschutz/2010-01/
    identitaetsdiebstahl-selbsterfahrung?page=2.

sei »zerstört«.[95] Zerstört werden können durch den Diebstahl von Firmenidentitäten auch ganze Unternehmen.[96]

Das Institut für kriminologische Sozialforschung der Universität Hamburg bestätigt in der Rubrik »persönliche Kosten« des Identitätsdiebstahls:[97] »Die Kosten, die individuelle Personen betreffen, sind finanzieller, emotionaler und physischer Art. Im Vergleich zu anderen Delikten kann Identitätsdiebstahl vom Opfer als noch wesentlich belastender wahrgenommen werden, da die Folgen eines Identitätsdiebstahls noch Jahre andauern können. Dies kann beim Opfer zu einem Gefühl der Hilflosigkeit und der mangelnden Kontrolle über sein Leben führen.«

Vor diesem Hintergrund bekommt der Verlust eines Namens in Verbindung mit dem Geburtsdatum der betreffenden Person eine neue Qualität. 2008 wurden der Wirtschaftswoche 21 Millionen Datensätze zum Kauf angeboten[98] – inklusive Angaben zur Person »wie etwa Geburtsdaten«, Bankverbindungen mit Kontonummer und Bankleitzahl, in einigen Fällen sogar detaillierte Angaben zur Vermögenslage. Im Oktober 2010 wurde berichtet, die »Easycash Loyalty Solutions« habe Kundendaten verkauft.[99] Das Unternehmen verfügt nach Angaben der *Süddeutschen Zeitung* über 14 Millionen Kundenprofile und bestreitet die Vorwürfe. Der Identitätsdiebstahl sei eines der am stärksten zunehmenden Delikte im Internet, wie Tina Groll auf *Zeit Online* betont. Besonders betroffen vom Identitätsdiebstahl sind in den USA Kinder und Jugendliche: So gibt es Berichte über Einjährige, die inhaftiert werden sollen,[100] oder Jugendliche, denen die finanzielle Unterstützung beim Besuch der weiterführenden Schule verwehrt wird.[101]

Nicht nur der Handel mit Daten, auch die Verwendung derselben könnte angreifbar sein: So wurden bei ausländischen Banken mehrfach illegale Kopien von Datensätzen von Steuerflüchtlingen erstellt – auch aus Deutschland. Anschließend wurden diese Kopien den Finanzbehörden der Herkunftsländer angeboten und teilweise verkauft. Der Vorgang leidet an einem Zielkonflikt: Einerseits muss der Staat seine Einnahmen sichern sowie für Steuergerechtigkeit sorgen. Um diese Ziele zu erreichen, sah sich der Staat

---

95) http://www.marketwatch.com/story/
the-rise-of-identity-theft-one-mans-nightmare-2010-02-10.
96) http://www.realidentity.co.uk/blog/?p=75.
97) http://www.kriminologie.uni-hamburg.de/wiki/index.php/Identity_fraud.
98) http://www.wiwo.de/unternehmen-maerkte/
kontonummern-von-21-millionen-buergern-illegal-im-umlauf-380382/.
99) http://sueddeutsche.de/geld/
datenhandel-ich-weiss-was-du-letzten-sommer-gekauft-hast-1.1011876.
100) http://www.whymykid.org/content/stolen-innocence-child-identity-theft.
101) http://www.identitytheft.info/children.aspx.

offenbar gezwungen, illegal gewonnene Daten anzukaufen. Einem ähnlichen Zielkonflikt sah sich die Handelskette Kik ausgesetzt. Sie hatte von der Creditreform Unternehmensgruppe Informationen über Mitarbeiter eingeholt, die von einer Privatinsolvenz bedroht sind, um sie anschließend feuern zu können.[102] Die Verantwortlichen müssen jetzt mit einem Strafverfahren rechnen. Zum Vergleich: Ein Strafverfahren wird den Entscheidern in Sachen »Steuer-CD« wohl erspart bleiben.

3.3.6 Von der Kreditwürdigkeit zum Konsumentenprofil

Die Wirtschaft ergänzt die gekauften Daten mit eigenen Erhebungen. Diese enthalten alle demographischen und psychographischen Details eines Anwenders von einem einzelnen Produkt – etwa die Alterskategorie, den Familienstand, das Einkommensniveau, der Gesundheitszustand, die Ausbildung, die berufliche Tätigkeit, das Geschlecht, den Wohnort und das Einkaufsverhalten. Gute Marketiers sollten sowohl den tatsächlichen wie den erhofften Kunden mit seinen individuellen Merkmalen im Blick behalten.

Mächtige Softwarewerkzeuge interessieren sich auch für scheinbar unwichtige Details des Profils:[103] »Data Mining« und »Business Intelligence« (BI) sind die Fachbegriffe dafür. Einer 2009 veröffentlichten Studie zufolge ist die Software des Anbieters SAS besonders leistungsfähig.[104] Microstrategy zählt mit einem Anteil von 3,2 Prozent 2008 zu den kleineren Anbietern im Markt. Dennoch behauptet das Unternehmen, dass seine Software in Sekundenschnelle Tera- oder gar Petabyte große Datenmengen durchsuchen und analysieren kann.[105]

Allein in Deutschland werden knapp 800 Millionen Euro mit BI-Software jährlich umgesetzt. Zu den wichtigsten Anbietern zählen neben SAS auch SAP, Oracle, IBM und Microsoft.

---

102) http://www.heise.de/newsticker/meldung/
Textildiscounter-KiK-erneut-am-Datenschutz-Pranger-1043837.html.
103) Wir erörtern sie im folgenden Abschnitt 3.4.
104) http://www.ap-verlag.de/Online-Artikel/20090102/
20090102zm%20Mayato%20Data%20Mining%20Studie%202009.htm.
105) http://www.pressebox.de/pressemeldungen/microstrategy-deutschland-gmbh/boxid/
353523.

3.4 Die Analyse (un)strukturierter Daten

Bisher haben wir uns mit Daten beschäftigt, die sich auf einen Stammdatensatz beziehen: Eine Krankheit, ein Arbeitsplatz oder eine Sozialversicherungsnummer beziehen sich auf eine Person – das ist einfach. Aber so lassen sich noch keine Rückschlüsse auf die Persönlichkeit, Absichten, das Denken, Fühlen und Empfindungen des Einzelnen ziehen. Diese Schlussfolgerungen sind umso einfacher, je mehr sich unser Leben aus der realen Welt in die virtuelle, protokollierbare Welt des Internet verschiebt.

So liefert das Internet heute schon weit mehr Informationen als vielen bewusst ist: Über unsere Interessen, Gewohnheiten, (Ab-)Neigungen. So können Schlussfolgerungen aus den Büchern gezogen werden, die wir bei Amazon kaufen, und aus Zeitschriftenartikeln, die Google News für uns gefunden hat, aus der Musik, die wir hören, den Filmen, die wir schauen, unseren Freunden auf Facebook und im realen Leben, unseren Lieblingsrestaurants und vielen anderen Dingen mehr. Solche Analysen stellt »Wings« an – ein Facebook-Dienst für Menschen auf Partnersuche.[106]

Hinzu kommen Blog-Einträge, Twitter-Nachrichten, Beiträge in Foren und weitere unstrukturierte Informationen aller Art.[107] Die lassen sich mithilfe von »Text Mining« auswerten. Das sind Analyseverfahren, die Deutungen aus un- oder schwach strukturierten Textdaten ermöglichen soll. Mit statistischen und linguistischen Mitteln erschließt Text-Mining-Software aus Texten Strukturen, die die Benutzer in die Lage versetzen sollen, Kerninformationen aus den verarbeiteten Texten schnell zu erschließen. Text-Mining-Systeme liefern im Optimalfall Informationen, über die sich der Betroffene selbst nicht bewusst war. Im Zusammenspiel mit ihren Anwendern sind Werkzeuge des Text Mining außerdem dazu in der Lage, Hypothesen zu generieren, diese zu überprüfen und schrittweise zu verfeinern. Opentext, ein Entwickler von Software für das Dokumentenmanagement, behauptet in einer Pressemitteilung zu einer Anwendung namens »Semantic Navigation«, dass sie »Inhalten ihren Bedeutungsgehalt, Grundton und Kontext auf intelligente Art und Weise extrahiert. Umgekehrt verknüpft die Engine diesen Content passgenau mit der Suche eines Bestands- oder Potenzialkunden auf einer Website. Im Ergebnis finden Website-Besucher hilfreiche und wertvolle Informationen weit müheloser, in viel kürzerer Zeit und auf konsistentere Art und Weise.«[108] Somit kann alles, was der Internetanwender irgendwann, irgendwo

---

106) http://www.heise.de/tr/artikel/Datamining-fuer-die-Liebe-1075641.html.
107) »Facebook-Like Button« – s. Abschnitt 3.4.5.
108) http://www.opentext.de/3/global/press-release-details.html?id=2400.

auf einer x-beliebigen Seite in einem x-beliebigen Forum geäußert hat, wieder der Quelle zugeordnet werden.[109]

Das Ergebnis: Der frühere Google-Chef Eric Schmidt meint, dass der Konzern uns künftig auch empfehlen wird, auf welche Stellenausschreibung wir uns bewerben und was wir morgen machen sollen.[110] Vermutlich werden diese Ratschläge auf solchen Internetauswertungen unseres Verhaltens, unserer Interessen, Vorlieben, Abneigungen beruhen. Technik per se ist nicht böse – sie lässt sich aber böse einsetzen. Zum Beispiel zur Rasterfahndung[111] – einem »Verfahren zur vernetzten Durchsuchung von Datenbeständen«, mit dessen Hilfe in den 1970er-Jahren vermeintliche RAF-Terroristen identifiziert werden sollten, indem nach Merkmalen gesucht wurde, von denen angenommen wurde, dass sie auf diese Personen zutrafen. Der frühere Bundesinnenminister Otto Schily wollte diese Technik nutzen, um den internationalen Terrorismus nach dem »11. September« zu bekämpfen. Diese Rasterfahndung wurde vom Bundesverfassungsgericht 2006 für verfassungswidrig erklärt.[112] Vor diesem Hintergrund sind die Bemühungen der Strafverfolger im Internet zu sehen. Ähnlich wie Facebook nutzen die US-amerikanischen Sicherheitsbehörden FBI und CIA das »Web 2.0«[113] als Informationsquelle.[114] *Heise Online* schreibt etwa zum »Dark Web Project«:

»Dabei geht es um einen Versuch von Computerwissenschaftlern, alle Terrorismus-bezogenen Inhalte aus dem Web systematisch zusammenzutragen und zu analysieren. Gelobt wird an dem Projekt vor allem seine Effizienz, Kommunikationsforen zu durchsuchen und auch die ›verborgenen Ecken des Internets‹ zu erschließen. Es werde sogar an Werkzeugen gearbeitet, um die Erzeuger eigentlich anonymer Online-Informationen zu entschlüsseln.«

Neben Geheimdienstlern haben Strafverfolger und Finanzbeamte Zugriff auf Facebook, Twitter und Myspace.

In diesem Geschäft setzen die Sicherheitsbehörden und Geheimdienste auch auf das Wissen der einschlägigen Industrie. Dabei profitiert aber nicht nur

---

109) S. »Webanalysedienste« – Abschnitt 3.4.3.

110) http://www.heise.de/newsticker/meldung/
Google-will-noch-mehr-persoenliche-Daten-der-Benutzer-sammeln-131516.html.

111) http://de.wikipedia.org/wiki/Rasterfahndung.

112) http://www.heise.de/newsticker/meldung/
Rasterfahndung-nach-11-September-2001-verfassungswidrig-126814.html.

113) Der häufig inhaltsfreie Marketingbegriff wird hier als Synonym für eine vernetzte Welt gebraucht, deren Maschen zunehmend enger gewebt werden.

114) http://www.heise.de/security/meldung/
Polizeibehoerden-forcieren-verdeckte-und-offene-Online-Ermittlungen-1060763.html.

der Staat – etwa in Form von »Super-Rootkits und Spionageprogramme«[115]. Auch die Unternehmen lernen – und nutzen diese Erfahrungen anderweitig: So wurde durch Veröffentlichungen der Bürgerrechtsbewegung »Anonymous« bekannt, dass der Sicherheitsdienstleister HBGary Federal eine Kampagne vorbereitete, um den Kritikern der U.S. Chamber of Commerce den Wind aus den Segeln zu nehmen. Dazu sollten auch die Fälschung von Dokumenten und Cyberangriffe gehören. Ähnliche Absichten soll die Bank of America gehabt haben. Abgeordnete der US-Demokraten sind darüber besorgt, dass bei diesen geplanten Kampagnen Techniken eingesetzt werden sollten, die ursprünglich zur Terrorbekämpfung gedacht waren.

Der Bund Deutscher Kriminalbeamter fordert für hiesige Behörden Befugnisse nach US-amerikanischem Vorbild. Dazu sollten auch »gesetzliche Befugnisse für offene und verdeckte Ermittlungen im Internet, speziell in Sozialen Netzwerken« gehören. Bereits seit 1999, so berichtet *der Freitag*, ermittelt die beim Bundeskriminalamt angesiedelte »Zentralstelle für anlassunabhängige Recherchen in Datennetzen« (ZaRD) nach Straftaten aller Art:[116] Volksverhetzung, Betrug, Gewaltaufrufe, Kinderpornographie.

Und der Staat schreckt auch nicht vor der Durchsuchung heimischer Computer zurück, wie ein Fall aus Bayern belegt: Ein Mitarbeiter einer Pharmafirma bekam bei einer Routinekontrolle am Münchner Flughafen einen Trojaner untergeschoben.[117] Die Produkte der Firma unterliegen angeblich nicht dem Betäubungsmittelgesetz, könnten aber »unter Umständen« »bei der Ausfuhr juristisch zu Betäubungsmitteln mutieren«, wie *Telepolis* schreibt. Mithilfe des Trojaners wurde nicht nur »alle dreißig Sekunden [...] ein Bildschirmfoto des Browser-Inhalts geschossen«[118], sondern auch die über Skype geführten Telefonate abgehört. Dies sei – so berichtet *ijure.org* über das Urteil des Landgerichts Landshut, »ein nicht hinnehmbarer Rechtsbruch«. Der Anwalt des Beklagten erkennt einen »massiven Eingriff in die Grundrechte«.[119]

Auch Bildschirmfotos und Skype-Telefonate können softwaretechnisch erschlossen und ausgewertet werden. Es ist also kein Personenkennzeichen mehr notwendig, um im Raster der Strafverfolger hängenzubleiben. Einen sehr kleinen Einblick in die Möglichkeiten, die eine Verknüpfung zahlreicher Datenbestände bietet, stellen Personensuchmaschinen, wie z.B. Yasni und

---

115) http://www.heise.de/newsticker/meldung/
   HBGary-Hack-schlaegt-weitere-Wellen-1200852.html.
116) http://www.freitag.de/politik/1032-staatsschutz-auf-facebook-streife.
117) http://www.heise.de/tp/r4/artikel/34/34289/1.html.
118) http://ijure.org/wp/archives/476.
119) http://www.spiegel.de/spiegel/0,1518,748110,00.html.

123People, im Internet dar. Nach Eingabe eines Namens fragen diese Dienste neben Webseiten auch zahlreiche Datenbanken, u.a. die Amazon-Wunschliste, Soziale Netzwerke, Stellenportale, ab. Heraus kommt ein beeindruckendes (wenn auch fehlerhaftes) Bild der gesuchten Persönlichkeit.

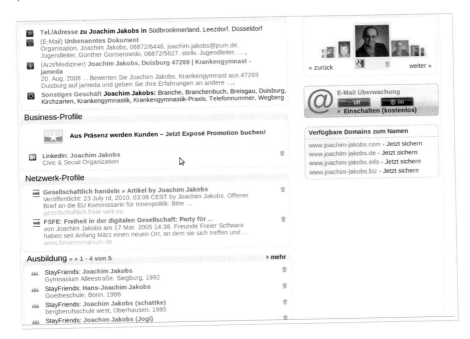

Ergebnis einer Personensuche im März 2011 – Wie wird sie 2020 aussehen?

Auf den ersten Blick eine sehr sinnvolle Möglichkeit, schnell viel über einen Menschen zu erfahren. Doch arbeiten die Maschinen nicht fehlerfrei. Sie kombinieren Personen, die den gleichen Namen tragen, zu einem Profil. Der Namensvetter kann so den eigenen Ruf beeinträchtigen. Daten in Datenbanken sind teilweise veraltet oder falsch. Im Folgenden zeigen wir mit exemplarischen Beispielen, wie sich die Personenprofile weiter verfeinern lassen.

3.4.1 Bildung und Wissen

Je größer der Fachkräftemangel in der alternden Gesellschaft, desto wichtiger die Qualifikation des knapper werdenden Personals. Dabei wächst aber nicht nur das Wissen des Lernenden, wie die Juristin Janine Horn vom E-Learning Academic Network Niedersachsen (ELAN e. V.) weiß.[120] Mit jeder Lehr-

---

120) http://www.campus-innovation.de/node/1361.

und Lernaktivität sowie etwaiger Kommunikation dazu entstehen personenbezogene Daten, die – auch wieder in Profilen – zusammengeführt und zur Leistungsbewertung oder zu anderen Zwecken genutzt werden können: Alles, was der Lernende in Online-Übungen und -prüfungen etc. von sich gibt, erschließt sich früher oder später auch wieder dem oben besprochenen Text Mining. Die Erhebung, Verarbeitung und Nutzung solcher personenbezogener Daten bedarf daher Horns Meinung nach einer rechtlichen Begründung. Mit der zunehmenden Nutzung von Wikis, Blogs und Foren von und für Studierende und Lehrende werden auch vermehrt Beschwerden über Verletzungen des Persönlichkeitsrechts laut. Diese neuen Lehr- und Lernformen stellen datenschutzrechtliche Anforderungen an die Konfiguration sowie auch die Nutzung von eLearning-Plattformen.

Wer aber lernt denn nun eigentlich computerunterstützt? Kurz gesagt: Alle! Vom Kindergarten über Schüler und Studenten bis hin zum Berufspraktiker müssen künftig alle immer am Ball bleiben.

Im Vorschulalter machen die Kleinsten Bekanntschaft mit den »Schlaumäusen«[121] von Microsoft: 4–6-Jährige sollen auf spielerische Weise die Sprache erlernen – »mithilfe moderner Technologien«. Bei den Pennälern gibt's etwa den IHK-Onlinetest, den einige Kammern in NRW zusammen mit dem *Handelsblatt* anbieten. »Mit dem ›IHK Online-Test Handelsblatt macht Schule‹[122] soll das Interesse und Verständnis für ökonomische Zusammenhänge von Schülern der gymnasialen Oberstufe gestärkt werden.« Die Schüler erhielten die Chance, eine Zusatzqualifikation im Sinne der vertieften Berufsorientierung zu erlangen, wie die Zeitung betont. Nachdem bei *focus.de* noch ein Intelligenztest[123] und darauf aufbauend einer der zahllosen »Berufs- und Studieninteressentests«[124] absolviert wurde, kann man direkt ins Leben starten. Das *Handelsblatt* könnte nun aus den gewonnenen Daten versuchen, Kapital zu schlagen: Die Daten der besten Schüler ließen sich sicher bei den großen Personalberatern verscherbeln – schließlich müssen die das künftige Personal kennenlernen. Und die weniger guten können zur Nachschulung bestellt oder auch weitervermittelt werden. So könnte die Politik auf die Idee kommen, »selbst verschuldete« Arbeitslosigkeit nicht mehr zu versichern. Darunter könnte dann auch die Faulheit im Studium zählen.

Und auch die Chefs müssen am Ball bleiben. Denn künftig bedarf es nicht nur des richtigen Wissens (rund die Hälfte aller Führungskräfte in Deutschen

---

121) http://www.schlaumaeuse.de/Seiten/default.aspx.
122) http://www.handelsblattmachtschule.de/ihk-test.
123) http://www.focus.de/D/DB/DBV/DBV24_neu/dbv24.htm.
124) http://www.zpid.de/redact/category.php?cat=82.

Großunternehmen wird von ihren Arbeitgebern angehalten, sich am Computer fortzubilden[125]) – sie müssen auch noch ein ganzes Bündel von Zeitungen und Zeitschriften lesen, am besten mit dem »IT-Nachrichtendienst relevANTS« aus dem IDG-Verlag. CIO.de – eines von zahlreichen IDG-Produkten – schreibt:[126] »Aus mehr als 50 Quellen filtern die ›relevANTS‹ die für Sie interessanten IT-Nachrichten und liefern die Ergebnisse per Newsletter, RSS-Feed oder Windows-Widgets. Hinter relevANTS steckt eine semantische Analysetechnik, die anhand Ihres Nutzerverhaltens und Ihrer Vorgaben das World Wide Web nach relevanten Inhalten durchforstet. relevANTS greift dabei auf eine Vielzahl internationaler Quellen zurück, darunter neben deutschen und englischsprachigen IDG-Publikationen wie CIO, Computerwoche und TecChannel etwa Handelsblatt.com, Spiegel Online, TechCrunch, The Inquirer oder Wired.« In seinen Datenschutzbestimmungen teilt der Nachrichtendienst mit: »relevANTS wird diese Daten in keinem Fall an Dritte weitergeben und/oder diese Dritten sonst wie zur Kenntnis geben, es sei denn, wir werden durch richterlichen Beschluss oder Urteil hierzu gezwungen.« Die Betreiber legen nach eigener Aussage Wert auf den Datenschutz. Aber: »E-Mail-Adresse und Passwort werden in einer Datenbank hinterlegt. Das Passwort wird verschlüsselt abgelegt und kann von keiner natürlichen Person eingesehen werden.« Das hätten *Die Zeit*[127], der Bauer-Verlag[128] und das Kinderportal *Häfft*[129] bis zum Beweis des Gegenteils vermutlich auch behauptet.

Wen es interessiert, was Sie lesen? Wenn ein Darlehensgeber den Eindruck bekäme, dem Antragsteller mangele es an Verstand, könnte der womöglich eine negative Entscheidung fällen. Beliebige weitere Lebenssituationen sind denkbar.

Ein anderes Szenario bietet sich dem wirklich klugen Wirtschaftsingenieur mit Schwerpunkt Gaswirtschaft, perfekten Russischkenntnissen und Berufserfahrung im »Cross Border Leasing«. Für den interessiert sich vermutlich der »Kopfgeldjäger 2.0«: »Zwei Mitarbeiter durchforsten Business-Plattformen wie Xing oder LinkedIn und sprechen Kandidaten gezielt an«, wird Otto-Group-Personaldirektor Michael Picard von *Zeit Online* zitiert[130] – das hört sich ziemlich zeitraubend an. Früher oder später wird es hier sicher eine

---

125) http://www.mmb-institut.de/2004/pages/projekte/
  e_learning/MMB-Institut_E-Learning-Einsatz_deutsche_Grossunternehmen.pdf.
126) http://www.cio.de/news/cionachrichten/2218295/index.html.
127) http://www.spiegel.de/netzwelt/web/0,1518,722327,00.html.
128) http://www.spiegel.de/netzwelt/web/0,1518,724922,00.html.
129) http://www.spiegel.de/netzwelt/web/0,1518,665587,00.html.
130) http://www.zeit.de/karriere/bewerbung/2010-10/soziale-netzwerke.

Lösung geben, die das definierte Profil mit den Lebensläufen von Millionen Mitgliedern elektronischer Sozialvereine abgleicht.

3.4.2 Videoüberwachung im öffentlich zugänglichen Raum

Gemäß § 6b BDSG dürfen öffentlich zugängliche Räume »zur Wahrnehmung des Hausrechts« oder »zur Wahrnehmung berechtigter Interessen für konkret festgelegte Zwecke« videoüberwacht werden. Der Umstand der Überwachung muss kenntlich gemacht werden. Wenn die Daten einzelnen Personen zugeordnet werden, müssen die Betroffenen informiert werden.

Das BDSG dient dabei als Auffanggesetz für den Fall, dass keine speziellen Vorschriften existieren: Solche speziellen Regelungen gibt es etwa für die Amtskirchen oder auch für Spielhöllen. – § 6 der »Unfallverhütungsvorschrift Spielhallen«[131] bestimmt, dass jede Spielhalle, jedes Spielcasino und jeder Automatensaal von Spielbanken eine »optische Raumüberwachungsanlage« haben muss.

Die Protagonisten der Technik erhoffen sich einen Abschreckungseffekt auf potenzielle Täter, die durch die Technik anschließend mit strafrechtlichen Konsequenzen zu rechnen hätten.

In der Praxis zeigt sich jedoch, dass die gewünschten Wirkungen ausbleiben. Wenn überhaupt, verlagern die Straftäter ihre Aktivitäten ins nicht überwachte Umland. Die Berliner Verkehrsbetriebe erwarten nach einer Untersuchung zur Überwachung von Bahnhöfen und Bahnlinien keine erheblichen Veränderungen der Sicherheitslage.[132] Dies scheint kein Einzelfall zu sein – auch die flächendeckende Überwachung in Großstädten hilft nicht wesentlich weiter: »Auf 1000 Überwachungskameras in London kommt statistisch gesehen die Aufklärung von nur einer Straftat.«[133]

Die britische Hauptstadt ist etwa so groß wie New York und gibt auch etwa ebenso viel für die Polizei aus. Nur wird das Geld anders verwandt: In Großbritannien fließt überproportional viel Geld in Überwachungstechnik, während in New York in Polizeipräsenz auf den Straßen investiert wird. London gilt als gefährlichste Stadt in der zivilisierten Welt und New York hat seine Kriminalitätsrate gesenkt.[134]

---

131) http://www.vbg.de/praeventionsportal/apl/uvv/105/6.htm.
132) http://www.daten-speicherung.de/index.php/
    nutzen-von-videoueberwachung-in-berlin-und-london/.
133) http://www.heise.de/security/meldung/
    Britischer-Polizeibericht-Videoueberwachung-ist-ineffizient-752989.html.
134) http://spectator.org/archives/2006/04/10/three-strikes-and-youre-in-lik.

Hohe Kosten, geringe Erfolge. Und schließlich hat der niedersächsische Landesbeauftragte für den Datenschutz festgestellt, dass 99 Prozent aller Kameras im Land gegen gesetzliche Bestimmungen verstoßen.[135] Gegen deutsche Datenschutzbestimmungen dürften vermutlich auch Videokameras zur Überwachung des ruhenden Verkehrs verstoßen, wie sie im französischen Nizza eingesetzt werden.[136] Wer in Skandinavien gebührenpflichtige Straßen benutzt ohne zu bezahlen, erhält automatisch einen Gebührenbescheid.

Auch bei der intelligenten Verbrecherjagd spielen Videodaten eine entscheidende Rolle. Die TAZ berichtet über das EU-Projekt »Indect«:[137] »Videokameras, die automatisch Verbrecher durch die ganze Stadt verfolgen, damit die Polizei sie bequem einfangen kann. Computer, die auf den Bildern Gesichter automatisch erkennen und mit breiten Datensätzen abgleichen. Das klingt nach Science-Fiction. Wenn es nach der EU-Kommission geht, könnte es so ein System 2013 bereits geben.« Bis das System perfekt funktioniert, ist mit einigen Kollateralschäden zu rechnen: »Menschen sehen für den Computer immer anders aus. Sie tragen verschiedene Arten von Kleidung, die ihre Konturen verändern. Hinzu kommen die vielen unterschiedlichen Perspektiven«, erklärt Cristian Sminchisescu. Der Informatikprofessor am Institut für numerische Simulation in Bonn ist nicht an Indect beteiligt, forscht aber selbst im Bereich der automatischen Bilderkennung. »Schon etwas Einfaches wie ein Stuhl ist extrem schwierig zu definieren«, schreibt *Zeit Online* zum selben Projekt.[138] Im Februar 2011 wies der Hamburger Datenschutzbeauftragte den Kaufhausbetreiber ECE Projektmanagement an, 24 der 75 Videokameras im Hamburger Alstertal-Einkaufszentrum abzubauen.[139] Bundesweit betreibt ECE 93 Einkaufszentren. Bedenken haben auch Niedersachsen, Mecklenburg-Vorpommern, Schleswig-Holstein, Nordrhein-Westfalen und Baden-Württemberg. Der Einkaufsbetreiber widersetzt sich der Anordnung. Nach Angaben von *NDR Info* wird daher das Verwaltungsgericht Hamburg in einem Musterverfahren über die Anweisung der Datenschützer aus der Hansestadt entscheiden. Sollte sich die Aufsichtsbehörde der Hansestadt durchsetzen, hätte das deutschlandweit Signalwirkung und würde genau regeln, welche Bereiche in Einkaufszentren gefilmt werden dürfen und welche nicht. Zusätzlich stünden dann vermutlich auch die Kameras in Bahnhöfen, Parkhäusern und S-Bahnen zur Disposition.

---

135) http://www.heise.de/newsticker/meldung/
Big-Brother-in-Niedersachsen-Kritik-an-Videoueberwachung-982562.html.
136) http://www.heise.de/tr/artikel/Bilderkennung-gegen-Falschparker-1144311.html.
137) http://www.taz.de/1/politik/schwerpunkt-ueberwachung/artikel/1/
die-moderne-verbrecherjagd/.
138) http://www.zeit.de/digital/datenschutz/2010-10/indect-ueberwachung-polen?page=all.
139) http://www.ndr.de/regional/ece205.html?results=ece207.

3.4.3 Webanalysedienste: Sag mir Deine IP-Adresse und ich analysiere Dein Leben

(Niels Lepperhoff)

Wer eine Webpräsenz betreibt, investiert meist viel Zeit und Geld in deren Aufbau und Betrieb. Daher wollen Unternehmen und Privatpersonen gerne wissen, ob ihre Ressourcen produktiv und effizient investiert sind. Was liegt da näher, als eine Erfolgskontrolle der Webseiten zu beauftragen oder selbst zu implementieren? Mithilfe von Webstatistiken – auch Web Tracking, Web Analytics oder Webcontrolling genannt – messen Unternehmen, Behörden, Parteien, Verbände, Vereine und Privatpersonen das Verhalten ihrer Besucher. Spezielle Dienstleister erstellen für Betreiber dann diese Webstatistiken. Dazu bindet der Betreiber in seine Webseiten speziellen Code oder kleine unsichtbare Grafikelemente (»Zählpixel«) ein. Immer wenn sich ein Besucher eine solche Webseite ansieht, werden einige Daten an den Dienstleister übertragen: u.a. IP-Nummer, Cookie, Browserversion und Betriebssystemversion. Welche Daten gesammelt werden, entscheidet und kontrolliert damit der Statistikersteller. Der Webseitenbetreiber hat keine Kontrolle über die Datenerhebung, Speicherung, Auswertung und weitere Nutzung der Daten. Mit diesen Daten beantwortet der Statistikdienstleister z.B. folgende Fragen:

- Wie betreten Besucher die Webpräsenz?
  Auf welchen Seiten waren sie vorher?
- Wie viele Besucher hat die Webpräsenz?
- Was machen Besucher auf der Webpräsenz?
  Wie bewegen sie sich auf den Webseiten und wie ist ihr Klickverhalten?

Der Marktführer unter den Statistikdienstleistern in Deutschland ist Google Analytics mit 79 Prozent.[140] Im Jahr 2007 begann eine Debatte um die rechtliche Zulässigkeit von Google Analytics in Deutschland. Im Januar 2009 erreichte die Diskussion mit einer Stellungnahme des Unabhängigen Landeszentrums für Datenschutz Schleswig-Holstein (ULD) ihren bisherigen Höhepunkt. So bewertet das ULD die Nutzung von Google Analytics durch Webseitenbetreiber als nicht vereinbar mit dem deutschen Bundesdatenschutzgesetz.[141]

---

140) Xamit (2010): Webstatistiken im Test, 5. Update, S. 10 f. http://www.xamit-leistungen.de/downloads/XamitDatenschutzbarometer2010.pdf. Letzter Zugriff: 28.02.2011.

141) Unabhängiges Landeszentrum für Datenschutz Schleswig-Holstein (2009): Datenschutzrechtliche Bewertung des Einsatzes von Google Analytics.
https://www.datenschutzzentrum.de/ tracking/20090123_GA_stellungnahme.pdf.
Letzter Zugriff: 04.10.2010.

Zu den Gründen zählen die

- Datenübermittlung in die USA,
- die ewige Datenspeicherung ohne Löschmöglichkeit und
- die Möglichkeit, durch Kombination von Daten ein Nutzerprofil zu erstellen.

Webseitenbetreiber, die Google Analytics nutzen, begehen damit eine Ordnungswidrigkeit, die gemäß BDSG mit einem Bußgeld von bis zu 50.000 Euro geahndet werden kann. Der Bundesdatenschutzbeauftragte ermahnte daraufhin u. a. zahlreiche Krankenkassen, die Nutzung von Google Analytics unverzüglich einzustellen, da es unzulässig sei.[142] Der Düsseldorfer Kreis, ein Gremium der obersten Datenschutzaufsichtsbehörden Deutschlands für den nicht öffentlichen Bereich,[143] untermauerte diese Einschätzung mit allgemeinen Kriterien für Webstatistiken.[144] Trotzdem stieg der Anteil von Webseiten, die Google Analytics nutzen, von sieben Prozent in 2007 auf 19 Prozent im Jahr 2010.[145]

Neben seiner gleichnamigen Suchmaschine bietet Google zahlreiche weitere Dienste für Unternehmen und Privatpersonen an, die eine persönliche Anmeldung verlangen. Das sind z. B. Google Analytics, Google Apps, Google Mail oder auch Google Adwords, womit das Unternehmen allein 30 Prozent seines Gesamtumsatzes macht.[146] Mit der persönlichen Anmeldung könnte Google technisch einfach Cookies Besuchernamen zuordnen. Wir behaupten hier nicht, dass Google dies tut. Das Unternehmen ist jedoch dazu in der Lage und möchte im Werbemarkt weiter wachsen. Und im scharfen Wettbewerb mit Facebook könnten früher oder später Hemmungen fallen. Haupteinnah-

---

142) Heise Online (2009): Bundesdatenschutzbeauftragter kritisiert Usertracking bei Krankenkassen. http://www.heise.de/newsticker/meldung/Bundesdatenschutzbeauftragter-kritisiert-Usertracking-bei-Krankenkassen-864903.html. Letzter Zugriff: 04.10.2010.

143) Nicht öffentliche Stellen im Sinne des Bundesdatenschutzgesetzes (BDSG) sind z.B. Unternehmen, Vereine und Parteien. Der öffentliche Bereich nach § 2 Abs. 1–3 BDSG umfasst in erster Linie Behörden oder behördenähnliche Einrichtungen. Das sind Organe der Rechtspflege und andere öffentlich-rechtlich organisierte Einrichtungen des Bundes, der Länder und der Gemeinden. S. a. http://www.gesetze-im-internet.de/bdsg_1990/__2.html. Letzter Zugriff: 05.10.2010.

144) Düsseldorfer Kreis (2009): Datenschutzkonforme Ausgestaltung von Analyseverfahren zur Reichweitenmessung bei Internet-Angeboten. http://www.datenschutz-mv.de/dschutz/beschlue/Analyse.pdf. Letzter Zugriff: 04.10.2010.

145) Xamit (2010): Datenschutzbarometer 2010, S. 25. http://www.xamit-leistungen.de/downloads/XamitDatenschutzbarometer2010.pdf. Letzter Zugriff: 28.02.2011.

146) ZDNet.de (2010): Google übertrifft Erwartungen von Analysten im dritten Quartal. http://www.zdnet.de/news/wirtschaft_unternehmen_business_google_uebertrifft_erwartungen_von_analysten_im_dritten_quartal_story-39001020-41539240-1.htm. Letzter Zugriff: 21.10.2010.

mequelle von Google ist zielgerichtete Werbung, die auf das Verhalten von Webseiten-Besuchern zugeschnitten ist.[147] Diese Einnahmequelle legte allein von 2009 auf 2010 um 16 Prozent zu. Firmen tun viel, um Werbung auf die aktuellen Bedürfnisse und den Aufenthaltsort von Webseitenbesuchern zuzuschneiden (Bsp. »der Handwerker im Stadtteil«). Denn wenn ein Unternehmen erst einmal die Anschrift eines Surfers kennt, stellt lokale oder regionale Werbung kein Problem mehr dar. Deshalb sind diese Daten so wertvoll und begehrt. Google Analytics ist für Betreiber mit bis zu fünf Millionen Seitenaufrufen pro Monat oder bei einem nach Googles Ermessen »hinreichend bedeutenden« Werbeumsatz durch Google Adwords kostenlos.[148] Die Seitenbetreiber zahlen jedoch indirekt mit den Daten ihrer Webseitenbesucher.

3.4.4 Der gläserne Surfer

(Niels Lepperhoff)

Im heutigen digitalen Zeitalter wäre der Traum für zielgenaues Marketing sicherlich, wenn ein Besucher eine Homepage betritt und der Seitenbetreiber direkt Name, Anschrift, Aufenthaltsort und momentane Bedürfnisse angezeigt bekäme. Dann könnte man dem Nutzer sogleich die passenden Produkte empfehlen oder ihn zu gegebener Zeit über Neuigkeiten per E-Mail informieren. Dieses Szenario ist jedoch in Deutschland (noch) nicht legal durchzuführen. An der Technik scheitert es allerdings nicht. Ob Daten aus ERP- und Buchhaltungssystemen oder aus CRM-Datenbanken, alles kann kombiniert und verarbeitet werden. Der Phantasie sind keine Grenzen gesetzt. Einer solchen Profilbildung mithilfe von Webstatistikdaten setzt § 15 TMG jedoch eine enge Grenze, indem er eine Verknüpfung der Surfdaten z.B. mit Name und Adresse untersagt. Google, Yahoo und andere Werbevermarkter betreiben sogenanntes Remarketing oder Retargeting. Ziel des Remarketings für Werbetreibende ist es, den Kontakt mit den Internetnutzern zu intensivieren und damit ihren Umsatz zu erhöhen. Das funktioniert folgendermaßen:

Ein Mensch sucht z.B. bei Google nach »Kleidung« und klickt u.a. auf Online-Versandhaus Nr. 1, kauft aber nicht ein.

---

147) Heise online (2010): Google wächst weiter mit Online-Werbung. http://www.heise.de/newsticker/meldung/Google-waechst-weiter-mit-Online-Werbung-1108312.html. Letzter Zugriff: 21.10.2010.
148) Google (2010): Google Analytics Bedingungen, Ziffer 2.1. http://www.google.de/intl/de_ALL/analytics/tos.html. Letzter Zugriff: 04.10.2010.

Daraufhin surft er auf einer Mode-Website herum, die Google AdSense eingebunden hat. Jetzt wird er von Google als jener Kaufunwillige erkannt, der bei Online-Versandhaus Nr. 1 nicht bestellt hat. Daher wird ihm gleich ein neuerliches Werbebanner jenes Anbieters angezeigt, um ihn doch noch zum Kauf zu bewegen.

Mittlerweile ist es sogar technisch möglich, gleichsam einen Fingerabdruck des Browsers eines Nutzers zu erstellen und ihn somit eindeutig zu identifizieren: Beim Anzeigen einer Webseite wird nach dem Betriebssystem, Prozessor, installierten Schriften und Erweiterungen sowie den Cookie-Einstellungen geschaut. Die so erhaltene Konfiguration ist recht genau. Die IP-Nummer oder die Cookies werden für eine Identifikation nicht mehr benötigt. Sind dann noch Daten von Webseiten, wie z.B. Namen oder E-Mail-Adressen bekannt, kann der PC einer Person zugeordnet werden. Die Electronic Frontier Foundation (EFF) testete auf einer speziell dafür eingerichteten Internetseite, wie einzigartig eine Browserkennung ist. Bei der Auswertung von 470.000 Datensätzen stellte die EFF in mehr als acht von 10 Fällen eine eindeutige elektronische Browsersignatur fest.[149]

3.4.5 Heimliche Datensammlung mit Facebooks Like-Button

(Niels Lepperhoff)

58 Prozent der deutschen Nutzer von Sozialen Netzwerken sind besorgt über den möglichen Missbrauch ihrer Daten, unter den Nichtnutzern sind es 51 Prozent.[150] Auf den ersten Blick könnte man den Besorgten empfehlen, Soziale Netzwerke eben nicht zu nutzen. Doch so einfach ist es leider nicht. Denn was ist mit den besorgten 51 Prozent, die diese Netzwerke sowieso meiden? Am Beispiel des Like-Buttons von Facebook zeigen wir, wie auch Daten von Personen gesammelt werden, die gar keine Online-Netzwerke nutzen.

Marketingexperten wissen, dass Empfehlungen von Freunden bei Kaufentscheidungen viel Gewicht haben.[151] Klassische Empfehlungen werden im

---

149) Heise (2010): Fast alle Browser sind eindeutig identifizierbar. http://www.heise.de/newsticker/meldung/Fast-alle-Browser-sind-eindeutig-identifizierbar-1002375.html. Letzter Zugriff: 11.10.2010.

150) Europäische Kommission (2010): E-Communications Haushaltsumfrage – Bericht, Spezial-Eurobarometer 335, S. 177. http://ec.europa.eu/information_society/policy/ecomm/doc/library/ext_studies/household_10/report_de.pdf. Letzter Zugriff: 19.10.2010.

151) Siehe z.B. Fink, Klaus-J. (2005): Empfehlungsmarketing. Königsweg der Neukundengewinnung, Wiesbaden 2005. Oder Schüller, Anne M. (2009): Zukunftstrend Empfehlungsmarketing. http://www.empfehlungsmarketing.cc/rw_e13v/schueller_em/usr_documents/ebook_empfehlungsmarketing.pdf. Letzter Zugriff: 25.10.2010.

persönlichen Gespräch ausgesprochen. Aus Sicht der Werbetreibenden ist das jedoch zu unsicher, da man nicht sicher weiß, wer wem wann was empfiehlt. Deshalb suchen sie nach Möglichkeiten, Empfehlungen einfacher und gezielter einzusammeln. Facebook bietet mit dem sogenannten Like-Button eine solche Möglichkeit an. Zur Verwendung des Buttons bindet der Betreiber einer Webseite einfach einen von Facebook zur Verfügung gestellten Script-Code ein. Betritt ein Besucher eine solchermaßen präparierte Webseite, dann sieht er einen kleinen nach oben gerichteten Daumen auf einem Button mit der Beschriftung »Like« oder »Gefällt mir«. Mit Klick auf den Button sollen auch andere Surfer erfahren, was Surfer A oder B gefällt. Das können Artikel oder auch ganze Webseiten sein.

Doch was ist inzwischen unbemerkt vom Webseitenbesucher passiert? Nachdem er die URL in den Browser eingetippt hat, fordert dieser die Webseite an. In der Webseite ist je nach gewählter Button-Variante ein iframe[152] von Facebook oder ein Script eingebettet, dass Zugriff auf eine Programmschnittstelle von Facebook nimmt. Facebook erfährt darüber

- die IP-Nummer des Besuchers,
- welche Webseite er vorher angesehen hat und
- seine Benutzererkennung von Facebook, sofern er gleichzeitig dort angemeldet ist.

Solange der Webseitenbesucher während des Surfens bei Facebook angemeldet ist, informiert er so – ohne es zu merken – Facebook über seine besuchten Webseiten, sofern diese den Like-Button verwenden. Wenn er dann noch auf den Button klickt, erhalten seine Freunde in ihrem Facebook-News-Feed eine Nachricht, welche Webseite er mag, und einen Link zu dieser Seite. Interessant ist allerdings, dass, sobald eine Webseite den Like-Button von Facebook eingebunden hat, personenbezogene Daten (die IP-Nummer) an Facebook gesendet werden – auch wenn der Button gar nicht angeklickt wurde. Und auch, wenn derjenige gar kein Facebook-Mitglied ist. Die Nutzung des Like-Buttons auf Webseiten, die von deutschen Unternehmen verantwortet werden, erscheint nach deutschem Recht höchst zweifelhaft. Es bestehen Anhaltspunkte, dass die Verwendung sowohl gegen das Telemediengesetz

---

152) iframe, auch »Inlineframe« genannt: Durch einen iframe können Inhalte von externen Quellen in die eigene Webseite eingebunden werden, ohne dass der Besucher dies bemerkt. Dies können z. B. kleine Elemente, wie Werbebanner, sein, aber auch ganze Webseiten. So bemerkt ein Webseitenbesucher unter Umständen gar nicht mehr, wenn er auf eine andere Webseite umgeleitet wurde, da der iframe die gleiche Größe wie die vorherige Webseite hat.

(TMG) als auch gegen das Bundesdatenschutzgesetz (BDSG) verstößt.[153] Der Webseitenbetreiber ist nach § 13 TMG außerdem dazu verpflichtet, in der Datenschutzerklärung auf die Datenübermittlung hinzuweisen. Ignoriert er diese Informationspflicht, kann er mit einem zusätzlichen Bußgeld in Höhe von bis zu 50.000 Euro belegt werden. Für Internetsurfer, denen ihre Anonymität lieb ist, empfiehlt sich einmal mehr die Verwendung eines modifizierten Internetbrowsers, der Scripte nur nach Aufforderung ausführt.

3.4.6 Steuerfahndung per »Data Mining«

Die Intelligenz des Informationszeitalters macht auch vor der Einnahme-Seite des Staates nicht halt: Mathematisch-statistische Methoden werden genutzt, um Auffälligkeiten in der Buchführung zu erkennen – so hat angeblich jeder Mensch »Lieblingszahlen«. Die würden angeblich unbewusst von denen genutzt, die ihre Abrechnungen manipulieren wollen, wie die Fachanwaltskanzlei für Steuerrecht Böhm schreibt.[154]

Die bemerkenswerte Leistungsfähigkeit der Systeme zeigt sich etwa am »Intelligent Miner« – einem Softwareprodukt, das die Bundesanstalt für Finanzdienstleistungsaufsicht (BaFin) als Instrument zur Analyse von Finanzdaten einsetzt, um damit Insiderhandel und Marktmanipulationen aufzudecken. Im Jahre 2004 seien der BaFin aufgrund der Meldepflichten aus dem Wertpapierhandelsgesetz (WpHG) rund 500 Millionen Datensätze übermittelt worden. *Finanz-lexikon.de* schreibt, der Intelligent Miner fasse Datensätze, die sich im Handelsverhalten ähneln, zu sogenannten Clustern (»Klumpen«) zusammen.[155] Auffälligkeiten im Handelsverhalten und Abweichungen im Vergleich zu den anderen Marktteilnehmern ließen sich so leicht erkennen.

Der Verkauf durch Private an Private ist steuerfrei – so zumindest eine verbreitete Meinung. Viele Menschen betreiben daher Onlinehandel aus dem heimischen Wohnzimmer und glauben noch dazu, sie wären damit vor dem Fiskus sicher. Diese Vorstellungen können sich leicht als falsch herausstellen: Zum einen handelt »gewerbsmäßig« (und damit steuerpflichtig), wer nachhaltig, selbstständig und mit Gewinnerzielungsabsicht handelt. Zum zweiten durchforsten die Finanzbehörden mithilfe der Suchmaschine »Xpider« täg-

---

153) Maisch, Michael Marc (2010): Personenbezogene Daten – gefällt mir (nicht)!. http://www.lto.de/de/html/nachrichten/1603/facebook-Personenbezogene-Daten-gefaellt-mir-button!/. Letzter Zugriff: 25.10.2010.

154) http://www.steuerdelikt.de/steuerfahndung-div/34-mathematisch-statistische-pruefverfahren-der-steuerfahndung.

155) http://www.finanz-lexikon.de/intelligent%20miner%20%28im%29_2315.html.

lich 100.000 Webseiten auf steuerlich relevante Vorgänge.[156] Was davon letztlich »gewerbsmäßig« ist, wird im Zweifel vor dem zuständigen Finanzgericht geklärt werden müssen.

Die Systeme »verstehen« Texte und setzen sie in Bezug zu historischen Daten, regionalen Parametern, der Branche und der Kategorie der Betriebsgröße. Und schließlich »lernt« die Technik mit jedem (Miss-)Erfolg und hilft so, die Prozesse der Steuerprüfung (und -fahndung) noch effizienter zu gestalten.[157]

Es ist nicht auszuschließen, dass die Finanzbehörden Daten im Rahmen einer »organisationsübergreifenden Ermittlungskooperation« mit anderen – BKA, LKA, Zoll, Geheimdienste – abgleichen.[158] Auch international arbeiten die Behörden eng zusammen, um die Steuerflucht zu bekämpfen.

Die Organisation für Wirtschaftliche Zusammenarbeit und Entwicklung (OECD) hat sich den internationalen Datenaustausch zur Bekämpfung der Steuerflucht ausdrücklich auf die Fahnen geschrieben.[159] So habe sich dank »Hunderter« neuer Instrumente zum Datenaustausch ein allgemein akzeptierter Standard durchgesetzt.[160]

Ob die Behörden im Einzelfall nur die Rohdaten oder auch die daraus gezogenen Schlussfolgerungen weiterreichen, ist nicht bekannt. Dem Betroffenen wäre zu wünschen, dass die Daten wenigstens korrekt sind.

3.4.7 Kleine Datensammlungen des Alltags

Solange nicht alle potenziellen Kunden bei allen Anbietern namentlich bekannt sind, wird der Trend zur Personalisierung anhalten. Dies geschieht on- wie offline. Wir stellen einige Beispiele vor.

So ist etwa die Sun Sirius GmbH in Leipzig ein Unternehmen mit vielfältigen Geschäftsinteressen: Das Unternehmen scheint zahlreiche Dienste anzubieten – beispielsweise DSL-Geschwindigkeitstests[161], Wissen zu Geld und Kapitalanlagen[162], Krediten[163], Krankenversicherungsvergleiche[164], »kos-

---

156) http://www.capital.de/steuern-recht/:Steuerbetrug--Internetverkauf-ohne-den-Fiskus/ 100018487.html?.

157) http://www.searchsoftware.de/branchen/publicsector/articles/284752/index2.html.

158) http://euro-police.noblogs.org/2009/12/nie-wieder-tatort/.

159) http://www.oecd.org/about/0,3347,en_2649_33767_1_1_1_1_1,00.html.

160) http://www.oecd.org/document/21/ 0,3746,en_2649_37427_42344853_1_1_1_37427,00.html.

161) http://my-speedtest.com/impressum.htm.

162) http://www.hw-treasury.de/index.php/impressum.

163) http://www.cred48.de/impressum.htm.

164) http://www.pkv06.de/impressum.htm.

tenlose Suchmaschineneinträge bei 100 Suchmaschinen«[165], Vaterschafts-
tests[166], Vergleichsrechner für Strom- und Gaspreise[167], Tagesgeldverglei-
che[168] und eine Seite, mit deren Hilfe sich das Verhältnis von Körpergewicht
zu Körpergröße (»Body-Mass-Index«) berechnen lässt[169]. Womit die GmbH
ihr Geld verdient, ist dabei nicht immer ersichtlich. In jedem Fall werden die
Webseiten-Besucher mithilfe von Google Analytics beobachtet.[170] In seiner
Datenschutzerklärung schreibt der »BMI-Rechner«: »Wir übermitteln personenbezogene Daten an Dritte nur dann, wenn dies im Rahmen der Vertrags-
abwicklung notwendig ist, etwa an die mit der Lieferung der Ware betrauten
Unternehmen oder das mit der Zahlungsabwicklung beauftragte Kreditinsti-
tut.« Angesichts der Beobachtung mithilfe eines externen US-amerikanischen
Webanalysedienstes scheint allein diese Behauptung fragwürdig. Ein weiteres
Versprechen der Datenschutzerklärung lautet: »Eine Zusammenführung dieser Daten mit anderen Datenquellen wird nicht vorgenommen.«

Ähnlich wie die Sun Sirius GmbH werten die *Verkehrsrundschau* ihre
wöchentliche Umfrage[171] oder »Horoskop Online«[172] ihre Webseiten-Besucher aus. Sehr häufig wird dem Seitenbesucher suggeriert, man helfe ihm bei
der Bewältigung des Alltags oder biete ihm die Möglichkeit zur Teilhabe –
selbstverständlich alles kostenlos. Dass er tatsächlich mit seinen persönlichen
Daten in harter Währung bezahlt, ist dem Anwender nicht bewusst.[173]

Zweifelhaft ist auch das Vorgehen von so manchem Marketier: Gewöhn-
lich werben Unternehmen mit Leistungen für ihre Produkte, die im Zusammenhang mit denselben stehen: Versandhändler werben mit kostenlosen
Rücksendungen, Autohersteller mit 10-jähriger Produktgarantie usw. Die
Industrievertretung Schweiger (IVS) in Amberg ist da anders: Sie wirbt für
ihre Mobiltelefon-Marke »Doro« mit der Übernahme der Praxisgebühr (ja,
die für die Arztpraxis!).[174] Wer rechtzeitig den Kaufbeleg des Telefons, die
Quittung der Arztpraxis und die Antwortkarte aus der Werbebroschüre aus-
gefüllt nach Amberg geschickt hatte, erhielt die Praxisgebühr eines Quartals
erstattet.

---

165) http://www.kostenlose-hp.de/impressum.htm.
166) http://www.vaterschaftstest-01.de/impressum.htm.
167) http://www.gas-infos.com/impressum.htm.
168) http://www.tagesgeld-uebersicht.de/impressum.htm.
169) http://www.bmi-rechner.net/impressum.htm.
170) S. »Webanalysedienste« – Abschnitt 3.4.3.
171) http://www.verkehrsrundschau.de/#votebox.
172) http://www.horoskop-online.com/.
173) http://www.affiliateundrecht.de/
     kritische_Angebote_in_Partnerprogrammen_Gewinnspiele_und_Gluecksspiele.html.
174) http://www.pressebox.de/pressemeldungen/ivs-gmbh/boxid/300176.

Die IVS verlangt von den Einsendern auf der Antwortkarte diese Daten: die IMEI[175]-Nummer des Telefons, Vor- und Nachname, die komplette Anschrift, Telefonnummer und die Bankverbindung. Auf der Quittung von der Arztpraxis sind nicht nur Arzt und Patient, sondern auch die Krankenkasse samt den jeweiligen Nummern vermerkt. Für nur zehn Euro erhält die IVS somit eine Menge Daten ihrer Kunden. Auf der Rückseite der Werbebroschüre weist die IVS darauf hin: »Die Aktion ist begrenzt auf 10.000 Geräte. Der Rechtsweg ist ausgeschlossen.« Mit dieser Hintertür kann der Anbieter bereits dem ersten Teilnehmer der Aktion mitteilen, dass die Werbemaßnahme bereits wegen überaus großen Erfolgs abgeschlossen ist. Zum Löschen der nicht bezahlten Daten ist er deshalb aber noch lang nicht verpflichtet. Und: »Datenschutz: Wir versichern Ihnen, Ihre Daten nicht an Dritte weiterzugeben und den Beleg nur aus Gründen der finanztechnischen Archivierung aufzubewahren.« Wieso braucht denn die »finanztechnische Archivierung« des Unternehmens im Zusammenhang mit einer Werbekampagne die Krankenkasse und die IMEI-Nummer seiner Kunden?

Vom 13. bis 18. September 2010 fand die »Nachhaltigkeitswoche der REWE Group« statt.[176] Unter anderem wurde fürs »Seilspringen für einen guten Zweck und die Gesundheit« geworben: »Für jede Person, die am Samstag, dem 11. September, zwischen 14 und 15 Uhr am oder im REWE-Markt seines Vertrauens eine Minute Seil springt, spendet REWE 50 Cent an ›Ein Herz für Kinder‹.« Länger als eine Minute sollte der REWE-Kunde sein Herz für Kinder wohl nicht belasten. Außerdem musste man sich zunächst auf einer Liste schriftlich identifizieren, um sein Herz überhaupt öffnen zu dürfen. Warum aber dürfen REWE-Kunden ihre Nächstenliebe nicht anonym pflegen?

Auch die Metro-Tochter Real interessiert sich für die Gesundheit ihrer Kunden – Beispiel: »Garbsen, 21. Februar 2008 – Fit, gesund und aktiv sein, das will jeder. Was man dafür tun kann, erfahren alle Interessierten am Samstag, 23. Februar im real-Markt in der Havelser Straße. Messungen von Gewicht, Körperfett und Blutdruck und vieles mehr geben Aufschluss über die aktuelle Fitness. Im Rahmen der Aktionswoche ›Gesundes Garbsen‹ werden die verschiedensten Gesundheitsangebote für einen Tag in der Einkaufs-Mall des Garbsener real-Markts angeboten.«[177]

---

175) http://de.wikipedia.org/wiki/International_Mobile_Equipment_Identity – Mit dieser weltweit einmaligen Nummer kann z.B. der Netzbetreiber das Handy sperren.
176) http://www.rewe-group.com/nachhaltigkeit/projekte/.
177) http://www.real.de/nc/unternehmen/presse/archiv-meldungen.html?tx_wfp2presse_pi1[pointer]=0&tx_wfp2presse_pi1[mode]=1&tx_wfp2presse_pi1[showUid]=412.

Auf dem Weg zur Selbsterkenntnis kann auch die Ahnenforschung hilfreich sein. Interessenten können beispielsweise einen »Y-DNA-67-Test«[178] bei der iGENEA Gentest.ch GmbH (Zürich) durchführen lassen. Dabei werden bei Männern (nur sie tragen ein Y-Chromosom) 67 Marker (nach Angaben von Igenea Mutationen des Erbguts) für 299 Euro untersucht. Seit 2001 will der Anbieter bereits über 300.000 Bestimmungen vorgenommen haben. Für ein optimales Ergebnis jedoch sei eine zusätzliche Herkunftsanalyse notwendig. Hierfür schlagen nochmals zwischen 179 und 399 Euro zu Buche. Igenea lässt die Besucher seiner Internetseite mithilfe von Google Analytics überwachen. Zum Datenschutz informiert der Anbieter kurz und bündig, dass seine Arbeitsabläufe strengen Vorschriften unterlägen. Qualität, Zuverlässigkeit und der Schutz der persönlichen Kundendaten hätten bei ihm oberste Priorität. Deshalb verarbeite und speichere er Kundendaten streng nach den Auflagen des schweizerischen Datenschutzgesetzes (DSG).

Die Betrachtung der eigenen Gene lässt sich mit der »Computergenealogie« ergänzen. Das »Gen-Wiki« enthält Verweise auf zahlreiche Einzelprojekte mit Tausenden Datenbanken und Millionen Datensätzen:[179] Die einen sammeln historische Kirchenbücher, andere sammeln mithilfe von Freiwilligen aktuelle standesamtliche Anzeigen: Geburten, Trauungen, Todesfälle. Dritte dokumentieren, welcher Völkerstamm vom Mittelalter bis heute wohin gewandert ist. Wie vertrauenswürdig die Daten sind, belegen die Aktivisten gleich selbst: Ein Ahnenforscher aus Groß Ringmar habe falsche Daten auf dem Grabdenkmal eines Gestorbenen entdeckt.

3.4.8 Umfangreiche Sammlungen in einem Unternehmen

Viele Unternehmen suggerieren ihren Kunden, die Angebote seien »kostenlos«. Den Anwendern scheint häufig tatsächlich nicht bewusst, dass die Dienste der Unternehmen keineswegs umsonst sind, sondern mit Preisgabe persönlicher Daten in Wahrheit teuer erkauft werden. Die im Folgenden vorgestellten Unternehmen sind am Kapitalmarkt orientiert und müssen vor allem den Aktionären und nicht den Kunden Rechenschaft ablegen. Insbesondere in Unternehmen, die von einer US-amerikanischen Kultur geprägt sind, wird sich das Management im Zweifel mit hoher Wahrscheinlichkeit für die Rendite und gegen den Datenschutz entscheiden.

---

178) http://www.igenea.com/genealogie-dna-stammbaum-abstammung-17-haplogruppe-14.htm.
179) http://wiki-de.genealogy.net/Computergenealogie.

Amazon

Wenn Sie einen Händler an Ihrem Wohnort hätten, bei dem Sie – auch und bequem(!) – Autozubehör, Bücher, Bürobedarf, Campingartikel, Filme, Gartengeräte, Haustierbedarf, Konsumelektronik, Küchengeräte, Lebensmittel, Motorradzubehör, Musik, Parfum, Schuhe, Spielzeug, Uhren und Zeitschriften erwerben könnten – würden Sie dem dann auch noch verraten, wo sie wohnen und welche Bankverbindung Sie haben? – Hoffentlich nicht! Genau das aber geschieht im größten[180] deutschen Onlinekaufhaus andauernd. Und die Summe der Einkäufe, der Wohnort, die Kauffrequenz und ähnliche Daten lassen eine Menge weitere Schlüsse zu: Haushaltsgröße, Haushaltseinkommen, Kinder, Bildungsstand, politische Einstellung, Vorlieben, Abneigungen. Auch der mobile Einkäufer wird vermutlich im »Amazon App-Store«[181] fündig. Dort kann er dann im Gegenzug zur eingekauften Ware womöglich noch sein Bewegungsprofil (Wo werden die neuen Laufschuhe ausprobiert? Wie ist die Herzfrequenz bei einer Steigung von 5,5 Prozent?) loswerden – fehlt nur noch, dass Sie das Essen mit der »Amazon.de VISA Karte der Landesbank Berlin AG«[182] bezahlen. Damit das Konsumentencontrolling auch gleich weiß, mit wie vielen Personen welcher Wein wann in welchem Restaurant gepichelt wurde. Dass die Landesbank sich die Kreditkartendaten Zehntausender hat abluchsen lassen,[183] fällt da kaum noch ins Gewicht. Und falls Sie es vergessen haben sollten, werden Sie künftig an jeden Geburtstag Ihrer sämtlichen Facebook-Freunde erinnert – inklusive einer Liste mit Vorschlägen fürs passende Geschenk, versteht sich.

Amazon betont, dass keine Einkaufslisten an Facebook weitergereicht würden.[184] Offenbar haben die beiden Partner bislang kein tragfähiges Geschäftsmodell dafür gefunden.

Sollte dies aber immer noch zu wenig Transparenz sein, kann das persönliche Einkaufsverhalten aber auch mithilfe von »blippy.com« der Welt mitge-

---

180) http://www.finanznachrichten.de/nachrichten-2009-04/
13725072-e-commerce-amazon-com-ueberholt-ebay-009.htm.
181) http://www.boerse-go.de/nachricht/
Amazoncom-launcht-eigenen-App-Store,a2333764,b227.html.
182) http://www.amazon.de/gp/cobrandcard/marketing.html//ref=amb_link_105923707_3?ie=
UTF8&place=enum&inc=def&pr=con&ad=C2&pf_rd_m=A3JWKAKR8XB7XF&pf_
rd_m=A3JWKAKR8XB7XF&pf_rd_s=auto-sparkle&pf_rd_s=auto-sparkle&pf_rd_
r=189X1JXDMSQNGMETYFQY&pf_rd_r=1FHBCMRAY50H11S0QYKG&pf_rd_
t=301&pf_rd_t=301&pf_rd_p=143553387&pf_rd_p=209312691&pf_rd_
i=amazon%20credit%20card&pf_rd_i=visa.
183) http://www.spiegel.de/wirtschaft/0,1518,596227,00.html.
184) http://www.basicthinking.de/blog/2010/07/28/
amazon-facebook-deal-schoener-shoppen-mit-deinen-profildaten/.

teil werden – wahlweise funktioniert das auch zusammen mit einer iPhone-Anwendung (»app«) oder Facebook[185].

Apple

Menschen, die über Geld, Macht und Einfluss verfügen, nennt man Premium-kunden. Solche Premiumkunden mit Kommunikationsverbindungen und dem Zugang zum Wissen zu beliefern, ist interessant und verschafft dem Lieferanten Zugang zu eben diesen Insignien. Keiner versteht dieses Geschäft besser als der Magier Steve Jobs mit seinem Apfelkonzern: Hardware, Software und Dienste – alles aus einem Guss. So hat Jobs Entwickler und Kunden gleichermaßen unter seiner Fuchtel: Zeitweise durften Entwickler nur mit Apple-Software-Anwendungen für iTunes entwickeln,[186] außerdem wurde mehrfach der Vorwurf der Zensur erhoben.[187] Der Konzern begründete seine Politik im einen Fall mit dem Hinweis auf den Apple-Qualitätsstandard, der angeblich nur mit der Apple-eigenen Entwicklersoftware eingehalten werden könnte. Im anderen Fall verlangte Apple-Chef Steven Jobs, dass die Inhalte seinem Moralkodex genügen müssten. Donata Hopfen, Leiterin Digitale Medien der *Bild,* fürchtet allerdings, dass nach der »Brustwarzen-Zensur« künftig auch (unliebsame) politische Inhalte den Apple-Wächtern zum Opfer fallen könnten.[188] Und wenn Apple mit der Qualität argumentieren will, sollten auch die Geschäftspartner Premium-Sicherheit garantieren. Das aber können offenbar nicht alle: So hat der Telekomkonzern AT & T die Exklusivrechte für den Verkauf des jüngsten Apfel-Produkts, das »iPad«, in den USA – er war aber nicht in der Lage, den Abfluss von 114.000 Mailadressen zu verhindern.[189] Die Bundespolizei ermittelt, da auch ranghohe Beamte des Verteidigungsministeriums zu den Betroffenen zählen. Mit einem Trick konnten die Angreifer neben der Mailadresse auch noch die Nummer der dazu gehörigen SIM-Karte erbeuten. Auch die Entwickler der sogenannten »Apps« wollen an die Daten ihrer Anwender ran: In einer Studie waren nur 14 Prozent der untersuchten Nachrichten-, Einkaufs-, Business- und Finanzanwendungen sauber. Alle anderen petzten unter anderem die »eindeutige Gerätenummer« nach Hause. Sie steht im Verdacht, auch Rückschlüsse auf die Identität des Anwenders zu erlauben.

---

185) http://www.facebook.com/pages/Blippy/382788350272.
186) http://www.macup.com/news/talk/
weniger_schikanen_bei_der_app_zulassung_statement_von_apple/.
187) http://www.heise.de/newsticker/meldung/Zensur-Vorwuerfe-gegen-Apple-897582.html.
188) http://www.beyond-print.de/2010/04/13/ibook-store-zensur-und-digitale-fesseln/.
189) http://gawker.com/5559346/
apples-worst-security-breach-114000-ipad-owners-exposed?skyline=true&s=i.

Lange Zeit hielt sich das Gerücht, Apple Software sei »sicher«. Heute wirkt es so, als seien die Anwendungen aus Cupertino genau so löchrig wie die Systeme mit den ganzjährig sperrangelweit geöffneten Fenstern: So wurden allein bis Oktober des Jahres 2010 48 Löcher im Webbrowser Safari[190], 13 bei iTunes[191], 65 beim iPhone[192] und 13 im Betriebssystem Mac OS X[193] gestopft. Zusätzlich wird von Löchern berichtet, für die es wenigstens zeitweise keine Flicken gab (»zero day exploits«).[194] Gefälschte PayPal-Zertifikate täuschen reihenweise Browser – auch Safari.[195] Das Bundesamt für die Sicherheit in der Informationstechnik warnt vor Schwachstellen in iPhone, iPod touch und iPad.[196] *Heise Security* schreibt: »Die iOS-Geräte finden auch im geschäftlichen Umfeld großen Anklang und könnten durch die Schwachstelle nach Einschätzung des BSI gezielt dazu genutzt werden, Führungskräfte zu bespitzeln.« – Diese Liste erhebt keinen Anspruch auf Vollständigkeit.

Im Gegensatz zu Microsoft-Kunden dürfen Apple-Anwender aber immer nur mit Apple-Software spielen. Somit kann kein Wettbewerb darum entstehen, wer als Erster die beste Schutzmöglichkeit für den Kunden entwickelt; der Kunde muss auf die Lösung mit dem Apfel-Logo warten. Stattdessen prosperiert der Wettbewerb der Kriminellen um die besten Applekunden. Opfert der Konzern die Sicherheit seiner Kunden, um die eigene Macht und Kontrolle über die zahlungskräftige Klientel zu erhalten? Derlei Fragen des Autors wurden von der Pressestelle nicht beantwortet.

Nun ist es technisch möglich, sein Apple-Gefängnis zu verlassen. Für iOS 4.1 soll es ein Werkzeug geben, das ein erneutes Einsperren nach einer bloßen Aktualisierung der Software verhindert.[197] Dadurch ließe sich dann auch Sicherheitssoftware von Drittanbietern einrichten. Allerdings weist *satundkabel.de* darauf hin: »Wird das iPhone abgeschaltet und wieder gestartet, muss der Jailbreak-Vorgang aufs Neue ausgeführt werden.« Dieses

190) http://www.heise.de/security/meldung/
Apples-Safari-Update-schliesst-48-Sicherheitsluecken-1017528.html.
191) http://www.heise.de/security/meldung/13-Luecken-in-iTunes-geschlossen-1071109.html.
192) http://www.heise.de/security/meldung/
iPhone-4-0-schliesst-65-Sicherheitsluecken-1026972.html.
193) http://www.computerworld.ch/aktuell/news/52164/index.html.
194) http://www.heise.de/security/meldung/Zero-Day-Exploit-fuer-Safari-996193.html.
195) http://www.heise.de/security/meldung/
Gefaelschtes-PayPal-Zertifikat-taeuscht-IE-Chrome-und-Safari-811918.html.
196) http://www.heise.de/security/meldung/
BSI-warnt-vor-Schwachstellen-in-iPhone-iPod-touch-und-iPad-1050706.html.
197) http://www.satundkabel.de/index.php/nachrichtenueberblick/geraete/
74723-erster-jailbreak-fuer-iphoneipod-mit-betriebssystem-ios-41.

»Jailbreaking« ist in den USA erlaubt,[198] in Deutschland ist es zwar illegal, allerdings scheinen nicht alle Behörden den Vorgang strafzuverfolgen,[199] wie das Justizministerium auf Anfrage bestätigt hat.

Verlassen sollte sich der Kunde darauf aber nicht: So wird von Ermittlungen gegen 500 Personen (und ihre 600 Kunden) berichtet,[200] die beim Verlassen des Gefängnisses geholfen haben sollen. Als Anspruchsgrundlage könnte etwa § 303 a StGB dienen. Dort sind zwei Jahre Freiheitsentzug oder Geldstrafe für die »rechtswidrige« Datenänderung vorgesehen.[201]

Facebook

Am 14. Januar 2011 berichtete facebookmarketing.de (nicht das Unternehmen!) von 600 Millionen »aktiven« Mitgliedern.[202] Facebook-Gründer Mark Zuckerberg hat die Milliardengrenze bereits ins Visier genommen.[203] Das sei »fast garantiert«, zitiert *Spiegel Online* Zuckerberg. Der italienische Fotograf und Blogger Vincenzo Cosenza bestätigt, Facebook sei »auf dem Weg zur Weltherrschaft«.[204] Seine steile These belegt Cosenza anhand von Zahlen, die er in eine Grafik umgesetzt hat.[205] Danach sind die westlichen Industrieländer Facebook-Länder (s. Abb. nächste S.).

Ryan Singel, Autor des Internet-Magazins *wired.com*, glaubt gar, Zuckerberg sei »betrunken« von »Weltherrschaftsträumen«.[206] Weltherrschaft hin, Vollrausch her: In jedem Fall will das Unternehmen wachsen. Damit das gelingt, entwickelt das Unternehmen seit April 2010 eine »Open Graph Initiative«[207].[208] Im Rahmen dieser Initiative können Entwickler »Soziale Plugins« wie den »Like Button«[209], die »Like Box« und die »Facebook Comment Box« auf ihren Seiten integrieren. Innerhalb eines halben Jahres haben zwei Millionen Internetseiten weltweit von diesem Angebot Ge-

---

198) http://www.n-tv.de/technik/iPhone-Jailbreak-erlaubt-article1141641.html.
199) http://www.lto.de/de/html/nachrichten/1736/knacken-von-smartphone-sperren-illegal/.
200) http://news.preisgenau.de/iphone-4-jailbreak-legal-in-deutschland-polizei-ermittelt-gegen-simlock-hacker-13247.html.
201) http://dejure.org/gesetze/StGB/303a.html.
202) http://facebookmarketing.de/news/neuer-rekord-600-millionen-aktive-facebook-nutzer.
203) http://www.spiegel.de/wirtschaft/unternehmen/0,1518,719920,00.html.
204) http://createordie.de/cod/news/
    Facebook-weiter-auf-dem-Weg-zur-Weltherrschaft-055886.html.
205) http://createordie.de/cod/news/
    Facebook-weiter-auf-dem-Weg-zur-Weltherrschaft-055886.html.
206) http://www.wired.com/epicenter/2010/05/facebook-rogue.
207) http://developers.facebook.com/docs/opengraph.
208) http://www.mediapost.com/publications/?fa=Articles.showArticle&art_aid=136832.
209) Vgl. Abschnitt 3.4.5.

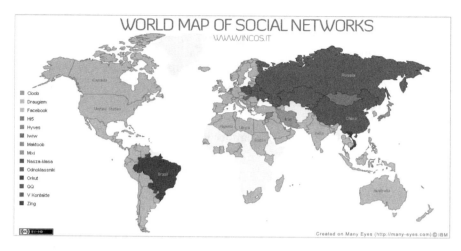

Die Industrieländer und der nahe Osten sind Facebook-dominiert. (Quelle: vincos.it)

brauch gemacht.[210] Und Dritte befruchten das »soziale« Netz auf diesem Weg: So gibt es »Apps« fürs iPhone und für Android, mit der Ausdauersportler nicht nur ihre Strecken, Zeiten und das Wetter, sondern noch dazu den Puls, Körpertemperatur und sogar »das Gefühl« messen können.[211] Und der Sportler hat einen Kopfhörer im Ohr, über den ihn eine Stimme des Anbieters zu weiteren Höchstleistungen anspornt. Nach der Lauferei sollen die Ergebnisse selbstverständlich online gestellt werden. Damit lassen sich dann die eigenen Leistungen mit denen der »Freunde« vergleichen, die womöglich letzte Woche die gleiche Strecke gelaufen sind.

Solche virtuellen Kaffeekränzchen gibt es bei Facebook für alle Lebenslagen; das Unternehmen informiert:[212]

»Mit den Facebook Gruppen kannst Du bis zu 200 Gruppen beitreten oder selbst gründen. Gruppen können sich um gemeinsame Interessen, Aktivitäten oder alles andere drehen, was Dir gefällt. Die Gruppen-Anwendungsseite zeigt Dir deine kürzlich aktualisierten Gruppen ebenso wie Gruppen, denen Deine Freunde kürzlich beigetreten sind.«

Facebook ist sich aber offenbar bewusst, dass es für seine vielen Mitglieder noch immer ein Leben außerhalb der 600 Millionen Freunde gibt. Und auch dieses Leben will der elektronische Sozialverein kennenlernen. Deshalb koope-

---

210) http://edition.cnn.com/2010/TECH/web/09/30/like.button.web.traffic.mashable/.
211) http://www.heise.de/mobil/artikel/
iPhone-und-Android-Apps-fuer-Ausdauersportler-1101944.html.
212) http://www.facebook.com/apps/application.php?id=2361831622&b.

riert das Unternehmen mit Bing, der Suchmaschine von Microsoft.[213] Das gemeinsame Ziel: Die Partner wollen die Internetsuche »sozialer« machen. Je besser man den Suchenden und seine Freunde, Bekannten und Familie kennt, desto höher die Qualität der Suchergebnisse, so die Überlegung.

Facebook kennt aber auch Nichtmitglieder: Wer immer ein neues Profil anlegt, gibt seine Mail-Adresse an. Und er kann sich die Mühe machen, einzelne Kontakte seines Adressbuchs in sein Facebook-Profil zu übertragen. Noch lieber mag es das Portal aber, wenn gleich das ganze Adressbuch übertragen wird. Meldet sich einer dieser Gesprächspartner bei Facebook an, wird ihm gleich eine ganze Liste von Personen angezeigt, die er kennen und als Freunde bezeichnen sollte. Auf diese Weise lassen sich ganze Beziehungsnetze[214] nachzeichnen.

Datenschutzrechtlich bedenklich ist auch eine Funktion namens Facebook Places: Da kann der Besucher des Oktoberfests bekanntgeben, in welchem Zelt er sitzt. Dabei ist die Ortsmeldung mit dem jeweiligen Profil verknüpft. So kann das Mitglied anhand seiner Fotos identifiziert werden. Die Anzeige dieser Ortsmeldungen kann den Freunden vorbehalten werden. Nun können aber – so berichtet das *Handelsblatt* – nicht nur er selbst, sondern auch die Freunde behaupten, ein Mitglied halte sich zu einem bestimmten Zeitpunkt an einem bestimmten Ort auf.[215] Sie müssen lediglich selbst angemeldet sein. Ob die Ortsmeldungen Dritter auch nur für die Freunde bekannt sind, ist nicht bekannt.

Solche Datenschutzprobleme kennt Facebook-Gründer Mark Zuckerberg nicht (zumindest so lang es nicht ihn selbst betrifft)[216]. Er meint, die »soziale Norm« bezüglich Privatsphäre habe sich verändert.[217] Dem müsse der Konzern Rechnung tragen. Ryan Singel meint allerdings, dass Zuckerberg keineswegs den Entwicklungen hinterherläuft, sondern stattdessen selbst die Fakten schafft.

213) http://www.heise.de/newsticker/meldung/
Microsoft-und-Facebook-wollen-die-Internet-Suche-sozial-machen-1107799.html.
214) http://www.nzz.ch/nachrichten/startseite/
die_mechanismen_virtueller_beziehungsnetze_1.585038.html.
215) http://www.handelsblatt.com/technologie/it-internet/
facebook-places-in-deutschland-vom-freundschaftsdienst-zur-kontaktboerse;2667281.
216) Über sich selbst schweigt der Facebook-Gründer. *der freitag* bezeichnet Zuckerberg als »Mann ohne Profil«.
http://www.freitag.de/alltag/0910-zuckerberg-facebook-netzwerk-datenschutz.
217) http://www.ustream.tv/recorded/3848950.

David Kirkpatrick beschreibt den phänomenalen Aufstieg des Unternehmens in »The Facebook Effekt«. In einer Buchbesprechung warnt die *FAZ*:[218] »Der Autor verschweigt gar nicht, dass Facebook mehr Daten über Menschen haben könnte als Regierungen; dass Facebook sogar ›Schlüsselfunktionen von Regierungen übernehmen‹ könnte. Grund zur Sorge ist das für ihn allerdings nicht.«

Die größte Gefahr allerdings könnte für Facebook-Mitglieder selbst bestehen. Ryan Singel warnt:

»Nehmen wir an, Sie schreiben in einem öffentlichen Eintrag: ›Mein Chef hat eine irre gute Idee für ein neues Produkt‹ – womöglich wissen Sie es nicht, aber es gibt da eine Facebook-Seite zu ›mein irrer Chef‹. Und da Ihr Eintrag alle Schlüsselwörter enthält, landet er auf dieser Seite. Wenn Sie die Wörter ›CIA‹ oder ›FBI‹ (beides US-amerikanische Sicherheitsbehörden, Anm. d. Autoren) verwenden, gelangen Ihre Botschaften auf deren Seiten.«

Google

Der Suchmaschinenriese begleitet den Menschen heute bereits von der Wiege bis zur Bahre – es sei denn, seine Eltern lassen ihr Erbgut bereits von der Google-Beteiligung 23andme.com analysieren.[219] Dann könnte es sein, dass der Mutterkonzern mit dem neuen Menschen rechnet, noch bevor der überhaupt gezeugt wurde. Aber spätestens mit der Geburt kann's losgehen: Die digitale Patientenakte des jungen Erdenbürgers kann bei Google Health angelegt werden, der günstigste Windelanbieter wird mit der Google-Produktsuche gefunden und die Bestellung per Google Mail abgewickelt. In der Schule wird schnell gelernt, wie mithilfe der Suchmaschine wissenschaftliche Dokumente gesucht und übersetzt werden können. Der Stromverbrauch in der Studentenbude kann mit dem »Google PowerMeter«[220] gemessen und in die individuelle Webseite iGoogle eingebunden werden. Außerdem findet der Student die neusten Bücher und Zeitungsartikel mit Google Books und Google News, das Tagebuch Blogger.com nimmt die geheimsten Geheimnisse dankbar auf, mithilfe von Google Earth und Google Maps wird die Studienreise vorbereitet, bei Picasa liegen später die Fotos, bei YouTube die bewegten Bilder der unterwegs mit dem Google Handy Android fotografierten Freunde.

Alle diese Vorgänge hinterlassen Spuren – nicht nur im Browser Chrome, in der Internettelefonie-Anwendung Google Talk, den online gespeicherten

---

218) http://www.faz.net/s/RubC17179D529AB4E2BBEDB095D7C41F468/
Doc~EC5AFFEC7502D4744BC95C9B4C56383E1~ATpl~Ecommon~Scontent.html.
219) http://news.bbc.co.uk/2/hi/business/6682451.stm.
220) http://google.yellostrom.de/content3.html.

Dokumenten, die mit Google Text und Tabellen geschrieben wurden oder dem Google Handy Android: Jedes Mal, wenn Sie »googeln«, erscheint Werbung passend zur Suche auf der rechten Seite. Diese geschieht mithilfe von Google AdWords: Ein Unternehmen »kauft« ein Schlagwort, und jedes Mal, wenn danach gesucht wird, erscheint die Werbung. Das Unternehmen, das den höchsten Preis für das jeweilige Schlagwort zahlt, erscheint ganz oben auf der Google Seite.

Das Pendant dazu heißt Google AdSense: Webseiten dienen als Werbeplattform und die Betreiber bekommen jedes Mal Geld, wenn ein Webseitenbesucher auf die Werbung klickt, die auf ihrer Seite angeboten wird. Die geschaltete Werbung passt zu den Inhalten der Seite: Angelseiten bewerben Angelsport-Geräte, Kochseiten bewerben die Waren von Lebensmittelkonzernen etc. AdSense dient dabei als Mittler: Es analysiert den Inhalt der Seite und füttert dann die Seite mit passender Werbung. Da die Werbung zur Seite passt, gelangen viele so auf die Seite des werbenden Unternehmens. Die Wachstumsphantasie ist damit aber noch nicht zu Ende – so schreibt die Unternehmensberatung Accenture:[221] »Google verfolgt die Strategie, AdSense zu einem crossmedialen Werbenetzwerk auszubauen und seine Vermarktungskapazitäten auch auf Radiowerbung, Fernsehwerbung, Anzeigenwerbung oder Computerspiele auszudehnen.« Auf diesem Weg ist auch der Wechsel von analoger auf digitale Technik hilfreich: Im digitalen Google TV wird bekannt sein, wer wann welchen Film guckt oder seine Lieblingsserie auf Festplatte bannt. Und in der Werbepause kann die neue Pizza vom Lieblingsitaliener vorgestellt werden – Fernsehwerbung wird sich am Aufenthaltsort und den persönlichen Vorlieben des Zuschauers orientieren.

Ein derart medienübergreifender, globaler Werbemakler hätte sicher viele Interessenten: Wenn etwa die ARD eine Themenwoche zur »Energie der Zukunft« machen würde, wäre es denkbar, dass sämtliche spritsparenden Autohersteller, die Biogasanlagenbauer, die Lieferanten wärmedämmender Baustoffe und weitere Unternehmen aus dem Energiesektor mit den Mediadaten für Online, Print, Audio und Fernsehen mit den für sie relevanten Informationen versorgt werden.

Ein weiterer Datentopf entsteht durch Google Analytics.[222] Damit beobachtet Google nicht nur eine Webseite, sondern knapp 1,8 Millionen[223] – in Deutschland. Kritiker bemängeln, dass die Anonymität der Internetnutzer

---

221) http://www.accenture.com/NR/rdonlyres/A8EB26F4-BF55-45D1-B234-1C1EEE78A6AA/0/Accenture_Google_Von_der_Suchmaschine_zum_Werbekonzern.pdf.
222) Vgl. Abschnitt 3.4.3.
223) http://www.zeit.de/digital/datenschutz/2009-11/google-analytics-datenschutz.

allein vom guten Willen einer Firma abhängt. So wäre es möglich, dass Google Nutzerprofile anlegt, in dem die Daten von AdWords, AdSense und Analytics mit denen abgeglichen werden, die durch die anderen Produkte wie etwa Google Books, News, Text und Tabellen etc. entstehen.

Seit 2009 traktiert der Konzern die Menschen bereits mit verhaltensbasierter Werbung (neudeutsch: »behavioural targeting«). *golem.de* zitiert Google mit einem Beispiel:[224] »Wenn sich beispielsweise ein Nutzer im August auf einer Sportbekleidungswebseite ein Fußballtrikot angesehen hat, könnte der Webseitenbetreiber den Nutzer im Dezember mit einer Anzeige auf anderen Webseiten auf besondere Angebote hinweisen, zum Beispiel auf seinen Winterschlussverkauf.«

Die nächste Stufe wird das »Predictive Behavioral Targeting« sein. Wikipedia erläutert:[225] »Beim Predictive Behavioral Targeting werden Messdaten aus dem Surfverhalten mit Befragungs- oder Registrierungsdaten weniger Internetnutzer kombiniert. Diese Verknüpfung liefert geschätzte Angaben zu Alter, Geschlecht und Produktinteressen und wird mithilfe mathematischer Algorithmen auf die Gesamtheit der Websitebesucher übertragen.« Es liegt auf der Hand, dass das Verhalten des »Target« (Das Target, zu Deutsch »Ziel«, sind übrigens Sie!) umso genauer vorhergesagt werden kann, je präziser die soziodemographische Kenntnis über die Zielperson ist. Apropos soziodemographische Kenntnis: Google-Chef Eric Schmidt ist sich sicher, dass seine Firma beim Auswerten der Nutzerdaten heute erst »ganz am Anfang« stehe.[226] In fünf Jahren will er hier weiter sein: »Die Algorithmen werden besser und wir werden bei der Personalisierung vorankommen.«

Google will es aber nicht bei Vorhersagen bewenden lassen, sondern will »Dein tägliches Leben organisieren«, wie die *Financial Times* im gleichen Artikel titelt. Und: Konzernchef Eric Schmidt will dem Menschen die Frage beantworten, was er morgen tun und welchen Job er annehmen soll. Im Oktober 2010 wurde eine Klage gegen Google in den USA erhoben. Wie *golem.de* berichtet, soll der Konzern »die Benutzer seiner Suchmaschine systematisch absichtlich falsch über die Nutzung ihrer persönlichen Daten informiert haben.[227] Durch die Weitergabe von personenbezogenen Daten an Dritte habe sich Google »unrechtmäßig bereichert«.

Hinzu kommt die Gefahr, dass die Daten in falsche Hände geraten könnten. Im Dezember 2009 musste Google erfahren, dass auch seine Systeme

---

224) http://www.golem.de/0903/65838.html.

225) http://de.wikipedia.org/wiki/Predictive_Behavioral_Targeting.

226) http://www.ft.com/cms/s/2/c3e49548-088e-11dc-b11e-000b5df10621,dwp_uuid=e8477cc4-c820-11db-b0dc-000b5df10621.html.

227) http://www.golem.de/1010/78948.html.

knackbar sind: In China sei »geistiges Eigentum« gestohlen worden.[228] – Das könnten auch Anwenderdaten sein.

Oder Bargeld: Im Herbst 2010 kündigte Google an, seinem Handy-Betriebssystem Android eine Bezahlfunktion auf Basis der »Near Field Communication« (NFC) verpassen zu wollen.[229] Damit will der Konzern den Anwendern das Bezahlen von Kleinstbeträgen ermöglichen und somit der Geldkarte Konkurrenz machen. Das ist mutig, denn zahlreiche Experten haben Google bereits auf diverse Sicherheitsmängel hingewiesen.[230]

Das Bundesamt für die Sicherheit in der Informationstechnik (BSI) macht sich darüber hinaus im »Fazit« einer Studie Gedanken, ob der Anwender die Technik beherrscht:[231] »NFC ist eine einfach zu handhabende Funktechnik, die sich nur auf wenigen Zentimetern einsetzen lässt. Damit verbunden ist zwar ein gewisser Schutz gegen Abhören und Störung, jedoch sind Angriffe auch nicht auszuschließen. Daher ist bei entsprechendem Schutzbedarf eine Absicherung auf Anwendungsebene unumgänglich, da aktuell für die NFC-Kommunikation selbst keine Sicherheitsmechanismen vorgesehen sind. Dem Nutzer der Technik bleibt es letztlich überlassen, im Einzelfall zu prüfen, ob das so erreichte Sicherheitsniveau angemessen ist. Bei einer größeren Palette an Applikationen (von der bei NFC durchaus ausgegangen werden muss) kann ein Anwender hier schnell überfordert werden.«

Einen weisen Ratschlag hat Google-Chef Eric Schmidt parat:[232] »Wenn es irgendetwas geben sollte, von dem Sie nicht wollen, dass andere es wissen, sollten Sie es vielleicht besser erst gar nicht tun.«

3.5 Datenverknüpfungen und ihre mögliche Folgen

Datenverknüpfungen erlauben kuriose Schlussfolgerungen: Ein Kind mit Namen »Kevin« trägt quasi von Geburt an einen Malus, denn dieser Name lässt auf »arme« Eltern schließen, wie der frühere Vizepräsident des Bundesverfassungsgerichts und heutige Ombudsmann der Schufa Winfried Hassemer im Interview mit *Spiegel Online* bestätigt.[233] Die Einstufung von Menschen aufgrund ihres Namens hält Hassemer für »problematisch«. Auch das Beispiel der Handeskette Kik (vgl. Abschnitt 3.3.5) zeigt, wie schmal der Grat

---

228) http://blog.trendmicro.de/google-china-und-cyber-armageddon/.
229) http://www.heise.de/newsticker/meldung/Bezahlen-per-Android-Handy-1137400.html.
230) http://www.thesecurityblog.com/2010/11/mobile-nfc-features-raise-security-concerns/.
231) https://www.bsi.bund.de/SharedDocs/Downloads/DE/BSI/Publikationen/Broschueren/DrahtlosKom/drahtkom_pdf.pdf?__blob=publicationFile.
232) http://www.theregister.co.uk/2009/12/07/schmidt_on_privacy/.
233) http://www.spiegel.de/spiegel/print/d-74822635.html.

zwischen erfolgreichem Unternehmertum und der Verletzung datenschutz-rechtlicher Vorschriften ist: Der Arbeitsplatz ist also nicht von der Leistung des Mitarbeiters abhängig, sondern von den Daten, die eine Auskunftei zur Verfügung stellt. Die Rolle der Auskunfteien sollte man aber nach Hassemers Ansicht nicht überschätzen: »Wer zwei Stunden im Internet surft, hinterlässt mehr Spuren als bei der Schufa.«

Gerade bei Datenbanken steckt der Teufel im Detail: So geriet ein Profes-sor 2008 fälschlicherweise wegen des Verdachts ins Visier der Strafermittler, er habe in einer Internet-Tauschbörse Kinderpornos angeboten.[234] Die Folge: Durchsuchung des Wohnhauses, Störung einer Prüfung, Beschlagnahme von Computern – das ganze Programm. Tage später stellte sich heraus: Arcor hatte den Ermittlern eine falsche IP-Adresse genannt.

Und selbst wenn die Daten an sich korrekt sind, können sie doch einen völlig falschen Eindruck erwecken, wie Gottwald Thiersch im Forum bei *Heise Online* anschaulich erläutert.[235] Auf dem Schulweg musst er früher immer an einem Umschlagplatz der Münchner Drogenszene vorbei. Offen-sichtlich zu oft für die Polizei: Die filzte ihn genau. Jahre später wurde er wegen Fahrerflucht angeklagt: Auf einem Parkplatz soll er ein anderes Fahr-zeug gerammt haben. Bei der Verhandlung verlangte Thiersch nach einem Sachverständigen, um zu klären, ob die Beschädigung denn überhaupt von seinem Fahrzeug stammen konnte.

Anstatt auf die Forderung einzugehen, habe der Staatsanwalt losgepol-tert, dass er sich nicht zu erdreisten hätte, Forderungen zu stellen – schließlich sei er schon mit 16 in der Drogenszene unterwegs gewesen und noch dazu reise er regelmäßig nach Amsterdam und in die Schweiz. Die Erklärung: Thierschs Patenonkel wohnt in Amsterdam, seine Eltern in der Schweiz. Und das andere Auto konnte er nicht gerammt haben, weil die Stoßstange seines VW-Busses höher als die des gerammten BMW war.

Das im Abschnitt 3.3 diskutierte Redlining wurde im e-Zeitalter ange-passt und wird heute als »Weblining«[236] bezeichnet. Hier kann theoretisch alles zusammengeführt werden, was an strukturierten und unstrukturierten Daten in großen und kleinen Datenbanken von Einzelpersonen oder Organi-sationen, Firmen oder Behörden über eine Person zwischen Wiege und Bahre festgehalten wurde.

---

234) http://www.heise.de/ct/artikel/Unschuldig-unter-Verdacht-291506.html.
235) http://www.heise.de/newsticker/foren/S-Eigene-Erfahrung-zu-Vorratsdatenspeicherung/ forum-81511/msg-8379337/read/.
236) http://ecommerce.hostip.info/pages/1078/Weblining-Internet-Redlining.html.

Mithilfe des Weblining werden einzelnen »Kunden« individuelle Rangordnungen zugewiesen. Je größer der erhoffte Nutzen (oder das vermeintliche Erpressungspotenzial) für die jeweilige Organisation ist, desto höher die Rangordnung. Je nach Rang wird entschieden, wie viel Zeit, Aufwand oder Geld in einen Kunden investiert werden soll. Oder ob der Anbieter es rundweg ablehnt, ihn überhaupt zu bedienen. Wobei Rangordnung hier durchaus wertfrei zu verstehen ist: Gottwald Thiersch wäre vermutlich für weniger Aufmerksamkeit durch die staatliche Ordnungsmacht dankbar gewesen.

Die Rangordnung hängt von den individuellen Vorzügen und dem Verhalten des Kunden in der Vergangenheit ab. Dazu werden sämtliche Informationen gesammelt, die on- oder offline gefunden werden können. Sinnvoller sind die Kriterien offenbar nicht geworden: Beim Redlining hätten geographische Klischees über Wohl und Wehe entschieden. Beim Weblining würden Meinungen in Diskussionsforen, das Interesse an Taschenbüchern oder der Kleidungsstil berücksichtigt, wie Marcia Stepanek in der *Businessweek* bereits vor elf Jahren berichtete.[237] Die Folge: Das Computersystem »Einstein« bei der First Union Bank brauchte damals 15 Sekunden, um einem Kunden einen roten, gelben oder bestenfalls grünen Punkt zuzuweisen. Je dunkler die Farbe, desto düsterer die finanziellen Konditionen. Die Softwareentwickler sind sich der Schwächen der Programme bewusst und empfehlen, keine falschen Schlüsse auf der Basis falscher Annahmen zu treffen: So könnten Rohdaten aus dem Zusammenhang gerissen und falsch interpretiert werden. Letztlich könnten Menschen auf diese Weise auf Basis der Annahmen statt der Realität beurteilt werden.

Google kündigte Ende Februar 2011 eine Rezeptsuche an:[238] Der Hobbykoch kann z.B. nach Nahrungsmitteln, Zubereitungszeit oder Kalorienmenge suchen. Das hört sich zunächst harmlos an, könnte aber dennoch unangenehme Nebenwirkungen entfalten: Die Krankenkasse könnte sich womöglich auch für den Speiseplan interessieren, der Einzelhändler würde dem Hungrigen gern die Zutaten anbieten und das Terror-Score könnte sich verschlechtern, wenn es sich offensichtlich um einen Vegetarier handelt – die werden zum Beispiel in den USA besonders kritisch beäugt.[239] Im Licht des Weblining erhält die Ankündigung von Google jedenfalls eine besondere Geschmacksnote.

---

237) http://www.businessweek.com/2000/00_14/b3675027.htm.
238) http://www.heise.de/newsticker/meldung/Google-startet-Rezeptsuche-1198847.html.
239) http://motherjones.com/mojo/2006/12/want-know-your-terror-score-too-bad-says-tsa.

Paul M. Schwartz, Jura-Professor an der Brooklyn University, beteiligte sich 2001 an einer Anhörung des US-Senatsausschusses für Wirtschaft, Wissenschaft und Verkehr. Er befürchtete dabei, Weblining mixe weit hergeholte Daten wie etwa die ethnische Herkunft oder die Religion in personenbezogene Profile, die dann in Kategorien eingeteilt würden, um damit das Verhalten der betreffenden Personen zu prognostizieren:[240] welchen Preis wir zu zahlen bereit wären, die Dienstleistungen, die wir in Anspruch nähmen und unseren Zugang zu neuen Produkten und Informationen.

Wissenschaftler der Universität Münster erwarten diese Art des Vorgehens besonders von Dienstleistern wie etwa dem Finanzdienstleistungssektor, dem Mobilfunk, Hotel-Ketten und Fluglinien.[241] Die Anbieter wüssten, wie problematisch die Strategie sei, und würden deshalb nicht nur die Preise, sondern auch das Leistungsangebot differenzieren, um das Vergleichen zu erschweren.

Personalisierte Preise könnten für die Anbieter hohe Renditen und die Kunden hohes Erpressungspotenzial enthalten – zum Beispiel bei Gehbehinderten: Angehörige dieser Zielgruppe werden häufig für kurze Wege dankbar sein. Wenn im Konsumentenprofil eines Online-Lebensmittelhändlers ein Hinweis auf eingeschränkte Bewegungsfreiheit vorliegt, könnte der Händler versuchen, einen individuellen Preisaufschlag durchzusetzen. Nun zwingt der Wettbewerb die Unternehmen angeblich zur Personalisierung des Marketings. Welches Unternehmen könnte es sich noch leisten, die Verwendung von derartigen Informationen abzulehnen, wenn diese erst einmal auf dem Markt wären?

Der Europarat fürchtet eine Automatisierung der Entscheidungssysteme.[242] Dies stellt für die Organisation eine Gefahr für die Menschenwürde dar.

Bei bundesdeutschen Verbrauchern jedoch steht ihre Naivität im umgekehrten Verhältnis zur Bedrohung, wie die Zeitschrift *c't* im November 2010 anschaulich dokumentierte.[243] Die Autoren wollten die öffentlich zugänglichen Daten eines Mitarbeiters mit einer verantwortungsvollen Aufgabe eines Internetunternehmens zu einem Profil zusammenfügen. Anschließend sollte darüber berichtet werden. Zu Anfang hatte die Zielperson nichts dagegen einzuwenden. Der fertige Artikel enthielt dann dessen gesamtes Leben einschließlich »Informationen aus dem Privatleben ..., die selbst für eine anonyme Beschreibung zu persönlich sind, weil sie unstrittig die Intimsphäre

---

240) www.paulschwartz.net/pdf/senate-test.pdf.

241) http://miami.uni-muenster.de/servlets/DerivateServlet/Derivate-4582/ 19_arbeitsberichte_internetoekonomie.pdf.

242) http://www.coe.int/t/dghl/standardsetting/dataprotection/Reports/ CRID_Profiling_2008_en.pdf.

243) http://www.heise.de/ct/artikel/Datenschutz-Fallrueckzieher-1153312.html.

betreffen«, wie die Zeitschrift schreibt. Die Zielperson hatte letztlich den Wert ihrer Privatsphäre erkannt und der Veröffentlichung des Artikels in Verbindung mit seinem Namen widersprochen. Bemerkenswert ist, dass dieser Mensch professionell mit Software und der Telekommunikation arbeitet. Und er zählt offenbar nicht zum Fußvolk. Wie verhalten sich dann erst seine Mitarbeiter? Wie gehen diese Leute mit fremden Daten um, wenn sie schon nicht einmal den Wert ihrer eigenen Daten erkennen?

4 Gestaltung der Datensparsamkeit

Astrid Auer-Reinsdorff

Das Bundesdatenschutzgesetz kennt das Prinzip der Datensparsamkeit. Es besagt, dass nur diejenigen Datenfelder erhoben und verarbeitet werden sollen, die für die Zweckerfüllung unbedingt notwendig sind. Wer entscheidet in der Praxis, welche Felder unbedingt notwendig sind?

Um der Frage nach der praktischen Bedeutung von »Datensparsamkeit« nachzugehen, muss zwischen staatlicher und privatwirtschaftlicher Datenverarbeitung unterschieden werden. Beide unterliegen unterschiedlichen Regeln.

4.1   Daten in staatlicher Hand

Daten der Bürger werden von je her vom Staat gesammelt und zur Verwaltung des Staats sowie für den Leistungstransfer in Richtung der Staatsangehörigen eingesetzt. Der Umfang der Verarbeitung und die Art der gesammelten Daten sowie die Möglichkeiten zu deren Auswertung haben sich weiterentwickelt. Mit dem Beginn der digitalen Gesellschaft[1] haben sich über die Informationstechnik andere Steuerungs- und Planungsmöglichkeiten für die Datenerfassung und -analyse ergeben. Zudem hat der bi- und multilaterale Austausch von Daten verstärkt Einzug gehalten. Dies ist allein schon durch den hohen Grad der individuellen Mobilität, Reisetätigkeit sowie den weltweiten beruflichen und geschäftlichen Austausch erforderlich geworden. Die in 2010 eingerichtete Enquête-Kommission »Internet und digitale Gesellschaft« befasst sich mit dem großen Themenspektrum, das mit der zunehmenden Digitalisierung einhergeht – dies sind mit Nichten nur datenschutzrechtliche Themen.[2]

---

1)   http://www.initiatived21.de/wp-content/uploads/2010/03/
     Digitale-Gesellschaft_Endfassung.pdf.
2)   http://www.bundestag.de/internetenquete/.

4.1.1 40 Jahre Datenschutzrecht

Verfolgt man die aktuelle Diskussion zu Datenschutzthemen, sind sich die Diskutanten und Meinungsführer kaum bewusst, dass das Datenschutzrecht weltweit erstmals in Deutschland und zwar in Hessen in einem allgemeinen (Landes-)Datenschutzgesetz kodifiziert wurde.

13.10.1970	Verabschiedung des Hessischen Datenschutzgesetzes: Das erste Datenschutzgesetz der Welt
01.01.1978	In-Kraft-Treten des ersten Bundesdatenschutzgesetzes
15.12.1983	Volkszählungsurteil des Bundesverfassungsgerichts
24.10.1995	Richtlinie 95/46/EG des Europäischen Parlaments und des Rates zum Schutz natürlicher Personen bei der Verarbeitung personenbezogener Daten und zum freien Datenverkehr
23.05.2001	In-Kraft-Treten des neuen BDSG
14.01.2003	Letzte Neufassung des BDSG
03.03.2004	Urteil des Bundesverfassungsgerichts zum sogenannten »großen Lauschangriff«
27.02.2008	Entscheidung des Bundesverfassungsgerichts zum Computer-Grundrecht
29.05.2009	Novelle I des deutschen Bundestags
02.07.2009	Novelle II des deutschen Bundestags
03.07.2009	Novelle III des deutschen Bundestags
02.03.2010	Urteil des Bundesverfassungsgesetzes zur Vorratsdatenspeicherung

So jung wie die Datenschutzgesetze sind, haben sie die Herausforderungen einer sich mit enormer Geschwindigkeit entwickelnden technisierten Gesellschaft und Staatsorganisation abzufedern. Hierbei sind zwei Tendenzen zu beobachten. Erstens werden datenschutzrechtliche Bestimmungen in Spezialgesetzen verteilt und spezifisch geregelt. Zweitens werden vermehrt technische Entwicklungen, Anwendungen oder Geschäftsmodelle, welche datenbasiert arbeiten, zum Anlass genommen, Sondergesetze auf den Weg zu bringen. Da der Staat selbst die Rahmenbedingungen für die Wahrnehmung der Bürgerrechte sowie die Bereitstellung der staatlichen Leistungen in digitaler Form anzubieten hat, gehen die Anforderungen an datenschutzrechtliche Regelungen längst über die reine Aufgabe hinaus, »Beeinträchtigungen der schutzwürdigen Belange der Betroffenen bei der Verarbeitung ihrer Daten« zu vermeiden oder zu verringern.

Eine der Herausforderungen ist, den Beteiligten zwar einerseits die anonymisierte Nutzung von Internetdiensten zu ermöglichen, andererseits für die

Verfolgbarkeit von Straftaten und Persönlichkeitsrechtsverletzungen und damit die Identifizierung des Einzelnen im Netz zu sorgen.[3, 4] Einmal mehr liegt hier eine Interessenabwägung zugrunde. Und die technischen Möglichkeiten, Daten zu sammeln – zum Beispiel mit der Vorratsdatenspeicherung –, führen nicht immer zu abgewogenen Gesetzesinitiativen.

4.1.2 Digitale Identifizierung

Eine der größten Herausforderungen ist, Nutzer im Rahmen von Internetdiensten, seien es kommerzielle oder E-Government-Anwendungen, zu identifizieren. Offline dient der Ausweis mit Bild oder weiteren biometrischen Daten der Identifizierung. Ferner ist die natürliche Hemmschwelle, sich einer Person gegenüber aktiv als andere Person auszugeben oder deren eigenhändige Unterschrift zu fälschen, höher, als am heimischen Rechner falsche Personenangaben zu machen.

Mit der Verabschiedung des Informations- und Kommunikationsdienste-Gesetzes (IuKDG)[5] begann das deutsche Ringen um eine geeignete Lösung, elektronischen Willenserklärungen Verbindlichkeit verleihen zu können – Verbindlichkeit in dem Sinne, dass der Empfänger einer solchen Erklärung sicher sein kann, dass die Erklärung von demjenigen abgegeben wurde, der als Absender angegeben ist (Authentizität), und die empfangenen Informationen auf dem Weg zum Empfänger unverändert blieben (Integrität). Dies wird mittels erstens der elektronischen Signatur[6] erreicht, welche von einer zuverlässigen Stelle vergeben wird. Zweitens werden Verschlüsselungsverfahren angeboten, welche in der Kommunikation das »Kuvertieren« der Nachricht ermöglichen, d.h., die Nachricht wird dann nicht vergleichbar einer Postkarte für jedermann lesbar, sondern wie ein verschlossener Brief versandt.

Der Erlass der Europäischen Signaturrichtlinie 1999/93/EG bedingte die grundlegende Überarbeitung der gesetzlichen Rahmenbedingungen für die digitale Signatur. Mit dem Gesetz über Rahmenbedingungen für elektronische Signaturen und zur Änderung weiterer Vorschriften,[7] welches am 21. Mai 2001 als Signaturgesetz in Kraft trat, wurde die Bezeichnung »Elektronische Signatur« eingeführt.

---

3) http://www.bundestag.de/internetenquete/.
4) Auer-Reinsdorff, in: Online-Recht 2.0 – Alte Fragen – neue Antworten? Die Durchsetzung von Unterlassungs- und Beseitigungsansprüchen im Internet, Frankfurt 2011.
5) BGBl. 1997 I S. 1870, 1872; FNA: 9020-8.
6) Seinerzeit noch »Digitale Signatur«.
7) BGBl. 2001 I S. 876.

Im Jahr 2005 wurde das Signaturgesetz geändert.[8] Vor allem aber reagierte der Gesetzgeber mit den Änderungen auf Wünsche der deutschen Bankwirtschaft, die selbst Zertifizierungsdienste anbieten und mit deren Einsatz die Beweisproblematik im Online-Banking beseitige wollte. Die Bundesregierung erhoffte sich mit der Initiative der Kreditinstitute und Einführung der EC-Karte mit Signierfunktion eine weite Verbreitung der bislang vom Markt kaum akzeptierten zertifikatsbasierten Signaturtechnik. Daneben wurde klargestellt, dass es verschiedene elektronische Signaturtypen weiterhin geben wird, welche je nach Sicherheitsanforderungen zum Einsatz kommen sollen.

Es werden unterschieden:

- Qualifizierte elektronische Signaturen eines akkreditierten Zertifizierungsdienstes
- Qualifizierte elektronische Signaturen
- fortgeschrittene elektronische Signaturen
- einfache elektronische Signaturen

4.1.3 Elektronisches Regieren: Große Projekte kurz vorgestellt

(Joachim Jakobs)

Nach der Finanzkrise muss die Effizienz der Verwaltung in Deutschland gestärkt werden. Alles soll rank und schlank werden. »Effektivität«, »Servicequalität«, »Bürgernähe« und »Innovation« heißen die Schlagwörter, die den Mentalitätswandel in Deutschlands Amtsstuben glaubhaft machen sollen. In einer Pressemitteilung schreibt die Bundesregierung 2006:[9] »Transaktionen zwischen Verwaltung und Wirtschaft sollen ab 2012 in der Regel nur noch online abgewickelt werden.« Im Einzelnen erläutert das Bundesinnenministerium:[10]

»Mit E-Government sollen die Behörden allen zu jeder Zeit und nur einen Mausklick weit entfernt zur Verfügung stehen. Unter dem Begriff E-Government versteht man heute den Einsatz von Informations- und Kommunikationstechnologien (IKT) in öffentlichen Verwaltungen. Sie sind mit organisatorischen Änderungen und der Herausbildung neuer Fähigkeiten verbunden. Dabei ist das Ziel, öffentliche Dienste und demokratische Pro-

---

8)   1. SigÄndG, BGBl. 2005 I S. 2.
9)   http://www.bmi.bund.de/SharedDocs/Pressemitteilungen/DE/2007/mitMarginalspalte/03/
     cebit2007.html.
10) http://www.verwaltung-innovativ.de/cln_110/nn_684680/DE/EGovernment/
     egovernment__node.html?__nnn=true.

zesse zu verbessern und die Gestaltung und Durchführung staatlicher Politik zu erleichtern. Die Online-Dienstleistungen der Behörden richten sich vor allem an Bürgerinnen und Bürger, an Unternehmen, aber auch an Verwaltungen.«

Der Bund beschreibt unter www.egov2.de in Dutzenden Projekten, wie er sich die Zukunft elektronischen Regierens vorstellt. Eine zusätzliche Steigerung der Effizienz verspricht sich die Bundesregierung von ihrer E-Card-Strategie. Diese sieht vor, dass die geplanten Kartenprojekte der Bundesverwaltung – die elektronische Gesundheitskarte, der digitale Personalausweis, das JobCard-Verfahren und die elektronische Steuererklärung – eng aufeinander abgestimmt werden.[11] Hinzu kommt die Möglichkeit, die Daten für die innere Sicherheit bzw. die Bekämpfung des Terrorismus in Europa zu nutzen. (Vgl. Abschnitt 3.3.3)

4.1.4 Kontrolle des Bürgers über seine Daten

(Joachim Jakobs)

Im sogenannten »Volkszählungsurteil« von 1983 hat das Bundesverfassungsgericht das »Recht auf Informationelle Selbstbestimmung« als Teil des allgemeinen Persönlichkeitsrechts begründet.[12] Danach kann jeder Einzelne selbst über seine personenbezogenen Daten bestimmen. Folglich heißt es in § 4 BDSG: »Die Erhebung, Verarbeitung und Nutzung personenbezogener Daten sind nur zulässig, soweit dieses Gesetz oder eine andere Rechtsvorschrift dies erlaubt oder anordnet oder der Betroffene eingewilligt hat.« Die Bundesregierung präsentiert sich gern als Hüter des Datenschutzes: So droht sie privaten Datensammlern (zuletzt den Geodatendiensten) mit gesetzlichen Regelungen, wenn diese ihren Appetit auf Daten nicht einschränken. Zuvor wurde ein Arbeitnehmerdatenschutzgesetz auf den Weg gebracht.[13]

Geht es hingegen um staatliche Datensammelei, werden flugs gesetzliche Regelungen geschaffen, um dies auf juristisch sauberem Terrain zu tun. Einwohnermeldeämter handeln mit den Meldedaten der Bürger – auf Basis des »Melderechtsrahmengesetzes«[14]. Die Stadt Dresden durfte für 2010 auf Einnahmen in Höhe von über 400.000 Euro aus diesem Bereich hoffen.[15] Beim

---

11) http://www.kommune21.de/web/de/politik,293_0_0_82.5,4324.
12) http://de.wikipedia.org/wiki/Informationelle_Selbstbestimmung.
13) http://de.wikipedia.org/wiki/
   Gesetz_zur_Regelung_des_Besch%C3%A4ftigtendatenschutzes.
14) http://www.gesetze-im-internet.de/mrrg/__21.html.
15) http://www.heise.de/newsticker/meldung/Saechsischer-Staedte-und-Gemeindetag-Verkauf-von-Meldedaten-ist-zulaessig-209412.html.

neuen Personalausweis ging das Gerücht um, der Staat wollte sogar an den Fingerabdrücken verdienen.[16] So wäre es für Einzelhändler sicher interessant, den Kunden anhand der Fingerabdrücke auf dem Einkaufswagen persönlich zu begrüßen und anschließend per Kamera und RFID (vgl. Abschnitt 8.2) zu beobachten, welchen Weg er durch den Markt bis zur Kasse zurücklegt, vor welchem Produkt er wie lange stehenbleibt etc.

Das »Preisverzeichnis des Landesbetriebes Geoinformation und Vermessung« der Stadt Hamburg ist 19 Seiten lang und sieht bis zu sechsstellige Eurobeträge für einzelne Positionen vor.[17] Preislisten gibt es auch von Liegenschaftsämtern[18], dem Kraftfahrt-Bundesamt[19] oder dem »geodatenzentrum.de«, das vom Bundesamt für Kartographie und Geodäsie (BKG) betrieben wird. *Spiegel Online* schreibt:[20] »In fast jeder Behörde fallen nützliche Informationen für Datenhändler ab.« 2008 behauptete der damalige Innenminister Schäuble, private Daten seien beim Staat sicher.[21] Vor dem Hintergrund des eigenen Datenhandels und Dutzenden von behördlichen (unfreiwilligen) Datenverlusten, die das »Projekt Datenschutz« seit seinem Start im September 2009 dokumentiert hat,[22] muss diese Aussage bezweifelt werden. Die Bundeskanzlerin kündigte 2009 an:[23] »Daten über Wohnort, Name und Kaufverhalten sollen nicht ohne Zustimmung einfach verkauft, gehandelt oder zur Profilbildung genutzt werden können.« Diese Absichtserklärung gilt offenbar nur für die privaten Wettbewerber des Staats.

In jedem Fall wird der Betroffene zum Opfer seiner eigenen Daten – egal ob der Staat mit Gesetzesgrundlage sammelt und weiterverkauft oder ob die Unternehmen selbst die Daten gewinnen. Häufig ist sich der Betroffene noch nicht einmal bewusst, dass er Spuren hinterlässt und sich damit unter Umständen ans Messer liefert. Vor diesem Hintergrund ist es für den Bürger nicht einfach, seine Rechte wahrzunehmen: § 34 BDSG verpflichtet den Datensammler, dem Betroffenen Auskunft darüber zu erteilen, welche Daten gespeichert wurden und aus welcher Quelle sie stammen. Die folgende Vorschrift in § 35 verlangt darüber hinaus von dem Datensammler, falsche Daten zu korrigie-

---

16) http://www.heise.de/newsticker/meldung/IT-Verbund-lehnt-Denkmodell-zum-Verkauf-von-Personalausweisdaten-ab-116814.html.
17) http://www.hamburg.de/contentblob/322278/data/preisverzeichnis.pdf.
18) http://www.duesseldorf.de/vermessung/pdf/62_preisliste.pdf.
19) http://www.kbashop.de/webapp/wcs/stores/servlet/TopCategoriesDisplay?storeId=10001&catalogId=10051.
20) http://www.spiegel.de/spiegel/0,1518,715940,00.html.
21) http://www.golem.de/0808/61945.html.
22) http://www.projekt-datenschutz.de/search/node/beh%C3%B6rde.
23) http://www.bundesregierung.de/nn_774/Content/DE/Rede/2009/05/2009-05-12-bkin-verbrauchertag.html.

ren. Bleibt nur die Frage, was »falsch« ist und wie der Betroffene das nach-weist. Creditreform informiert auf seiner Internetseite:[24] »Die pauschale Ver-mutung, die Daten seien nicht zutreffend, reicht für eine Datenlöschung bzw. -sperrung nicht aus.« Ob nicht nur beim Löschen von Daten, sondern auch bei deren Sammlung so strenge Maßstäbe angelegt werden, ist nicht bekannt. Die Reklamationen würden in Abstimmung mit den Datenlieferanten überprüft. Es ist ebenfalls unbekannt, wer die Datenlieferanten selbst überprüft. Bei Behörden darf ein ähnliches Vorgehen unterstellt werden.

§ 42a BDSG verlangt nach einer Benachrichtigung des Betroffenen und der Aufsichtsbehörde, falls personenbezogene Daten abhanden kommen. Allerdings ist die Vorschrift ziemlich unbekannt und die Personalausstattung der Behörden so gering (vgl. Abschnitt 7.2), dass Letztere nur an die Daten-sammler »appellieren« können, ihre Verluste vorschriftsgemäß zu melden. Dabei läge vorschriftsmäßiges Verhalten durchaus im Sinne der Sammler, denn wenn nicht »unverzüglich«, nicht richtig, nicht vollständig oder nicht rechtzeitig benachrichtigt wird, muss der Unternehmer nach § 43 BDSG mit einem Bußgeld von bis zu 300.000 Euro oder höher rechnen: »Die Geldbuße soll den wirtschaftlichen Vorteil, den der Täter aus der Ordnungswidrigkeit gezogen hat, übersteigen« – sagt das Gesetz.

4.2 Datennutzung durch Unternehmen

Die Erhebung, Speicherung und Verarbeitung sowie Übermittlung von Daten an Dritte ist Bestandteil der rechnergestützten Informationsgesellschaft. Das Datenschutzgesetz geht vom Verbotsprinzip aus, d.h., jede Verarbeitung per-sonenbezogener Daten ist verboten und bedarf einer Erlaubnis entweder auf Basis von gesetzlichen Regelungen und/oder der Einwilligung des Betroffe-nen, desjenigen, dem die Daten zugeordnet sind. Unternehmen verarbeiten nunmehr schon seit Jahrzehnten die Daten ihrer Kunden, Lieferanten, Mitar-beiter, sonstigen Ansprechpartner und potenziellen Geschäftspartner auto-matisiert. Mehr und mehr funktionieren Geschäftsmodelle rein auf Basis der gesammelten Daten, deren Verknüpfung und vernetzten Kommunikations-formen. Mit der Weiterentwicklung der Technologien und der schnelleren und größeren Speicherkapazitäten sind Datensammlungen durch private Unternehmen möglich geworden. Der Staat als Datensammler rückt damit

---

24) http://www.nuernberg.creditreform.de/index.php/faqreader/items/was-muss-ich-tun-um-falsche-daten-loeschen-zu-lassen.html.

teilweise aus dem Fokus der Datenschutzbetrachtungen.[25] Unternehmen wie Betreiber von Suchmaschinen, Social Networks und Empfehlungsmarketing nach dem Prinzip Word of Mouth[26] sind auf die Möglichkeiten der Sammlung und Auswertung von Daten angewiesen.

Grundlage jeder Nutzung von Daten durch ein Unternehmen sind entweder ein Vertragsverhältnis, die allgemeine Zugänglichkeit der verarbeiteten Daten oder aber die Einwilligung in die betreffende Datennutzung. Rahmenbedingung für die Verarbeitung von personenbezogenen Daten und in bestimmten Bereichen von darüber hinaus sensiblen Daten, den besonderen Arten personenbezogener Daten im Sinne des § 3 Absatz 9 BDSG[27], ist die Einhaltung der datenschutzrechtlichen Bestimmungen. Dies wiederum bedeutet die Schaffung von datenschutzkonformen Verfahren und Anwendungen sowie die Umsetzung angemessener organisatorischer und technischer Anforderungen.[28]

4.2.1 Akteure und ihre Motivation

Die datenschutzrechtlichen Regelungen haben auf viele der Akteure eine nahezu demotivierende Wirkung. Die Umsetzung datenschutzrechtlicher Anforderungen erscheint als Hemmschuh, Wettbewerbsnachteil gegenüber Unternehmen, die einfacheren, teilweise klareren, aber auch Regelungen auf einem geringeren Datenschutzniveau unterliegen. Die Herausforderung des Datenschutzes scheint zu sein, das Erreichen eines hohen Datenschutzniveaus als ein erstrebens- und wünschenswertes Ziel zu realisieren und anfängliche sowie dauerhafte Motivation[29] zu schaffen, trotz des damit verbundenen Aufwands in den Bereichen wie Schulung, Verpflichtung, Organisation, Prozess- und Verfahrensgestaltung, Dokumentation, Investition, Kontrolle, Aufsicht, Meldepflichten, Zertifizierung, Auditierung etc.

---

25) http://www.hr-online.de/website/rubriken/nachrichten/
indexhessen34938.jsp?rubrik=34954&key=standard_document_39910939.
26) http://www.foerderland.de/2087.0.html.
27) § 3 Absatz 9 BDSG: *Besondere Arten personenbezogener Daten sind Angaben über die rassische und ethnische Herkunft, politische Meinungen, religiöse oder philosophische Überzeugungen, Gewerkschaftszugehörigkeit, Gesundheit oder Sexualleben.*
28) Anlage zu § 9 BDSG.
29) Motivation bezeichnet das auf emotionaler bzw. neuronaler Aktivität (Aktivierung) beruhende Streben nach Zielen oder wünschenswerten Zielobjekten. Definition nach Wikipedia, http://de.wikipedia.org/wiki/Motivation, 18.11.2010.

Im Unternehmen sind Akteure im datenschutzrechtlichen Sinne in unterschiedlicher Ausprägung und Gewichtung:

- Unternehmensleitung,
- Entwickler von Produkten und Geschäftsideen,
- Datenschutzbeauftragter,
- Personalabteilung,
- Betriebsrat,
- Marketingabteilung,
- Kunden-/Servicecenter,
- IT-Systemadministratoren,
- Softwareentwickler,
- Anwender,
- Dienstleister.

Die Unternehmensleitung ist direkter Adressat der datenschutzrechtlichen Vorgaben und im Rahmen des IT-Risiko-Managements und der IT-Compliance[30] verantwortlich. Dabei hat die Unternehmensleitung je nach Größe

---

30) IT-Compliance beschreibt in der Unternehmensführung die Einhaltung der gesetzlichen, unternehmensinternen und vertraglichen Regelungen im Bereich der IT-Landschaft. Die IT-Compliance ist im Zusammenhang mit der IT-Governance zu sehen, die das Thema um die Bereiche Controlling, Geschäftsprozesse und Management erweitert. IT-Compliance als Teilbereich fokussiert die Aspekte Informationssicherheit, Datenschutz, Handelsbräuche.

des Unternehmens nicht höchstpersönlich für die Umsetzung und Einhaltung der Datenschutzvorgaben zu sorgen, sie hat aber die Verantwortlichen zu benennen, auszustatten, Mittel bereitzustellen und im Rahmen der Berichterstattung unternehmerisch verantwortlich zu delegieren, was auch Beschluss- und Vollzugskontrollen umfasst.

Im Rahmen der Entwicklung und Konkretisierung von Geschäftsideen von der Konzeption bis zur Realisierung spielen datenschutzrechtliche Erwägungen kaum eine Rolle. Datenschutzrechtliche Erfordernisse werden allgemein wenn überhaupt oft als Annex angefügt. Bei der Abfrage personenbezogener Daten werden tendenziell die Kriterien der Datenvermeidung und Datensparsamkeit einschließlich der Zweckbindung und etwaige Einwilligungserfordernisse entweder übersehen oder aber nicht hinreichend ernst genommen. Gerade aber das Einwilligungserfordernis stellt die Unternehmer vor Herausforderungen. Eine Einwilligung ist immer nur dann überhaupt wirksam, wenn sie auf der freien Entscheidung des Betroffenen beruht.[31] Dies bedeutet erstens, dass die Einwilligung weder »abgepresst« noch versteckt eingeholt werden kann. Zweitens muss der Betroffene verständlich und klar darüber informiert werden, in welche Nutzung seiner Daten er in welchem Umfang einwilligt und welche Wirkungen die Einwilligung einschließlich eines etwaigen späteren Widerrufs entfalten. Im Rahmen der Evaluierung der EU-Datenschutzrichtlinie aus 1995 hat die Kommission auch diesen Punkt aufgegriffen und unternimmt auf dieser Ebene Überlegungen, ob Musterdatenschutzerklärungen eingeführt werden sollen.[32]

Die Einholung der Einwilligung zur Nutzung der Registrierungsdaten zum Beispiel eines Online-Angebots erfordert immer ein paar Klicks mehr und baut vermeintliche Hürden für potenzielle Nutzer auf. Eine Vereinheitlichung der Standards EU-weit, die Einführung von Musterformulierungen sowie die Initiative auch der EU-Kommission, die Nutzer generell über ihre Rechte im Rahmen des Datenschutzgrundrechts zu informieren, und die Einrichtung von Vergleichstests unter der neu zu gründenden Stiftung Datenschutz[33] möglicherweise in Zusammenarbeit mit der Stiftung Warentest[34] sind sicher gute motivationsfördernde Schritte.

---

31) § 4 a Absatz 1, 1BDSG.
32) http://ec.europa.eu/justice/news/consulting_public/0006/com_2010_609_en.pdf.
33) http://www.heise.de/newsticker/meldung/
     FDP-Vorstoss-fuer-Stiftung-Datenschutz-1025848.html.
34) http://www.anwaltverein.de/downloads/Datenschutz/Primus%20Factsheet%
     20Datenschutz%20DAV.pdf; http://www.test.de/themen/computer-telefon/test/
     Soziale-Netzwerke-Datenschutz-oft-mangelhaft-1854798-1855787/.

Die Position des betrieblichen Datenschutzbeauftragten ist in 2009 gestärkt worden. Seit je her ist er direkt der Unternehmensleitung zu unterstellen.[35] Nunmehr hat er einen besonderen Kündigungsschutz und auch nach Abberufung eine verlängerte Kündigungsfrist[36] sowie Anspruch auf datenschutzrechtliche Fort- und Weiterbildungsmaßnahmen auf Kosten des Unternehmens.[37] Unternehmen haben oft Schwierigkeiten, im Unternehmen selbst die richtige Person für diese Aufgabe zu identifizieren und zu begeistern. Dies mag in Relation zur Bedeutung im Hinblick auf Art und Umfang der verarbeiteten personenbezogenen Daten je nach Geschäftszweig und Größe des Unternehmens unterschiedlich ausfallen. Externe Datenschutzbeauftragte erscheinen oftmals zu teuer oder auch schwer auffindbar, da die Anforderungen der einzelnen Unternehmen wiederum weit differieren. Vor diesem Hintergrund ist besonderes Augenmerk auf die kommunikativen Fähigkeiten des Datenschutzbeauftragten zu richten. Wenn es sich um einen Mitarbeiter aus den eigenen Reihen handeln soll, sollte es sich um eine allgemein angesehene Person handeln, welche in der Lage ist, die mit der Datenverarbeitung Befassten durch den »Dschungel der datenschutzrechtlichen Anforderungen« zu führen.

Mit dem neuen § 32 BDSG ist in 2009 erstmals eine gesonderte Vorschrift über den Schutz der personenbezogenen Daten im Rahmen des Beschäftigungsverhältnisses eingeführt worden. Derzeit in der Diskussion ist ein Regierungsentwurf[38, 39] eines Gesetzes zur Regelung des Beschäftigungsdatenschutzes. In der Personalabteilung werden teilweise neue Anforderungen zu erfüllen sein, viele sind schon heute im Rahmen der Rechtsfortbildung etabliert. Datenschutzrechtlich relevante Fragen können der Mitbestimmung bei eingerichtetem Betriebsrat unterliegen. Alle Fragen der Arbeitnehmerüberwachung[40] sowie Personalfragebögen[41] unterliegen heute schon zwingend der Mitbestimmung.

Personalisierte und bedarfsorientierte Werbeansprachen lassen sich durch Auswertung personenbezogener Daten realisieren. Hier ist technisch heute vieles möglich, datenschutzrechtlich daher wohl einiges im Argen.[42]

---

35) § 4 f. Absatz 3 Satz 1 BDSG.
36) § 4 f. Absatz 3 Sätze 5 und 6 BDSG.
37) § 4 f. Absatz 3 Satz 7 BDSG.
38) http://www.bmi.bund.de/SharedDocs/Downloads/DE/Gesetzestexte/Entwuerfe/ Entwurf_Beschaeftigtendatenschutz.pdf?__blob=publicationFile.
39) http://community.beck.de/gruppen/mmr-forum-zum-beschaeftigtendatenschutz.
40) § 87 Absatz 1 Nr. 6 BetrVG.
41) § 94 Absatz 1 BetrVG.
42) https://www.datenschutzzentrum.de/material/themen/divers/onlmark.htm.

Die IT-Systemadministratoren sind für die IT-Sicherheit verantwortlich und damit für einen wesentlichen Teil des Datenschutzes. Hier geht es darum, Daten- und damit zugleich Imageverlust vom Unternehmen fernzuhalten. Mit der Einführung des § 42 a BDSG in 2009 und damit der Informationspflicht bei Datenverlust und unberechtigter Kenntniserlangung durch Dritte ist die Gewährleistung der IT-Sicherheit noch stärker zu einer unverzichtbaren Aufgabe der Geschäftsführung geworden. Das Unternehmen hat hier nicht etwa nur die jeweils zuständige Aufsichtsbehörde zu informieren. Es sind daneben die von der unberechtigten Kenntniserlangung Betroffenen zu informieren. Dies hat, wenn es sich um eine große Anzahl von oder nur mit unverhältnismäßigem Aufwand zu identifizierenden Betroffenen handelt, in zwei bundesweit erscheinenden Tageszeitungen mit ganzseitigen Anzeigen und/oder auf andere gleichermaßen wirksame Weise zu erfolgen. Diese negative Publicity kann für ein Unternehmen existenzbedrohend werden.

Mit der fortlaufenden Entwicklung von Technologien[43] wird es immer wichtiger, Datenschutzanforderungen in einer frühen Projektphase mit zu berücksichtigen und diese so weit als möglich von Anfang an datenschutzkonform auszugestalten. Auch die Europäische Kommission hat in ihrem Konsultationsschreiben im Rahmen der Überarbeitung der EU-Datenschutzrichtlinie angesprochen, dass der Ansatz *Privacy by Design* weiter zu verfolgen ist.[44]

Jeder einzelne Anwender kann den Datenschutz und die Motivation, dessen Anforderungen zu erfüllen, fördern, in dem er selbst über sein Verhalten reflektiert. Eine Orientierung an den allgemeinen Datenschutzgrundsätzen gibt eine Entscheidungshilfe bei der Beantwortung folgender Fragen: Welche Daten frage ich bei dem Kunden/Nutzer ab? Welche Daten gebe ich selbst wem gegenüber Preis?

Zur Qualität einer Dienstleistung sollte wie selbstverständlich die Datenschutzkonformität zählen. Dies bedeutet nicht, dass die Realisierung etwaiger Risiken vollständig ausgeschlossen werden kann, aber diese sollten erkannt und mit angemessenen Maßnahmen belegt sein. Für Dienstleister im Sinne der Auftragsdatenverarbeitung sieht § 11 BDSG einen Katalog von vertraglich zu erfüllenden Anforderungen vor. Dieser Katalog, welcher als Teil einer Checkliste bei der Gestaltung von Verträgen zur Verarbeitung personenbezogener Daten im Auftrag herangezogen werden kann, hat derzeit womöglich

---

43) http://www.bfdi.bund.de/SharedDocs/Publikationen/
%22PrivacyByDesign%22.pdf?__blob=publicationFile.
44) http://www.bfdi.bund.de/SharedDocs/Publikationen/
%22PrivacyByDesign%22.pdf?__blob=publicationFile.

deshalb noch immer einen Umsetzungsstau, da er für alle Arten der Auftragsdatenverarbeitung gleiche Anforderungen stellt. »Herr der Daten« bleibt in diesen Fällen die verantwortliche Stelle. Diese ist zuweilen in IT-technischen und -rechtlichen Fragen nicht hinreichend informiert, oftmals ist dies eher der Dienstleister. Zur Auftragsdatenverarbeitung zählt zum Beispiel: das Hosting des Servers in einem externen Rechenzentrum, sofern die verarbeiteten personenbezogenen Daten dort unverschlüsselt abgelegt sind; die Durchführung der Gehaltsabrechnung durch ein externes Unternehmen; ein externer E-Mail-Server etc. In diesem Bereich sind die Dienstleister bei Wissensvorsprung als Experten in ihrem Gebiet wohl stärker in die Pflicht zu nehmen im Hinblick auf Beratung des Kunden.

Auftragsdatenverarbeitung findet auch zunehmend in der Cloud statt, d.h., Anwendungen werden rein bedarfsorientiert genutzt und dabei findet die Datenverarbeitung auf den Servern Dritter statt. Hier sind genauso die Anforderungen des § 11 BDSG abzubilden. Dies kann nur dann gelingen, wenn der Cloud-Dienstleister seinem Kunden ein festes Portfolio an Rechenleistungen an festgelegten Standorten und mit fest vereinbarten Subunternehmern anbietet. Andernfalls ist es für den Auftraggeber gar nicht möglich, seinen gesetzlichen Anforderungen an Kontrolle und Einhaltung der Datenschutzvorgaben gerecht zu werden. In einer »public cloud«, welche wie an einer Börse die Vermittlung von Kapazitäten auf nicht im Vorhinein bestimmbaren Rechnern verteilt, ist der Verbleib der Daten und die Zugriffskontrolle nicht beherrschbar. Unternehmen müssen daher abwägen, welche Anwendungen sie je nach Sensibilität der Daten und Prozesse über die Cloud abwickeln.[45]

---

45) http://www.it-business.de/news/management/unternehmensfuehrung/
umgang-mit-kunden/articles/277450/.

5 Daten im privaten Umfeld

Joachim Jakobs

5.1 Was sage ich wem?

Das Internet vergisst nichts – einmal vorhandene Daten können jederzeit digitalisiert überall wieder auftauchen. Die Schlichtheit dieser Erkenntnis steht im umgekehrten Verhältnis zur Fähigkeit des Menschen, damit verantwortungsvoll umzugehen: Insbesondere unter Jugendlichen scheint es schick zu sein, möglichst spektakulär auf sich aufmerksam zu machen. In der Informationsgesellschaft verschafft das Gruppenzugehörigkeit und Sozialisation. Und der oder die Coolste von allen ist ChefIn. So werden hemmungslos Bilder und Videos erstellt und persönliche Informationen preisgegeben. Die Konsequenzen daraus werden mitunter erst Jahre später spürbar.

Egal welches Medium oder welche Technik genutzt wird, sei es auf dem heimischen PC oder bei einem Diensteanbieter im Netz: Der Anwender sollte sich darüber Gedanken machen, wie groß sein Schaden oder der Nutzen für Kriminelle wäre, wenn seine digitale Identität in deren Hände fiele – und sich einen dementsprechend vertrauenswürdigen Anbieter suchen und ein Passwort wählen, das ein angemessenes Maß an Sicherheit bietet. Und wenn das Wertvollste an dem ganzen Dienst die eigenen Daten sind, sollte man überlegen, ob man nicht auf diesen Dienst lieber verzichten sollte.

Ein in der Regel ausreichend hohes Sicherheitsniveau wird heute durch ein Passwort erzielt, das 8 bis 14 Zeichen lang ist und kleine/große Buchstaben, Zahlen und Sonderzeichen enthält. Damit sich der Anwender das dann auch noch merken kann, könnte er einen Satz zu Hilfe nehmen – Beispiel: »Das ist 1 sicheres Passw0rt.« Daraus können dann die Anfangsbuchstaben eines jeden Wortes und die Zahlen und Sonderzeichen entnommen werden. Dann sähe das Passwort letztlich so aus: »Di1sPw0.« (Die Anführungszeichen können dabei als Sonderzeichen durchaus mitgenommen werden – dieses Passwort ist jetzt allerdings durch die Veröffentlichung in diesem Buch bekannt und sollte nicht mehr gebraucht werden.)

5.1.1 Nutzung von Sozialen Netzen

Die Nutzer strömen in Scharen in die »Sozialen Netze«. Besonders aktiv dabei sind die mobilen Anwender. Daher hat die ENISA – eine Behörde zum Schutz der Informationstechnik in Europa – einen Bericht veröffentlicht,[1] der die Gefahren beschreibt und Tipps für mehr Sicherheit speziell in mobilen Sozialen Netzen gibt.

- Vorsicht bei allem, was Du im Netz veröffentlichst: Informationen, die Du heute ins Netz stellst, können noch Jahre später gegen Dich verwandt werden. Bedenke, dass Dritte diese Daten wiederum kopieren und manipulieren könnten. Sensible Daten wie Anschrift, Telefonnummer oder Bankverbindung haben im Internet nichts zu suchen. Ein Spitzname sichert die Privatsphäre und Anonymität.
- Keine Freundschaften mit Leuten, die Du nicht kennst. Sind Deine Freunde tatsächlich die, für die sie sich ausgeben?
- Trenne Privates und Berufliches in Sozialen Netzen: Auf private Profile gehören nur private Bilder; für private Profile nur private Mail-Adressen verwenden! Überlege Dir genau, wie Du über Deinen Arbeitgeber im Internet redest! Berufliche und private Kontakte voneinander trennen.
- Schütze Dein Smartphone und die darauf gespeicherten Informationen vor Diebstahl! Suche Dir einen sicheren Platz, wenn Du Dein Profil unterwegs bearbeitest. Lass Dein Telefon nicht unbeobachtet herumliegen! Speichere keine Passwörter auf dem Telefon – Telefone können gestohlen werden und dann könnte das Profil manipuliert werden. Denk' daran, Dich bei dem Netz abzumelden, wenn Du es nicht mehr nutzt. Erlaube dem Netz **nicht**, Dein Passwort zu speichern (Diese Funktion heißt häufig »Auto-Complete«). Nutze die Sicherheitseinstellungen Deines Telefons: Nutze Tastatursperren, PINs, Passwörter und Firewalls insbesondere an Flughäfen und anderen öffentlichen Plätzen.
- Sei vorsichtig mit Veröffentlichungen über Dritte: Wenn Du Fotos oder persönliche Informationen über Dritte ins Netz stellst, könntest Du eine Straftat begehen.
- Informiere Dich über den Diensteanbieter; lies die Datenschutzbestimmungen des Sozialen Netzes.
- Nutze die Einstellungen zur Sicherung Deiner Privatsphäre: Wer darf Deine Bilder sehen, wer darf Dich kontaktieren, Dein Profil kommentieren.
- Sei vorsichtig, wenn Du mobil online bist und überleg' Dir, wo Du es hinlegst. Melde einen etwaigen Verlust oder Diebstahl sofort!
- Deaktiviere ortsbezogene Dienste, wenn Du sie nicht brauchst.

---

1) http://www.enisa.europa.eu/media/press-releases/instantly-online-17-golden-rules-for-mobile-social-networks/?searchterm=social%20networks.

In zahlreichen Unternehmen werden Soziale Netze aus Furcht vor Spionage und Sicherheitslücken bereits ausgesperrt.[2]

5.1.2 Eigene Webseiten

Wer eine private Internetseite betreibt, hat ein paar Besonderheiten zu beachten: So muss die Seite gem. § 5 TMG über ein Impressum verfügen,[3] sobald sie »geschäftsmäßig« betrieben wird.[4] Ob ein einzelner Werbebanner auf einen geschäftsmäßigen Betrieb schließen lässt, ist umstritten. Anders als ein einzelnes Profil bei einem Sozialen Netz muss eine private Internetseite eine Datenschutzerklärung anbieten (§ 13 TMG).

In Absatz 4 verlangt der Gesetzgeber:

> *Der Diensteanbieter hat durch technische und organisatorische Vorkehrungen sicherzustellen, dass*
>
> 1. *der Nutzer die Nutzung des Dienstes jederzeit beenden kann,*
> 2. *die anfallenden personenbezogenen Daten über den Ablauf des Zugriffs oder der sonstigen Nutzung unmittelbar nach deren Beendigung gelöscht [...] werden,*
> 3. *der Nutzer Telemedien gegen Kenntnisnahme Dritter geschützt in Anspruch nehmen kann,*
> 4. *die personenbezogenen Daten über die Nutzung verschiedener Telemedien durch denselben Nutzer getrennt verwendet werden können,*
> 5. *Daten [...] nur für Abrechnungszwecke zusammengeführt werden können und*
> 6. *Nutzungsprofile [...] nicht mit Angaben zur Identifikation des Trägers des Pseudonyms zusammengeführt werden können.«*

5.1.3 Bilder im Internet

Der »Anti-Kinderporno e. V.« meldet,[5] dass Eltern über Männer berichteten, die Kinder auf Spielplätzen fotografierten – tatsächlich stand im Frühjahr 2010 ein Mann aus Nordhessen deshalb bereits vor Gericht.[6] Die Fotos lan-

---

2) http://www.faz.net/s/RubE2C6E0BCC2F04DD787CDC274993E94C1/
   Doc~E34E95495ADD04660B5064D12C35484C7~ATpl~Ecommon~Scontent.html.
3) http://www.e-recht24.de/artikel/datenschutz/209.html.
4) http://www.telemedien-und-recht.de/.
5) http://www.anti-kinderporno.de/seite/warnung.php.
6) http://www.hna.de/nachrichten/kreis-waldeck-frankenberg/bad-wildungen/
   anklage-mann-soll-kinderfotos-gemacht-haben-695451.html.

deten anschließend in pädokriminellen Fotoalben und ermöglichten die »Entführung auf Bestellung«. Auch wenn die Organisation den Beweis letztlich schuldig bleibt – von der Hand ist die Überlegung nicht zu weisen. Daher ist Vorsicht mit Kinderbildern im Netz geboten.

Und es sollten sich nicht nur Eltern um ihre Kinder sorgen: Auch Prominente oder Menschen mit Macht, Geld und Einfluss dürfen sparsam mit Bildern und anderen persönlichen Details umgehen. Das *Handelsblatt* berichtet von Listen möglicher Opfer aus Unternehmerfamilien, mit denen die Entführer arbeiteten.[7] Die Namen möglicher Opfer fänden die Kidnapper nicht nur im Fernsehen und in der Presse, sondern interessante Details vor allem im Internet. Dort seien ja nicht nur Informationen jederzeit und noch lange Jahre abrufbar. Online-Portale, Meldeauskünfte und Telefonverzeichnisse gäben zudem Aufschluss über alles Mögliche, von Wohnadresse bis Hobby. Bei einigen hat sich die Erkenntnis offenbar bereits herumgesprochen. Krisen-PR-Beraterin Sigrid Baum aus Issum berichtet von einer Fabrikantenfamilie, deren Mitglieder alle mit einer falschen Postadresse arbeiten, um eben nicht ohne Weiteres auffindbar zu sein. Es sei aber doch ausdrücklich erwähnt: Entführungen sind äußerst selten und extreme Konsequenzen nicht gewahrten Datenschutzes. Dennoch besteht kein Anlass, das Phänomen zu ignorieren.

Wie sensibel sind die Menschen denn nun tatsächlich im Umgang mit ihren Daten? Wenn das Magazin *c't TV* nicht geschummelt hat, sind die Zustände haarsträubend: In einer Fußgängerzone bat die Redaktion unter einem Vorwand Passanten um Namen, Anschriften, Kontonummern, Höhe des Einkommens, abgehobene Beträge, laufende Kredite, Personalausweis, EC-Karten, Haar- und Speichelproben, Fingerabdrücke und Unterschriften und war erfolgreich:[8] Die Passanten hätten bereitwillig über alles Auskunft gegeben. Da kann man nur beten, dass diese Menschen nicht als Sachbearbeiter (oder gar als Führungskraft!) Umgang mit den Patienten-, Mandanten-, Steuer- oder Bankdaten anderer Menschen!

5.2   Was sagen andere über mich?

Mitgliederbasierte Organisationen haben noch größere Schwierigkeiten mit dem Datenschutz als andere Institutionen: Der Staat kann sich gleich die Gesetze nach Gusto so zusammenschustern, dass sie ihm genehm sind (und z.B. selbst als Händler auftreten), wenigstens die Unternehmen mit Sitz in der EU müssen Europäisches Recht beachten; wenn sich aber eine Organisation

---

7)   www.corporate-trust.de/pdf/pm-090323.pdf.
8)   http://www.heise.de/ct-tv/artikel/Video-Vorsicht-Kunde-1122021.html.

gegenüber den Mitgliedern rechtfertigen muss, kann das zu Spannungen in der Organisation führen. Mitgliederbasierte Organisationen sind getragen von ihrer Basis. Die Führungskräfte sind den Mitgliedern verantwortlich. Sich deren Ansprüchen zu entziehen, ist schwierig.

5.2.1 Vereine und Kirchen

Im Sommer 2010 wurde bekannt, dass der SV Werder Bremen seinen Mitgliedern einen elektronischen Brief geschickt hat.[9] Darin war ein Link zur Mitgliederdatenbank enthalten. Zwei Stunden lang waren Namen, Adressen, Geburtsdaten und Kontonummern von 34.700 Mitgliedern abrufbereit. Das allein garantiert bereits genug Stress für die Organisation. Der Datenschutz kann aber auch als Machtinstrument ge- oder gar missbraucht werden, wie ein Fall aus Münster zeigt: Das dortige Landgericht hat entschieden, dass einem Kandidaten für den Vorstand die E-Mail-Adressen aller 9600 Mitglieder zur Verfügung gestellt werden müssen, damit dieser die Möglichkeit hat, sich und seine Kandidatur bekanntzugeben.[10] Der Verein will Rechtsmittel einlegen: Zum einen könne sich jeder Kandidat auf der Internetseite in einem extra dazu eingerichteten Bereich vorstellen, zum anderen könne ja auch nicht jedes ADAC-Mitglied auf Herausgabe der Mitgliederliste klagen.

Mit Datenschutzproblemen anderer Art kämpfen bekanntermaßen die Kirchen. Sie sind seit Monaten in der Diskussion wegen sexuellen Missbrauchs von Schutzbefohlenen durch einige Mitarbeiter und Würdenträger: Wie muss eine Kirche mit sexuellem Missbrauch umgehen? Ab wann ist die Staatsanwaltschaft einzuschalten? Wie können Opfer davor geschützt werden, von den Medien ein weiteres Mal zwecks öffentlicher Aufmerksamkeit missbraucht zu werden? Wie können falsche Anschuldigungen und Rufschädigungen unschuldiger Kirchenmitarbeiter vermieden werden? Die Beratungsstelle Kobra erwartet jetzt die Offenlegung von Missbrauchsfällen in Behinderteneinrichtungen, in Kliniken, in Arztpraxen oder in Sportvereinen.[11]

---

9) http://www.weser-kurier.de/Artikel/Bremen/193575/
   Datenpanne+bei+Werder+Bremen.html.
10) http://www.welt.de/die-welt/politik/article6810776/
   Gericht-erzwingt-Herausgabe-vertraulicher-Daten.html.
11) http://www.stuttgarter-zeitung.de/stz/page/
   2482252_0_9223_-missbrauchsfaelle-der-beweis-ist-das-schwierigste.html?_skip=1.

5.2.2 Auch Dritte – nicht nur Freunde! – können schaden

Im digitalen Dorf kann jeder von jedem alles behaupten, was ihm gerade einfällt. Widersprechen kann der Betroffene erst, wenn er von der Behauptung erfährt. Ob der Widerspruch vom Publikum dann noch in gleicher Weise wahrgenommen wird wie der Vorwurf selbst, ist fraglich. Die Initiative »Internetvictims!« präsentiert in ihrem Forum[12] ein reichhaltiges Angebot möglicher Schädigungen – »finanziell«, »persönlich«, »Firmen« und »Kinder«. In der Rubrik »Persönlicher Schaden« wird unterschieden zwischen »Beleidigung und Verleumdung«, »Rufschädigung«, »Missbrauch von Identität«, »Stalking«, »Mobbing«, »Psychoterror Rufmord«, »Veröffentlichung ohne Genehmigung« und »obszönes Material«.

Rudi Ratlos, Betreiber eines Internet-Radios, berichtet von einem früheren Mitarbeiter:[13] Der habe aus freien Stücken gekündigt und terrorisiere jetzt einzelne Mitarbeiter des Unternehmens, verschaffe sich falsche Identitäten, um in das Forum des Radios zu kommen, versuche an die Passwörter der Moderatoren zu kommen und drohe mit Gewalt.

Heikel ist auch der Datenschutz in der Schule: Ein Referendar in Ohlsdorf veröffentlichte 2009 die Noten seiner Schüler im Internet.[14] Umgekehrt fühlen sich manche Lehrer von ihren Schülern verfolgt: 2007 wies der Philologenverband darauf hin, dass Lehrer »kein digitales Freiwild« seien und berichtete von »Pornomontagen und Hinrichtungsvideos«.[15]

In einem anderen Fall warf 2010 ein Mädchen in einem Video Hundewelpen in einen Fluss; der Vorgang wurde auf Video dokumentiert und bei YouTube gespeichert – die Internetgemeinde schäumte vor Wut. Einer der Diskussionsteilnehmer meinte, das Mädchen zu kennen, und veröffentlichte Name, Bild, (Mail-)Adresse und Telefonnummer einer völlig Unbeteiligten aus Bayern.[16] Die Frau erhält Morddrohungen und Polizeischutz. Die tatsächliche Täterin soll angeblich aus Bosnien stammen.

Doch auch der tägliche Tratsch und Klatsch kann im Internet für die Nachwelt protokolliert werden: rottenneighbor.com lud vor Jahren dazu ein,

---

12) http://www.internetvictims.de/forum/ – Es sei allerdings erwähnt, dass viele Einträge auf Englisch formuliert sind und/oder nichts mit dem jeweiligen Thema zu tun haben. Es riecht nach Spam. Vermutlich sind viele der verlinkten Internetseiten mit digitalem Ungeziefer verseucht. Von ihrem Besuch wird abgeraten.
13) http://www.internetvictims.de/forum/viewtopic.php?t=5209.
14) http://www.abendblatt.de/hamburg/schule/article1273674/
Gymnasium-Referendar-veroeffentlichte-Noten-im-Netz.html.
15) http://www.spiegel.de/schulspiegel/leben/0,1518,488062,00.html.
16) http://www.merkur-online.de/lokales/aying/
nach-youtube-video-hetzjagd-unschuldige-903287.html.

seine Nachbarn virtuell anzuschwärzen – wegen zu lauter Musik, einem ungepflegten Anwesen oder Ähnlichem.[17] Glücklicherweise scheint das Geschäftskonzept nicht aufgegangen zu sein – die Domain scheint zum Verkauf zu stehen.

Zur Denunziation fordert auch die Stadt Köln die Besucher von Gaststätten auf.[18] Gemeldet werden sollen online Beschwerden wegen der Mißachtung des »Nichtraucherschutzgesetzes NRW«. Ebenfalls 2010 wurde diskutiert, Sexualstraftäter nach der Entlassung aus der Haft im Internet mit Namen, Foto und Anschrift zu veröffentlichen.[19]

Verbraucherschutzministerin Ilse Aigner selbst will Lebensmittel an den virtuellen Pranger stellen, »die ihrer Meinung nach nicht das enthalten, was Aufmachung oder Angaben versprechen,« wie *Spiegel Online* schreibt.[20] Die Verbraucherschutzverbände sollen die Fälle prüfen und kommentieren. Womöglich haben auch die Finanzbehörden in Nordrhein-Westfalen eine Düsseldorfer Kommunalpolitikerin um Stellungnahme gebeten. Deren Name befand sich auf der Steuer-CD, die die Behörden erworben hatten. Der Vorwurf: 400.000 Euro sollten sich auf einem Konto des Bankhauses Julius Bär befunden haben. Die eifrigen Steuerfahnder machten der Frau auch gleich den Vorschlag, sie möge 50.000 Euro dafür an den Staat zahlen. Das Problem: Sie hatte niemals ein Konto in der Schweiz. Eine Bescheinigung dafür bei der Bank zu bekommen erweist sich angeblich als schwierig, da sie ja keine Kundin sei.[21]

Ähnlich verhält es sich im Strafprozess gegen Jörg Kachelmann: Da wird das staunende Publikum tagein, tagaus von »Bild« mit Informationen und/oder Spekulationen darüber gefüttert, welcher Zeuge wann eine be- oder entlastende Aussage macht, wer wie viel Geld wofür verlangt haben mag und wer wann den Untersuchungsbericht von Kachelmanns Sperma vorstellen wird. Ausgerechnet das Schwesterblatt von *Bild, Die Welt*, berichtet über eine Schweizer Zeugin, die telefonisch gegenüber der Staatsanwaltschaft Mannheim den Vorwurf gewalttätiger Übergriffe Kachelmanns erhoben haben soll.[22] Kachelmanns Anwalt Johann Schwenn wiederum soll angeblich die Vermutung geäußert haben, »dass es sich um eine ›bezahlte und geführte

---

17) http://www.gallien.org/serendipity/index.php?/archives/
    1569-Boeses-WEb-2.0-rottenneighbor.com.html.
18) https://www.stadt-koeln.de/buergerservice/onlinedienste/raucher-beschwerde/.
19) http://www.focus.de/politik/deutschland/
    sexualstraftaeter-union-prueft-verbrecher-datei-fuers-netz_aid_539243.html.
20) http://www.spiegel.de/wirtschaft/service/0,1518,723581,00.html.
21) http://www.spiegel.de/wirtschaft/soziales/0,1518,724966,00.html.
22) http://www.welt.de/print/die_welt/vermischtes/article11496387/
    Kachelmann-Prozess-Vollkommen-verrannt.html.

Zeugin‹ des Verlagshauses Burda handele«. Das Burda-Flaggschiff *Focus* habe diese Darstellung als »vordergründiges Ablenkungsmanöver« zurückgewiesen.

Da stellen sich weitere Fragen: Wie kommen derlei personenbezogene Details an ihr jeweiliges Ziel – im einen Fall auf die berüchtigte CD, im anderen Fall in die Medien? Wer hat ein Interesse daran, diese Information zu streuen? Wer kocht welches Süppchen mit welchen Interessen als Zutaten? Im Fall Kachelmann hätten die Informationen wohl seinem früheren Kompagnon Frank Werner dienlich sein können: Aus Sicht von Werner würden Kachelmann weniger die strafrechtlichen Vorwürfe schaden, die seit 6. September 2010 vor Gericht geklärt werden sollten, als vielmehr die »Nebengeräusche« aus dem Privatleben, die an die Öffentlichkeit gelangt sind.[23] Sollte Werner tatsächlich hinter den gestreuten Details aus Kachelmanns Strafprozess gesteckt haben, so ging dieser Schuss jedenfalls nach hinten los: Werner selbst musste von seinem Posten in der bis dahin gemeinsamen Firma zurücktreten.

Die Denunziation 2.0 muss aber nicht zwingend einzelnen Datenträgern überlassen werden oder anderen Individuallösungen anheim fallen: Die Darmstädter Firma mit dem bezeichnenden Namen wer|denkt|was[24] bietet bereits Standardsoftware für das »Beschwerdemanagement für den öffentlichen Raum« an. In einer Pressemitteilung schreiben die Firmengründer Robert Lokaiczyk und Tobias Klug:[25] »Ob Schlaglöcher, Graffiti, illegale Müllentsorgung oder Falschparken, Missstände im öffentlichen Raum kann der Bürger mit dem Beschwerdemanagement über das Internet oder mit seinem Handy direkt an seine Stadtverwaltung melden.« Von der kalifornischen Firma »City Sourced« gibt es bereits eine Anwendung fürs intelligente Telefon, die nach diesem Prinzip funktioniert. In den USA erhofft man sich damit auch eine Entlastung des kommunalen Haushalts durch sinkende Entsorgungskosten.[26] Vermutlich haben die Jungunternehmer rund um den Globus 2006 einer Wahlkampfrede der Kanzlerin gelauscht. Damals forderte Angela Merkel »null Toleranz bei der inneren Sicherheit« und führte explizit die illegale Müllentsorgung und das Falschparken als Beispiele an.[27] Sollte das Video tatsächlich in Zusammenhang mit damaligen Wahlen zum Berliner

23) http://www.stern.de/panorama/
meteomedia-kachelmann-gewinnt-machtkampf-in-eigener-firma-1591941.html.
24) http://www.werdenktwas.de/.
25) http://www.multimedia-communications.net/uploads/tx_usermmcpressemitteilungen/
SONST_Werdenktwas_Klug___2010.06.08.pdf.
26) http://www.heise.de/tr/artikel/Direkter-Draht-ins-Amt-1141575.html.
27) http://www.youtube.com/watch?v=wcVRlzP6SQA.

Abgeordnetenhaus stehen, wäre das auch aus Merkels persönlicher Sicht bemerkenswert: Die Wahlen fanden im September 2006 statt.[28] Ein halbes Jahr vor diesen Wahlen (und somit auch vermutlich vor Merkels Rede) wurde bekannt, dass eine Überwachungskamera über Jahre heimlich bis in das Wohnzimmer der Kanzlerin in Berlin-Mitte gefilmt hatte, wie *Spiegel Online* berichtet.[29]

Ob es sich hier um eine zufällige oder gezielte Überwachung der Kanzlerin handelte, soll hier nicht debattiert werden. Tatsächlich gibt es eine Kampagne »Überwacht die Überwacher«:[30] Hier wird offenbar kontrolliert, was die Behördendiener während der Arbeitszeit so treiben: Elternseiten, ein Angst- und Panikforum und eine Kuppelseite für Liebesbedürftige sollen besonders hoch im Kurs stehen. Österreichische Bürgerrechtler hatten vor Jahren eine Internetseite zur Überwachung des früheren dortigen Innenministers Günther Platter eingerichtet.[31] Die Bürger waren aufgerufen, Fotos, Videos und Berichte unter platterwatch.at zu veröffentlichen. Nur ein kontrollierter Innenminister sei auch ein guter Innenminister, so die Überzeugung. Wert legten die Initiatoren allerdings auf Platters Privatsphäre: Auch wenn der Innenminister die Privatsphäre der Bürger verletze, wollten die Bürger das nicht mit gleicher Münze heimzahlen.

Seit Jahren macht Julian Assange mit seinem Internetportal Wikileaks von sich reden: Bergeweise veröffentlicht das Portal Dokumente, die ihm von Informanten rund um den Globus zugetragen wird. Betroffen sind Firmen wie Ratiopharm[32] (das Unternehmen soll Ärzten Geschenke gemacht haben), die australische Regierung[33] (weil die Internetseite eines Zahnarztes angeblich auf der Sperrliste der Kinderporno-Verdächtigen stand) und der Suchmaschinenbetreiber Lycos Deutschland (wegen einer angeblichen Internetzensurliste[34] mit 318 Einträgen, auf der sich auch Webseiten von Politikforen und Versicherungsmaklern befunden haben sollen). Medienberichten zufolge legt Wikileaks großen Wert auf die Echtheit seiner Dokumente und prüft vor Veröffentlichung entsprechend sorgfältig. Dass Sauereien aller Art früher oder später rauskommen würden, hat der Science-Fiction-Autor William Gibson bereits 2003 in einem Gastkommentar für die *New York Times* ange-

28) http://de.wikipedia.org/wiki/
 Wahlen_zum_Abgeordnetenhaus_von_Berlin#16._Wahlperiode_.282006.29.
29) http://www.spiegel.de/politik/deutschland/0,1518,408015,00.html.
30) http://www.heise.de/tp/r4/artikel/26/26542/1.html.
31) http://www.golem.de/0801/56995.html.
32) http://www.wiwo.de/unternehmen-maerkte/geld-und-geschenke-fuer-aerzte-413892/.
33) http://mirror.wikileaks.info/wiki/Dentist%27s_website_on_leaked_blacklist/index.html.
34) http://mirror.wikileaks.info/wiki/Lycos_Deutschland_Suchmaschinen_Zensurliste/.

kündigt:[35] »Darauf möchte ich jeden Diplomaten, Politiker und Konzernlenker aufmerksam machen: Die Zukunft wird Euch finden. Künftig werden Euch unvorstellbare Werkzeuge der Transparenz begleiten. Am Ende werdet Ihr mit Euren Taten konfrontiert werden.«

Zu den von Gibson angekündigten Werkzeugen gehört auch die Konkurrenz von Wikileaks, Open Leaks. Seinem Gründer Daniel Domscheit-Berg kommt es vor allem auf die Inhalte an. Früher hatte er sich bei Wikileaks engagiert und dort einen »Personenkult« um Julian Assange festgestellt. Den lehnte er ab und hat das Projekt deshalb verlassen. Und so unterscheidet sich Open Leaks auch konzeptionell vom Original: Domscheit-Berg will nur »elektronische Briefkästen« anbieten.[36] Der Informant soll sich aussuchen können, welchem Partner – Medien, Gewerkschaften oder Nichtregierungsorganisationen – er welche Information anbietet. Wenn das tatsächlich so kommen sollte, wäre unkontrollierten Verdächtigungen jedweder Art Tür und Tor geöffnet.

Das Fahrwasser, in dem sich die Informationsgesellschaft mit derlei Aktionen bewegt, ist seicht: Menschen und Waren werden auf diese Weise Zielscheibe von Interessen – Gastwirte und Politiker haben Wettbewerber, Eltern wollen keine entlassenen Sexualstraftäter in ihrer Wohngegend, auf dem Lebensmittelmarkt herrscht beinharter Wettbewerb. Was wäre denn die Konsequenz, wenn ein besorgter Anwohner einen entlassenen Straftäter umbringen würde? Müsste sich dann die Bundesrepublik vor dem Europäischen Gerichtshof für Menschenrechte wegen Beihilfe verantworten? Hätte ein Lebensmittelkonzern Anspruch auf Schadensersatz, wenn seine Produkte fälschlich in die geplante Online-Datenbank kämen? Wie groß ist der Schaden, der durch Rufmord – beispielsweise für eine Politikerin – entsteht? Würde sie einmal die 50.000 Euro zahlen, würde das wohl als Schuldeingeständnis gewertet – und die Karriere wäre vermutlich massiv torpediert.

Wenn der Staat die Bürger zur Denunziation aufruft, schafft er im 21. Jahrhundert gigantische weitere Datenbestände, die kaum gesichert werden können: Schon heute verschaffen sich viele Kriminelle Zugriff auf schlecht gesicherte Internetseiten, obwohl der Zugriff eigentlich nur einem begrenzten Nutzerkreis gestattet ist. Wenn nun jedermann Meldungen über Graffitis, Falschparker und illegale Müllentsorgung – noch dazu mobil! – loswerden kann, droht hier eine Schädlingsverbreitungs-Maschine ungeahnten Ausmaßes. Im günstigsten Fall erhielte der Staat wohl eine solche Masse sinnloser

---

35) http://www.nytimes.com/2003/06/25/opinion/the-road-to-oceania.html?pagewanted=2.
36) http://www.freitag.de/politik/1049-verrat-an-dem-wof-r-wikileaks-stehen-sollte.

Nachrichten, dass die Funktion den Geist aufgibt, noch bevor weiterer Schaden entstehen kann.

Genauso umgekehrt: Viele Menschen ärgern sich über einzelne Politiker, ihre Chefs oder andere »Prominente«. Wenn nun jeder die Möglichkeit erhält, jedem seiner vermeintlichen Peiniger etwas anzuhängen, dient das nicht zwingend der Transparenz oder gar der Gesellschaft insgesamt.

Ein Identitätsproblem anderer Art bekommt derjenige, in dessen Rolle Dritte schlüpfen, um dann auf Kosten des Identitätsgebers zum eigenen Nutzen zu handeln. Wie zum Beispiel der Hamburger Anwalt Florian Giese: Kriminelle nutzten seinen Namen als Urheberrechtsexperten und verschickten in seinem Namen betrügerische Abmahnungen. Die Spuren im Internet könnten auf russische Urheber hinweisen.[37]

Immer häufiger kursieren Meldungen, in denen davon berichtet wird, dass sich Kriminelle die digitalen Identitäten Dritter zunutze machen: Zu den Opfern zählen u. a. das Twitter-Konto von US Präsident Barack Obama,[38] die persönliche Internetseite von Verbraucherschutzministerin Ilse Aigner[39] oder das elektronische Postfach von US-Vizekandidatin Sarah Palin.[40] Die Angreifer erhalten damit die Chance, sich für die jeweilige Person auszugeben und Entscheidungen im Namen dieser Person zumindest zu beeinflussen.

Wikipedia definiert den »Informationskrieg« als »eine Bezeichnung für die gezielte Nutzung und Manipulation von gesteuerten Informationen, um in der Wirtschaft oder in der Politik Vorteile gegenüber Konkurrenten und Gegnern zu erzielen. Dazu gehört auch die Beeinflussung von Medien durch gezielte Falschinformationen, Teilinformationen oder Propaganda mit dem Ziel der Medienmanipulation im eigenen Interesse. Außerdem werden Methoden, die dazu dienen, ›feindliche‹ Kommunikationssysteme auszuschalten und zu sabotieren, als Infowar bezeichnet. Dazu gehören z. B. die Zerstörung von Anlagen für Fernseh- und Radiosendungen, die Nutzung fremder Fernseh- und Radiostationen für die Ausstrahlung eigener Informationen, die Zerstörung der Kommunikationslogistik oder die Manipulation von Transaktionen an der Börse durch Interventionen per Computer, Nutzung privilegierten Wissens oder gezielt gestreute Falschinformationen.«[41]

---

37) http://www.anwalt.de/rechtstipps/
rechtsanwalt-ist-nicht-urheber-von-betruegerischen-spam-e-mails_014221.html.

38) http://www.n24.de/news/newsitem_6149739.html.

39) http://www.focus.de/digital/internet/
internetsicherheit-web-seite-von-ilse-aigner-gehackt_aid_521228.html.

40) http://www.foxnews.com/politics/2010/04/30/palin-e-mail-hacker-convicted-charges/.

41) de.wikipedia.org/wiki/Informationskrieg.

Die Informationskrieger belassen es dabei nicht bei kleinen Scharmützeln um eine einzelne Person, einen einzelnen Posten oder ein bestimmtes Amt. Sie drehen auch große Räder – zum Beispiel in der Politik. Das Größte davon wollen die USA drehen: »Full Spectrum Dominance« heißt deren Ziel. Wikipedia versteht das als »Überlegenheit auf allen Ebenen« und beschreibt das dahinterstehende Ziel als »ein militärisches Einsatzkonzept der US-Streitkräfte, das von der Theorie ausgeht, dass echte militärische Überlegenheit nur durch eine die Teilstreitkräfte übergreifende gleichzeitige Kontrolle aller Einsatzebenen zu erreichen ist. Neben den klassischen drei [zu Wasser, zu Lande und in der Luft, Anm. des Autors] wird auch der Weltraum, die elektromagnetische Ebene und der Informationskrieg [...] dazugezählt.«[42]

Zu den digitalen US-Bataillonen zählt z.B. die »Biometrics Identity Management Agency« (BIMA). Deren Selbstverständnis lautet:[43] »Die Biometrics Identity Management Agency verantwortet die Aktivitäten des Verteidigungsministeriums, mit deren Hilfe biometrische Technologien und Fähigkeiten programmiert, integriert und synchronisiert werden.« Außerdem betreut und bewahrt die BIMA »die maßgebliche biometrische Datenbank des Verteidigungsministeriums um die Nationale Sicherheitsstrategie zu unterstützen«.

Die Welt wurde bereits 2008 präzise:[44] »›Next Generation Database‹ (NGD) heißt eine bislang beispiellose Biometrie-Datenbank, in deren Ausbau das FBI nach einem Bericht der ›Washington Post‹ in den kommenden Jahren eine Milliarde US-Dollar (680 Millionen Euro) investieren will. Zunächst sollen ›nur‹ Finger- und Handabdrücke sowie Daten über Gesichts- und Irismuster, Ohrmuschelformen sowie genetische Fingerabdrücke gespeichert werden, später auch Gangmuster.« Zu den künftigen Perspektiven berichtet das Springer-Blatt: »US-Behörden sollen vorgeschlagen haben, ›nichtinvasive neuroelektrische Sensoren zu installieren‹, um die Hirnströme von Flugpassagieren aus der Entfernung zu scannen. Skurriler Grundgedanke der schon technisch kaum umsetzbaren Idee: Terroristen könnten sich durch abnorme EEG-Kurven verraten.«

Doch die USA selbst haben sich einem Bericht des Kongresses zufolge bereits 2008 eingestanden, dass sie den Wettlauf mit China um die Vorherr-

---

42) http://de.wikipedia.org/wiki/Full-spectrum_dominance.
43) http://www.biometrics.dod.mil/About/mission.aspx.
44) http://www.welt.de/wissenschaft/article1541476/
    FBI_will_kuenftig_sogar_Hirnstroeme_scannen.html.

schaft im Cyberkrieg verloren haben.[45] Da hilft nur Nachsitzen – zum Beispiel in der Pariser »Schule für den Wirtschaftskrieg«[46].

Jeder, der hierzulande Daten von Dritten sammelt, sollte wissen, dass auch Vierte oder Fünfte diese Leidenschaft teilen und sich deshalb für seine Sammlung interessieren könnten.

Mal fordert dieser Krieg große, mal kleine Opfer, manchmal fördert er aber auch kleine Täter ans Tageslicht, die dem (unbeteiligten) Zuschauer regelrecht leidtun können: Die US-amerikanischen Flugzeuge sind nach den Erfahrungen des 11. September 2001 mit sogenannten »Sky Marshalls« der Bundespolizei besetzt. Deren Leistung wird auch daran gemessen, wie gut sie die Reisenden beobachten – und eine Datenbank, den Surveillance Detection Report, mit ihren Beobachtungen füttern. Wer nicht mindestens einen Bericht pro Monat schreibt, bekommt keine Gehaltserhöhung, keinen Bonus, keine Belobigung, keine besonderen Aufgaben. *The Denver Channel* zitiert einen Beamten:[47] »Unschuldige Passagiere gelangen so als Verdächtige in eine internationale Datenbank, weil sie sich verdächtig in einem Flugzeug verhalten hätten, obwohl sie nichts Falsches getan haben.«

Es wäre sicher im Sinn jedes einzelnen Betroffenen, mithilfe zahlreicher Sensoren, Detektoren und Kameras die mutmaßlichen Verursacher von Falschmeldungen zu ermitteln. Im Februar 2011 stellte das OLG Köln in einem Urteil fest, dass IP-Adressen fehlerhaft ermittelt worden waren.[48] Somit fehle es an der »Offensichtlichkeit der Rechtsverletzung«. Es wäre also notwendig, Daten noch präziser zu dokumentieren. Dazu müssten sämtliche Forenbetreiber sämtlicher Internetseiten sämtliche IP-Adressen sämtlicher Nutzer speichern und die Strafverfolger müssten auf sämtliche dieser Daten wegen jeder x-beliebigen Äußerung zugreifen können, um einen eventuellen Straftatbestand ermitteln zu können. Schließlich wäre dann immer noch zu klären, wer tatsächlich in diesem Augenblick vor diesem Rechner mit dieser IP-Adresse gesessen ist. Der mutmaßliche Verursacher könnte sich dann aber immer noch herausreden mit dem Argument, seine Zugangsdaten seien ihm selbst abhanden gekommen. Um das zu vermeiden, müsste dann jeder Internetanschluss zwingend mit einer Videokamera verkauft werden, die Datum und Uhrzeit der Internetnutzung zwingend festhält. Wer also den Rufmord strafverfolgen will, braucht ein perfektes Überwachungssystem fürs ganze

45) http://www.heise.de/newsticker/meldung/
   US-Kongressbericht-China-ist-den-USA-im-Cyberwar-bereits-ueberlegen-217731.html.
46) http://www.ege.fr/.
47) http://www.thedenverchannel.com/news/9559707/detail.html.
48) http://www.heise.de/newsticker/meldung/OLG-Koeln-zweifelt-IP-Adressen-Erfassung-
   fuer-Tauschboersen-Abmahnungen-an-1199730.html.

Netz. Der in Abschnitt 3.4 beschriebene Grad der Überwachung müsste noch weiter erhöht werden. Würde aber unsere Sicherheit erhöht? Oder das gesellschaftliche Klima verbessert?

Die Alternative zum Überwachungsstaat formuliert der frühere Vizepräsident des Bundesverfassungsgerichts Winfried Hassemer.[49] Es könnte auch die Lösung geben, dass die Gesellschaft sagt: »Ich vertraue den Daten aus dem Internet nicht. Denn ich weiß, wie die zustande kommen. Das wäre eine neue Form der Privatheit, die nicht nur den jungen Leuten zugute kommt.« Vielleicht könnte man noch allgemeiner formulieren: »Ich bin generell in der gesamten Informationsgesellschaft nicht mehr so leichtgläubig. Ich bin dafür bereit, Ordnungswidrigkeiten in Kauf zu nehmen.« Zusätzlich könnte man dem Rat von Isabelle Wiedemeier folgen und Forenbetreiber bitten, Beleidigungen und Diffamierungen zu löschen.[50] Außerdem empfiehlt die Journalistin, durch gezielte Blog- und Foreneinträge über persönliche Hobbys und Vorlieben eine positive Reputation aufzubauen. Ob dieser Rat allerdings wirklich klug ist, steht auf einem anderen Papier – schließlich würden dadurch noch mehr zusätzliche personenbezogene Daten anfallen. Mit der Verteidigung des guten Rufs beschäftigen sich auch spezialisierte Profis.[51] Klicksafe.de bietet Betroffenen immerhin mal einen (kostenlosen) Ratgeber.[52]

Derweil schaut die Politik hilflos zu. 2010 verlangte Bundesverbraucherschutzministerin Ilse Aigner:[53] »Wir brauchen einen Knigge für das Internet!«

5.2.3 Meine Rechte: Kann ich mich wehren?

(Astrid Auer-Reinsdorff)

Über das Internet verbreiten sich negative Nachrichten, Beschimpfungen und oftmals für die Betroffenen gar nicht so witzige Videos oder Bilder schnell und sehr weit. Einigen Nutzern ist schlicht nicht bewusst, dass Online-Freunde genauso wie Offline-Freunde das entgegengebrachte Vertrauen missbrauchen könnten und private oder sogar intime Informationen die Gerüchteküche anheizen. Bei der Nutzung Sozialer Netzwerke vergessen Nutzer oftmals, dass sie sich mit ihren Nachrichten in einer mehr oder weniger großen

---

49) http://www.spiegel.de/spiegel/print/d-74822635.html.
50) http://www.news.de/gesellschaft/855133413/der-soziale-tod-lauert-im-netz/1/.
51) http://www.stern.de/digital/online/reputation-defender-im-namen-der-ehre-598011.html.
52) https://www.klicksafe.de/cms/upload/user-data/pdf/klicksafe_Materialien/
    LH_Zusatzmodul_Cyber-Mobbing.pdf.
53) http://www.welt.de/die-welt/politik/article8420953/
    Wir-brauchen-einen-Knigge-fuer-das-Internet.html.

Öffentlichkeit bewegen, wenn sie gemütlich zu Hause *on* sind. Das Internet ist auch weniger flüchtig als herkömmliche Medien oder die Tratschereien zwischen Mitschülern, Nachbarn und Kneipengängern.

Datenschutzrechtliche Ansprüche?

Hier stellt sich die Frage: Ist das Datenschutzrecht der Rechtsrahmen, welcher Betroffenen weiterhilft? Adressaten der Datenschutzgesetze sind die öffentliche Hand und die Unternehmen der Privatwirtschaft. Die Datenschutzgesetze geben kein rechtliches Instrumentarium an die Hand, sich gegen die Nutzung von personenbezogenen Daten durch andere Nutzer eines Sozialen Netzwerks, in Blogs etc. zu wehren, Auskunft, Löschung und Berichtung zu verlangen. Diese Ansprüche richten sich allenfalls gegen die Betreiber oder die Verantwortlichen für einen Dienst oder Blog, sofern dies Unternehmer sind. Diese sind datenverarbeitende Stellen und haben technischen Zugriff auf die Daten. Die Frage ihrer Verantwortlichkeit beantwortet sich, da diese *Herren der Datenverarbeitung* sind und nicht etwa die anderen User.

Anbieter von Sozialen Plattformen und anderen Diensten, welche Usern die Möglichkeit geben, in Communities virtuelle Freundschaften zu schließen und über jedes x-beliebige auch noch so private Thema zu berichten, stellen sich teilweise[54] auf den Standpunkt, es sei nicht Teil ihrer unternehmerischen Verantwortung, die Anwendungen so bereitzustellen, dass User sich weder selbst unreflektiert oder unbewusst öffentlich entblößen noch User gegenseitig ungefragt Details über die Person, ihre Gewohnheiten, ihr Umfeld und ihre Aktivitäten preiszugeben.[55] Richtig ist, dass diese Anforderung sich nicht direkt aus den bestehenden Datenschutzgesetzen ergibt.

Unmittelbar aus dem Datenschutzrecht ergeben sich aber selbstverständlich organisatorische und technische Maßnahmenverpflichtungen sowie die Einhaltung der datenschutzrechtlichen Grundsätze für den Betreiber selbst[56] bei der Erhebung, Verarbeitung, Nutzung und Verwaltung der Registrierungs- und Inhaltsdaten der User.[57] Im Mai 2009 haben rund 80 internationale Verbraucherschutzverbände eine Resolution die Sozialen Netzwerke betreffend herausgegeben.[58] Auf Basis dieser Initiative haben die deutschen Verbraucherschutzverbände die Anbieter Sozialer Netzwerke im deutschen

---

54) http://www.zeit.de/online/2008/43/datenschutz-social-networks.
55) http://www.spiegel.de/netzwelt/web/0,1518,636092,00.html.
56) http://www.heise.de/newsticker/meldung/
    Datenschutz-bei-sozialen-Netzwerken-mangelhaft-963712.html.
57) Vgl. Kap. 2.
58) http://tacd.org/index2.php?option=com_docman&task=doc_view&gid=208&Itemid=40.

Markt abgemahnt[59] und zur Implementierung und fortlaufenden Weiterentwicklung von Maßnahmen zum Schutz der User aufgefordert. Die Anbieter haben unterschiedlich reagiert und für einige ist die Sicherung des Datenschutzes ohnehin schon zum wichtigen Thema avanciert. So haben deutsche Soziale Netzwerke einen Code of Conduct[60], Grundsätze für den auch datenschutzrechtlichen Jugendschutz, aufgestellt.

Neue Fragestellungen entstehen, da Soziale Netzwerke längst nicht mehr nur private Kommunikation unter Freunden ermöglichen.[61] Mit dem fortschreitenden Einsatz und der laufenden Fortentwicklung der Möglichkeiten des Social Media Marketing sind Soziale Netzwerke zur beruflichen Kommunikationsplattform geworden. Dies gilt nicht nur für die Netzwerke, welche schon von vornherein auf die Vernetzung zu beruflichen Zwecken eingerichtet sind, sondern die Grenzen verwischen.[62] Für Unternehmen besteht heute die Anforderung, für ihre Mitarbeiter eigene Verhaltensregeln[63] im Umgang mit der Kommunikation in Social Networks aufzustellen.[64] Hier geht es kaum mehr um die Grundsatzfrage, ob es den Mitarbeitern gestattet sein soll, am Arbeitsplatz über Soziale Netzwerke Kontakte zu knüpfen oder ob diese überhaupt ihre beruflichen Qualifikationen und Tätigkeiten für das Unternehmen im Internet ventilieren dürfen.[65] Dies ist schon weitgehend unverzichtbar für Unternehmen, welche mit der Zeit gehen und den Anschluss an moderne Kommunikationsformen mit den *Digital Natives*[66] nicht verlieren wollen.[67]

---

59) http://www.spiegel.de/netzwelt/web/0,1518,636092,00.html.
60) https://www.fsm.de/inhalt.doc/VK_Social_Networks.pdf.
61) http://www.sueddeutsche.de/digital/
   soziale-netzwerke-die-galerie-der-facebook-typen-1.1007147.
62) http://www.fr-online.de/ratgeber/karriere/dienstliche-und-private-nutzung-trennen/-/
   1473056/2781746/-/index.html.
63) http://www.spiegel.de/netzwelt/netzpolitik/0,1518,689256,00.html.
64) http://www.sueddeutsche.de/karriere/
   soziale-netzwerke-twitter-verbot-am-firmencomputer-1.1015450.
65) http://www.zdnet.de/it_business_strategische_planung_mitmachen_oder_verbieten_
   soziale_netzwerke_in_unternehmen_story-11000015-41536177-1.htm.
66) http://www.marcprensky.com/writing/Prensky%20-%20Digital%20Natives,%
   20Digital%20Immigrants%20-%20Part1.pdf; Urs Gasser/John Palfrey: Generation
   Internet. Die Digital Natives: Wie sie leben – Was sie denken – Wie sie arbeiten, 2008;
   http://www.aaronsilvers.com/2010/03/im-not-a-digital-native/; http://www.bild.de/BILD/
   digital/computer/2010/04/07/kinderzimmer-ipad-kinder/kinderleicht-benutzung-apple-
   tablet.html; http://www.appgefahren.de/perfekt-fur-kinder-malprogramm-zeichen-ipad-
   7079.html.
67) http://www.wiwo.de/management-erfolg/immer-mehr-unternehmen-zeigen-praesenz-
   bei-facebook-co-415399/; http://www.manager-magazin.de/unternehmen/it/
   0,2828,625126,00.html.

Rupert Murdoch, April 2005:[68]

> »*Like many of you in this room, I' am a digital immigrant ... My two young daughters, on the other hand, will be digital natives. They'll never know a world without ubiquitous broadband internet access ...We may never become true digital natives, but we can and must begin to assimilate to their culture and way of thinking.*«

Aus datenschutzrechtlicher Sicht stellt sich allmählich die Frage, ob ein Arbeitgeber seine Mitarbeiter zur Teilnahme in Sozialen Netzwerken verpflichten könnte[69] und was mit den geschäftlichen virtuellen Kontakten bei einem Ausscheiden aus dem Unternehmen passiert. Sind diese Kontakte dem Unternehmen im Sinne von Lieferanten-, Kunden- und Interessentendaten und damit dem Arbeitgeber zuzuordnen?[70] Hier wird man unterscheiden müssen: Handelt es sich um Mitarbeiter, welche im Auftrag des Unternehmens deren Accounts in Sozialen Netzwerken betreiben im Sinne einer Unternehmenspräsentation und Marketingmaßnahme, so ist dieser Account dem Unternehmen zugeordnet und kann von diesem nach dem Ausscheiden des Mitarbeiters weiterbetrieben werden. Handelt es sich hingegen um das persönliche Profil des Mitarbeiters, welches er auch zu beruflichen Aktivitäten und zum Knüpfen von Kontakten, welche sein Unternehmen und ihn persönlich weiterbringen, ergibt sich kein Unterschied zur Offline-Welt. Hier musste der Mitarbeiter ja auch nicht seine Kontakte abbrechen. Der »Wert« eines Mitarbeiters für den Arbeitsmarkt hängt gerade im Vertrieb und bei sonstigen Kundenkontakten oftmals von dessen Kontaktnetzwerk ab.

Digitale Persönlichkeitsrechte

Gegenüber den Usern einer digitalen Gemeinschaft lassen sich selbstverständlich rechtlich Persönlichkeitsrechtsverletzungen unterbinden.[71] Die Rechte und Ansprüche sind identisch zu denen,[72] welche offline gelten.[73] Natürlich stellen sich mit der technischen Umsetzung und der Flüchtigkeit tatsächliche

---

68) Der australisch-amerikanische Verleger avancierte als Gründer und Hauptaktionär des Medienkonzerns News Corporation zum erfolgreichsten Verleger der Welt. http://www.whoswho.de/templ/te_bio.php?PID=156&RID=1.

69) http://derstandard.at/1284594430690/Digitales-Managen-Kein-blinder-Social-Media-Aktionismus.

70) http://www.computerwoche.de/management/compliance-recht/1932293/.

71) http://irights.info/fileadmin/texte/material/broschuere_klicksafe_irights_urheberrecht_internet.pdf.

72) http://www.jurpc.de/aufsatz/20010249.htm.

73) http://user.cs.tu-berlin.de/~pierrot/ProjektInternet/.

Herausforderungen, die Quellen zu identifizieren, der Verantwortlichen habhaft zu werden und es ist noch schnelleres Handeln gefordert, wenn unerwünschte Inhalte entdeckt werden. Informationen verbreiten sich schnell und werden über RSS Feeds und »Like«-Informationen[74] vielfach verteilt. Überschätzt wird dabei oftmals die Bedeutung der einzelnen Nachricht bei der Menge an Daten und Informationen. Aber über die digitalen Freundesnetzwerke können die Highlights an Witzigkeit oder Peinlichkeit effektiver verteilt werden, als dies offline der Fall ist.

Die Anbieter Sozialer Netzwerke, Blogs, Communities etc. bieten meist Funktionen an, über die eine unerwünschte Darstellung gerügt werden kann. Die Nutzungsbedingungen legen entsprechend fest, dass keine ehrverletzenden und sonst die Rechte Dritter verletzenden Inhalte eingestellt werden dürfen und behalten sich das Recht vor, Inhalte zu löschen oder aber bis zur Klärung der Auseinandersetzung der betroffenen User den Zugriff auf die Inhalte zu sperren. Die Motivation der Netzwerkanbieter, solche Regelungen vorzuhalten und umzusetzen, ist erstens, selbst nicht in die Haftung als Provider und damit verbundene Filter- und Kontrollverpflichtungen zu geraten. Zweitens sehen dies einige Anbieter zu Recht als Qualitätsvorsprung gegenüber Mitbewerbern an. Bei der Entscheidung zur Mitwirkung in Sozialen Netzwerken kann für den Einzelnen auch das Vorhalten solcher Services des Anbieters wichtig sein – also Nutzungsbedingungen, Verhaltens- und Spielregeln vor der Registrierung lesen und über die Teilnahme entscheiden.

Grundlegend zu diesem Thema ist die *spickmich*-Entscheidung[75] des Bundesgerichtshofs. Das Lehrerbewertungsportal war von einer Lehrerin auf Unterlassung in Anspruch genommen worden, da sie dort mit einer Note von 4,3 zensiert wurde. Die Richter sahen erstens keinen datenschutzrechtlichen Verstoß mit der Erhebung der Bewertung der Lehrerin als personenbezogenes Datum, da auch ohne Einwilligung Daten erhoben werden können, wenn der jeweilige Geschäftszweck die Erhebung der Daten bei einer anderen Person (hier dem Schüler) erforderlich macht und keine Anhaltspunkte dafür bestehen, dass überwiegende schutzwürdige Interessen des Betroffenen beeinträchtigt werden (§ 4 Absatz 2 Satz 2 Nr. 2 a BDSG). Ein solches stärker schutzwürdiges Interesse der Lehrerin am Schutz ihrer Persönlichkeit gegenüber dem Recht der Schüler auf freie Meinungsfreiheit sah der Bundesgerichtshof gerade nicht. Dies insbesondere auch, da es sich um den beruflichen Bereich handelte, also die sogenannte Sozialsphäre[76], in der der einzelne mit anderen

---

74) http://facebookmarketing.de/news/facebook-wertet-den-like-button-auf.
75) BGH: Spickmich.de, Urteil v. 23.06.2009 -VI ZR 196/08.
76) http://www.cloeser.org/ext/Schutz%20der%20Privatsph%E4re.pdf.

in der Gemeinschaft interagiert. Mit der Stellung als Lehrerin geht eine gewisse Öffentlichkeit der Person in der Gesellschaft einher, weshalb Kritik und Bewertung in diesem Fall hinzunehmen ist.

Online-Shops und -Auktionen sehen ebenfalls die Möglichkeit vor, die jeweilige Transaktion zu bewerten. Die Bewertungen beziehen sich dabei nicht selten auf die Person des Vertragspartners. Hier ist eine deutliche Entwicklung in der Rechtsprechung dahin zu verzeichnen, dass Werturteile als Meinungsäußerungen als zulässig erachtet werden. Damit haben die Betroffenen in aller Regel keinen Anspruch auf Löschung der Bewertung im Rahmen der Funktionalitäten, welche ein Feedback des Vertragspartners anfordern, solange wahre Tatsachen dargestellt werden.

Werden Informationen aus der Privat- oder Intimsphäre ohne Zustimmung des Betroffenen verbreitet, bestehen zivilrechtlich Unterlassungs-, Auskunfts- und gegebenenfalls Schadensersatzansprüche. Unterlassungsansprüche können oftmals im Wege der Einstweiligen Verfügung geltend gemacht werden, wenn der Betroffene unverzüglich nach Entdecken der beleidigenden, ehrverletzenden Äußerungen oder kompromittierenden Fotos handelt. War die Anforderung der Sperrung oder Löschung beim Betreiber sowie gegebenenfalls beim Verletzer erfolglos, ist mit der Einstweiligen Unterlassungsverfügung meist schnell dieses Ziel zu erreichen. Im Widerspruchs- oder Klageverfahren kann dann über die Rechtmäßigkeit der Unterlassungsverpflichtung prozessiert und nachfolgend auf Basis einer Auskunft über die Verwendung und Verbreitung der rechtswidrigen Inhalte Schadensersatz, teilweise auch immaterieller Schadensersatz wie Schmerzensgeld (§§ 847, 253 BGB) durchgesetzt werden.

Die Vorfälle können auch als Straftaten, zum Beispiel als Beleidigung (§ 185 StGB), üble Nachrede (§ 186 StGB), Verleumdung (§ 187 StGB), üble Nachrede oder Verleumdung gegen Personen des politischen Lebens (§ 188 StGB), falsche Verdächtigung (§ 164 StGB), Verletzung der Vertraulichkeit des Wortes (§ 201 StGB), Verletzung des höchstpersönlichen Lebensbereiches durch Fotoaufnahmen (§ 202 StGB), zur Anzeige gebracht werden. Hier gilt vor einer Strafanzeige gut abzuwägen, ob dies den gewünschten Erfolg bringen wird, der andere möglicherweise selbst auch Anlässe für eine Gegenanzeige hat und ob die Beleidigung derart schwerwiegend war, dass die Staatsanwaltschaft von einem öffentlichen Interesse an der Strafverfolgung ausgehen wird. Ob ein solches gegeben ist, liegt im Ermessen des Staatsanwalts und recht oft wird das Verfahren eingestellt. Daher ist es auch zur Entlastung der Staatsanwaltschaften und Gerichte ratsam, nur dann die strafrechtliche Verfolgung zu wählen, wenn eine massive Beleidigung vorliegt, die tief verletzend war und die äußeren Umstände des Tathergangs schwer wiegen. Wenn Strafanzeige erstattet wird, muss zugleich Strafantrag gestellt werden, da es sich bei einigen sogenannten Ehrverletzungsdelikten um Antragsdelikte handelt. Ein Strafantrag muss binnen drei Monaten nach Kenntnis von der Tat und dem – vermutlichen – Täter bei der zuständigen Polizeidienststelle zu Protokoll oder möglichst mit Unterstützung eines Anwalts schriftlich gestellt werden.[77]

Nehmen die Formen und die Art der Ehrverletzungen Züge von Psycho-Terror an, kommt darüber hinaus die Erstattung einer Anzeige wegen Cyber-Stalkings (Nachstellung § 238 StGB) in Betracht. Dieses sind die ebenfalls strafbaren Arten des Stalkings unter Einsatz von Kommunikationsmedien, zum Beispiel auf Internetseiten, in Diskussionsforen, Blogs, Newsgroups oder per Mail:

- Nachhaltiges und intensives Verbreitung von Lügen, Gerüchten oder Verleumdungen über das Opfer,
- Veröffentlichung intimer Details (Sexualleben, finanzielle Situation, Arbeitsleben, persönliche Eigenschaften) über das Opfer ohne Zustimmung,
- Veröffentlichung und Verbreitung privater Fotos des Opfers etwa aus einer früheren gemeinsamen Beziehung, Freundschaft oder einem Arbeitsverhältnis,
- Veröffentlichung und Verbreitung manipulierter Fotos des Opfers,
- Kontaktierung und Belästigung des Opfers oder dessen Familie, Freunde, Kollegen per E-Mail.

Allen Opfern von derartigen Straftaten sei geraten, alle Details, E-Mails etc. gegebenenfalls per Screenshots zu sichern und zu dokumentieren und immer dann, wenn der Täter mit der konkreten Begehung von Straftaten droht, die Kriminalpolizei frühzeitig zu kontaktieren.

Recht am eigenen Bild

Die Abbildung einer Person darf grundsätzlich nicht ohne deren Einwilligung veröffentlicht werden (§ 22 Kunsturhebergesetz KUG). Diese Einwilligung wird vermutet, wenn der Abgebildete für die Bereitschaft zur Erstellung der Ablichtung ein Entgelt erhalten hat. Der Schutz am eigenen Bild endet 10 Jahre nach dem Tod des Abgebildeten und wird dann von seinen Angehörigen (Ehepartner, Kinder, Eltern) wahrgenommen.

---

77) Rechtsschutzversicherungen übernehmen nicht die Anwaltskosten einer Strafanzeigenerstattung.

Von diesem Grundsatz des Einwilligungserfordernisses gibt es nach § 23 Absatz 1 KUG Ausnahmen für:

- Bildnisse aus dem Bereiche der Zeitgeschichte,
- Bilder, auf denen die Personen nur als Beiwerk neben einer Landschaft oder sonstigen Örtlichkeit erscheinen,
- Bilder von Versammlungen, Aufzügen und ähnlichen Vorgängen, an denen die dargestellten Personen teilgenommen haben,
- Bildnisse, die nicht auf Bestellung angefertigt sind, sofern die Verbreitung oder Schaustellung einem höheren Interesse der Kunst dient,

solange nicht berechtigte Interessen des Betroffenen entgegenstehen.

Oft finden sich im Internet Fotos von Partys, welche individuelle Personen manchmal sogar mit Namensunterschrift zeigen. Als Betroffener hat man meist gute Chancen, die Beseitigung des Fotos zu erreichen, da eine Einwilligung zur Veröffentlichung des Fotos schwer zu beweisen sein dürfte. Auch heute noch muss der Besucher einer privaten Feier nicht selbstverständlich davon ausgehen, sein Abbild in Feierlaune später im Internet zu finden. Anders verhält es sich bei öffentlichen oder medienwirksamen Veranstaltungen.

StreetView ist dann ein Thema für einen Unterlassungsanspruch, wenn auf dort eingestellten Fotos die Personen nicht unkenntlich gemacht sind. Hier kann im Einzelfall trotz einer technisch guten Verpixelung von einer Erkennbarkeit der abgebildeten Personen ausgegangen werden. Nämlich dann, wenn über die Vergrößerungsfunktion Details der Kleidung und Accessoires für Personen aus dem Familien- und Freundeskreis als personenbezogene Daten zu qualifizieren sind. Die integrierte Vergrößerungsfunktion wirft zugleich die Frage auf, ob Personen Beiwerk einer Abbildung im klassischen Sinn weiterhin sein können. Die Nutzung der Abbildung einer Person, welche zufällig als Passant vor dem fotografierten Objekt steht oder vorbeigeht, ist einwilligungsfrei. Daran änderte sich im Offline-Bereich nichts durch die Möglichkeit, das betreffende Foto bzw. den Ausschnitt mit der Person zu vergrößern. Mit der Zoom-Möglichkeit bei StreetView hat der User aber im Gegensatz zum früheren Foto keinen Aufwand, diesen Ausschnitt vergrößert herzustellen. Dies ist eine generelle, kaum behebbare Thematik, welche mit der digitalen Fotografie einhergeht, und kein allein spezifisches Thema von StreetView.

Die Möglichkeit, Abbildungen von Personen zu nutzen, ebnet keineswegs den Weg, alle im Internet verfügbaren Fotos für eigene Zwecke zu kopieren und zu nutzen. Nach § 72 Urheberrechtsgesetz (UrhG) sind alle Lichtbilder urheberrechtlich geschützt. Die Verwendung fremder Fotografien bedarf damit immer der Zustimmung des Urhebers der Fotografie. Ein Vollzitat,

d. h., die vollständige Verwendung eines Fotos von einer Website im Rahmen der eigenen Website, wird ganz selten vom Zitatrecht gedeckt sein.

Recht auf Vergessen

Aktuell wird medienstark darüber diskutiert, ob im Internet ein Recht auf Vergessen realisiert werden muss und kann.[78] Die EU-Kommission prüft diesen Ansatz im Rahmen der Konsultationen zur Evaluierung und Überarbeitung der Datenschutzrichtlinie. Dieser Thematik liegt zugrunde, dass anders als offline über die Suchmaschinen schnell Informationen abgerufen werden können, auch wenn es geraume Zeit her ist, dass jemand diese eingestellt hat bzw. dass diese aktuell waren. Dabei wird aber unter dem Schlagwort »Recht auf Vergessen« derzeit primär darum gerungen, dass Soziale Netzwerke auf Wunsch der Nutzer personenbezogene Angaben berichtigen bzw. bei Ausscheiden ihre Profile vollständig und endgültig gelöscht werden sollen. Die Debatte wird also keinesfalls immer so weit geführt, dass Daten im Internet generell nach bestimmten Zeitabschnitten verschwinden. Im Hinblick auf die Sozialen Netzwerke reichen die Anregungen von der Aufnahme einer Selbstverpflichtung der Anbieter bis hin zur erleichterten klageweisen Durchsetzung der Unterlassungsansprüche gekoppelt mit einem neuen Straftatbestand.

In dieser Diskussion stoßen wir auf zwei Herausforderungen.[79] Erstens ist technisch ein vollständiges Löschen, d. h. das Verschwinden aller weltweit verfügbaren Vervielfältigungen, kaum vorstellbar. Zweitens differieren die datenschutzrechtlichen Vorgaben weltweit und selbst innerhalb der EU noch so weit, dass kaum der deutsche Maßstab allein relevant werden wird. Ziel der EU-Kommission ist es, zunächst die EU-Regelungen zum Datenschutz zu harmonisieren.[80]

---

78) Prof. Viktor Mayer-Schönberger: Delete – Die Tugend des Vergessens in digitalen Zeiten, Oxford 2010.
79) https://www.bfdi.bund.de/bfdi_forum/
showthread.php?1697-Der-digitale-Radiergummi-und-das-Recht-vergessen-zu-werden.
80) http://www.stern.de/digital/online/datenschutz-in-sozialen-netzwerken-eu-fordert-ein-recht-vergessen-zu-werden-1620643.html.

6 Sicherheit der Daten

Niels Lepperhoff

Wenn Kriminelle ein Gemälde unbefugt aus einem Museum entfernen, dann nennt man diesen Vorgang Diebstahl. Beim unbefugten Mitnehmen von Daten sprechen Juristen von Ausspähen, so als ob lediglich eine Kenntnisnahme vorläge. Im Folgenden wollen wir die umgangssprachlich ehrlichere Bezeichnung Diebstahl verwenden, da der Autor hier qualitativ keinen Unterschied zwischen materiellen und immateriellen Gütern sieht.

6.1 Akteure und ihre Motivation

Daten ziehen nicht nur legale Nutznießer an, sondern auch illegale. Ging es bisher um die legalen Nutznießer, so stehen in diesem Kapitel die illegalen – sprich kriminellen – Nutznießer im Mittelpunkt. Kriminelle Nutzungsformen von Computern und Datennetzen sind mehr als 165 Jahre alt. Bereits 1844 nutzten Telefonoperatoren ihre Kenntnisse, um z.B. kostenlose Telefonate zu führen.[1] Mit zunehmender Verbreitung von Computernetzen stieg in den 80er-Jahren des 20. Jahrhunderts das Interesse, in diese einzudringen, d.h. zu »hacken«.[2] Die Entwicklung von Viren 1984[3] und Würmern 1987[4] eröffnete weitere Möglichkeiten.

---

1) Wikipedia (2010): Phreaking. Bearbeitungsstand: 6. Mai 2010, 00:32 UTC. https://secure.wikimedia.org/wikipedia/de/w/index.php?title=Phreaking&oldid=74017470. Letzter Zugriff: 29.07.2010.

2) Wikipedia (2010): Hacker. Bearbeitungsstand: 28. Juli 2010, 15:57 UTC. https://secure.wikimedia.org/wikipedia/de/w/index.php?title=Hakker&oldid=77179431 (Abgerufen: 29.07.2010, 13:57 UTC). Letzter Zugriff: 29.07.2010.

3) Wikipedia (2010): Computervirus, Bearbeitungsstand: 6. Juli 2010, 11:23 UTC. https://secure.wikimedia.org/wikipedia/de/w/index.php?title=Computervirus&oldid=76372884. Letzter Zugriff: 29.07.2010.

4) Wikipedia (2010): Computerwurm, Bearbeitungsstand: 29.07.2010, 09:31 UTC. https://secure.wikimedia.org/wikipedia/de/w/index.php?title=Computerwurm&oldid=77203093. Letzter Zugriff: 29.07.2010.

Bis ca. 2006 suchten die meisten Hacker, Viren- und Wurmautoren mit ihren Taten Ruhm in der Szene zu erlangen. Über den Wurm »Mydoom« zum Beispiel berichtete die Presse ausführlich.[5] Finanzielle Interessen spielten eine untergeordnete Rolle. Die Taten verübten Einzelpersonen oder kleine Gruppen. Ab 2006 – das Internet zählte knapp 1,2 Milliarden Nutzer[6] – gewannen finanzielle Interessen immer mehr die Oberhand. Die Angriffe veränderten sich. War es vorher erstrebenswert, so viele Computer wie möglich anzugreifen, so ist es heute wichtig, lange unerkannt zu operieren. Jeder infizierte Computer, der entdeckt wird, ist ein Verlust für die Täter.

6.1.1 Organisierte Kriminalität

Mit der stetigen Zunahme finanziell motivierter Attacken professionalisierten sich auch die Täter und Angriffstechniken. Eine arbeitsteilige und professionelle Schattenökonomie begann sich zu etablieren (s. Abb. nächste S.). Sie deckt heute alle notwendigen Dienstleistungen ab von der Herstellung des Einbruchswerkzeugs über eine Infrastruktur zum Datenklau bis hin zu ausgefeilten Webshops für Hehlerware: Entwickler von Schadsoftware verkaufen die notwendigen Werkzeuge für Viren, Würmer und Trojaner. Es gibt mittlerweile komplette Baukästen für Trojaner[7], Schwachstellen[8] und Phishing-Seiten[9] sowie Passwortknacker[10], auch als Bezahldienst[11]. Spyware für Handys[12] wird ebenfalls angeboten. Dazu kommen Spezialanfertigungen von Viren und Würmern, die von Virenscannern garantiert nicht erkannt werden. Schwachstellen in Betriebssystemen und Anwendungsprogrammen erlauben das Eindringen in Computer. Spezialisten suchen deshalb in populären Programmen wie Microsoft Windows oder Office nach Schwachstellen, die dann

---

5) Z.B. Spiegel Online (2004): Virus legt Google lahm. http://www.spiegel.de/netzwelt/tech/0,1518,310578,00.html. Letzter Zugriff: 29.07.2010.

6) ITU (2010): Global number of Internet users. http://www.itu.int/ITU-D/ict/statistics/material/graphs/Internet_users_00-09.jpg. Letzter Zugriff: 29.07.2010.

7) Heise Online (2007): Trojaner-Basteln für Dummys, 20.07.2007. http://www.heise.de/newsticker/meldung/93024.

8) Heise Online (2007): Exploits für alle: Metasploit 3.0 in finaler Fassung erschienen, 27.03.2007. http://www.heise.de/newsticker/meldung/87430.

9) Heise Online (2006): Phishing-Seiten aus dem Baukasten, 25.02.2006. http://www.heise.de/newsticker/meldung/70061.

10) Heise Online (2006): Passwortknacker lernt Teamwork, 17.02.2006. http://www.heise.de/newsticker/meldung/69759.

11) Heise Online (2005): Passwort-Cracker als Bezahldienst, 11.11.2005. http://www.heise.de/newsticker/meldung/66039.

12) Heise Online (2006): Spyware für Handys überwacht Anwender, 30.03.2006. http://www.heise.de/newsticker/meldung/71460.

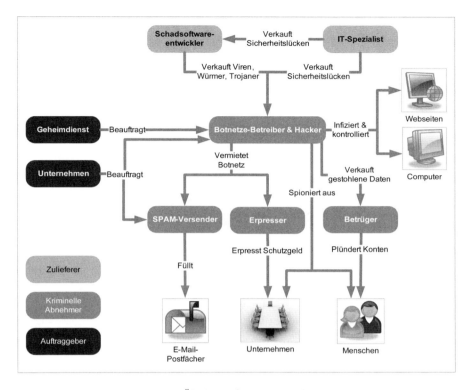

Organisierte Kriminalität (Xamit, aus: Überlebensfaktor Datensicherheit, o. J., S. 11.)

für bis zu 125.000 US-Dollar[13] an Hacker und Schadsoftwareentwickler verkauft werden. Zum Vergleich: Google lobt für die Beschreibung einer Schwachstelle im hauseigenen Betriebssystem Android maximal 1337 US-Dollar aus;[14] die Deutsche Post für ihren E-Postbrief in einem sechswöchigen Programm bis zu 5000 Euro.[15] Botnetz-Betreiber infizieren Computer und vermieten diese an Interessierte z.B. für den Spam-Versand, Diebstahl von Daten oder um weitere Rechner zu infizieren. Die Besitzer der infizierten Rechner, die Bot genannt werden, merken indes nicht, dass sie die Kontrolle über ihre Maschine und ihre Daten verloren haben.

---

13) Computer Zeitung (2007): Spione lauern auf Softwarelöcher, 10.09.2007, S. 6.
14) Heise Online (2010): Google bläst zum Angriff auf Chrome, 29.01.2010.
     http://www.heise.de/security/meldung/Google-blaest-zum-Angriff-auf-Chrome-917587.html.
     Letzter Zugriff: 22.09.2010.
15) Heise Online (2010): Knack die Post: Hacker sollen Lücken in E-Postbrief finden,
     22.09.2010. http://www.heise.de/newsticker/meldung/Knack-die-Post-Hakker-sollen-
     Luecken-in-E-Postbrief-finden-1083532.html. Letzter Zugriff: 22.09.2010.

»Partnerprogramme« erlauben auch Kriminellen, mit wenig Kapital, Erfahrung oder Kenntnissen teilzunehmen. Die Programmgeber bezahlen beispielsweise ihre Partner für jede erfolgreiche Infektion und Kontrollübernahme eines PC. Die notwendigen Hilfsmittel in Form von Baukästen für Schadsoftware stellen sie ihren Partnern zur Verfügung. Alles was die Partner tun müssen ist, Webseiten zu erstellen, die die Schadsoftware verteilen. Ideal für den Teilzeitkriminellen.

Dienstleister für den Cybercrime: Das Russian Business Network

Verisign, ein bekanntes IT-Sicherheits-Unternehmen und Herausgeber von Studien zum gleichen Thema, beschrieb das Russian Business Network (RBN) auf einem Vortrag im Jahr 2006 als Badest of the Bad, als das Böseste unter den Bösen.[16] Das RBN bietet bzw. bot als Dienstleistung eine komplette Infrastruktur für die organisierte Internetkriminalität mit all ihren Facetten. Im November 2007 verschwanden urplötzlich die vom RBN gehosteten Webseiten mit kriminellem Inhalt bzw. krimineller Intention, um nur wenig später von Webservern aus China, der Türkei oder Taiwan wieder aufzutauchen.

Das RBN fungierte hauptsächlich als Netzprovider und Webhoster. Die mit ihm in Verbindung stehenden Internetseiten beschäftigten sich hauptsächlich mit Kinderpornografie, Spamming und Identitätsdiebstahl. Seinen Namen erhielt es, da die – offiziell nicht existierende – Firmenzentrale im russischen St. Petersburg angesiedelt war. Experten gehen davon aus, dass das RBN von der russischen Regierung geduldet wurde, gesichert ist dies aber bis heute nicht.

Die Forscher von Verisign schätzen, dass fast zwei Drittel der Fälle von Identitätsdiebstahl, Kreditkartendatendiebstahl oder Phishing-Attacken weltweit im Jahr 2007 von Webseiten kamen, die dem RBN zugerechnet werden können.[17] Sie identifizierten auf jedem einzelnen der vom RBN betriebenen Server Phishing-Versuche, Schadsoftware, wie z.B. Trojaner, ausgehende DoS-Attacken[18] oder »Command-and-Control«-Aktivitäten.[19] Außerdem bot das RBN sogenannte »bullet proof Domains« an. Das sind Internetadressen, die man anonym registrieren lassen kann und die auch durch Gesetzeshüter nur schwer stillzulegen sind. Diese Domänen kosten ca. zehnmal mehr als reguläre Domains, weshalb sie für gewöhnliche Unternehmen unattraktiv sind.

Um mit dem Dienst ins Geschäft zu kommen, musste ein Interessent erst einmal beweisen, dass er unlautere Absichten verfolgt. In der Regel geschah dies, indem er seine aktive Mitwirkung bei einem Identitäts- oder Finanzdatendiebstahl zeigte.[20]

Unter der Domain »iframecash.biz« bot das RBN ein perfides Partnerprogramm an. Dieses ermöglichte Webmastern, Geld zu verdienen, indem sie ahnungslose Besucher ihrer Webseiten durch einen unsichtbaren iFrame auf Webseiten des RBN transferierten, wo ihnen dann Schadcode untergeschoben wurde, der z.B. Passwörter oder andere sensible Daten ausspähte.[21] Bezahlt wurden 80 US-Dollar pro 1000 infizierte Computer. Gezahlt wurde jeden Dienstag.[22]

Die Entdeckung des RBN markierte eine neue Ära der professionalisierten und organisierten Internetkriminalität. Nun konnte praktisch jeder an sensible Daten von PC-Nutzern kommen. Tiefere IT-Kenntnisse waren nicht mehr vonnöten, denn man konnte sich für einen entsprechenden Preis infizierte PCs mieten und sich ganz kundenorientiert aussuchen, welche Daten man herunterladen und ausnutzen mochte. Oder man kaufte beispielsweise 1000 Software-Uploads für eine Webseite, die daraufhin die Rechner der Webseitenbesucher infizierte. Die kosteten ca. 380 US-Dollar, also 38 Cent das Stück. Diese Bots ließen sich dann für 13 Cent pro Tag und Stück weitervermieten – ein rentables Geschäft.[23]

Organisierte Cyberkriminalität folgt heute grundsätzlich zwei unterschiedlichen Vorgehensweisen. Angriffe werden entweder massenhaft und wahllos oder ganz gezielt und sorgfältig durchgeführt. Beide Taktiken haben für die Opfer weitreichende Konsequenzen.

16) Wired (2007): Beyond the beyond, 17.09.2007. http://www.wired.com/ beyond_the_beyond/2007/09/the-russian-bus/. Letzter Zugriff 23.09.2010. Und: iDefense (2008): 2009 Cyber Threats and Trends, S. 47. http://www.verisign.com/idefense/ information-center/resources/whitepaper-idefense-2009trends.pdf. Letzter Zugriff: 23.09.2010.
17) Faber, Frank (2008): Unter Verdacht. Eine russische Bande professionalisiert das Cybercrime-Business, aus: c't 11/2008, S. 92.
18) DoS = Denial of Service (Dienstverweigerung). DoS-Attacken sind Angriffe auf Webseiten, Computer, Server oder Netzwerke mit dem Ziel, diese zu überlasten und damit unerreichbar zu machen.
19) iDefense (2008): Uncovering Online Fraud Rings: The Russian Business Network, 08.08.2007. http://labs.idefense.com/intelligence/researchpapers.php. Letzter Zugriff: 21.09.2010.
20) Krebs, Brian (2007): Shadowy Russian Firm Seen as Conduit for Cybercrime, Washington Post online vom 13.10.2007. http://www.washingtonpost.com/wp-dyn/content/article/ 2007/10/12/AR2007101202461.html. Letzter Zugriff: 21.09.2010.
21) Krebs, Brian (2007): Mapping the Russian Business Network, Security fix vom 13.10.2007. http://blog.washingtonpost.com/securityfix/2007/10/ mapping_the_russian_business_n.html. Letzter Zugriff: 21.09.2010.
22) Faber, Frank (2008): Unter Verdacht. Eine russische Bande professionalisiert das Cybercrime-Business, aus: c't 11/2008, S. 94.
23) Guardian online (2007): Hunt for Russia's web criminals, 15.11.2007. http://www.guardian.co.uk/technology/2007/nov/15/news.crime. Letzter Zugriff: 22.09.2010.

Massenhafte Angriffe richten sich nicht gegen bestimmte Personen, Unternehmen oder Organisationen. Angreifer nutzen zwei Auswahlstrategien:

- Gezielt opportunistisch:
  Die Angriffe basieren auf einzelnen Sicherheitslücken in Programmen. (Vgl. Abschnitt 6.3) Wer das entsprechende Programm mit einer angegriffenen Lücke benutzt, wird zum Opfer. Vereinfacht gesagt, suchen sich die Täter die Opfer passend zum Angriff aus.

- Zufällig opportunistisch:
  Die Angreifer suchen sich ihre Opfer zufällig aus. Nach der Auswahl prüfen die Angreifer, welche Sicherheitslücke beim Opfer ihnen Zutritt verschafft.

Um geeignete Opfer zu finden, verwenden die Täter Computerprogramme, die automatisch verwundbare Rechner zu Hause oder in Unternehmen wie auch Server im Internet suchen. Teilweise reicht eine Suchmaschine wie Google oder Bing aus, um geeignete Opfer zu finden. Suchmaschinen indizieren nicht nur Millionen von Webseiten, sondern auch ungesicherte vertrauliche Dokumente wie auch Meldungen von Servern. Geeignete Suchanfragen liefern als Ergebnis Listen von verwundbaren Servern aus. 2008 stellte die Hackergruppe Cult of the Dead Cow ihr Programm Goolag Scan vor, das geeignete Suchanfragen bereits mitbringt und ohne großes Fachwissen bedient werden kann.[24] Es eignet sich zur Prüfung der eigenen Server auf in Google auffindbare Schwachstellen wie auch zum Auffinden von potenziellen Opfern. Francis Brown und Rob Ragan gehen mit ihren 2010 vorgestellten Programmen GoogleDiggity für Google und BingDiggity für Bing in die gleiche Richtung. Zusätzlich bieten sie eine Anbindung an RSS-Feeds, sodass man automatisch über jeden neu entdeckten verwundbaren Server informiert wird.[25] Weltweit.

Auch wenn die von den Tätern gewünschten Daten nicht bei allen Opfern vorhanden sind, lohnt sich ein Angriff trotzdem, weil genügend viele Rechner angegriffen werden. Massenhafte Angriffe führen, sobald sie entdeckt werden, zu einer schnellen Aktualisierung von Antivirensoftware. Gleichwohl vergehen zwischen Beginn des Angriffs und seiner Entdeckung unter Umstän-

---

24) Heise Online (2008): Google-Hacking Deluxe, 20.02.2008. http://www.heise.de/newsticker/meldung/Google-Hacking-Deluxe-177973.html. Letzter Zugriff: 04.08.2010.
25) Heise Online (2010): Per RSS geliefert: Tausende verwundbare Server pro Tag, 02.08.2010. http://www.heise.de/security/meldung/Per-RSS-geliefert-Tausende-verwundbare-Server-pro-Tag-1049049.html. Letzter Zugriff: 04.08.2010.

den Monate. Die Täter versuchen, so lange wie möglich unerkannt zu arbeiten.

Zielgerichte Angriffe richten sich gegen ausgesuchte Personen, Unternehmen und Organisationen. Die Angreifer passen ihre Angriffstechnik den Schwachstellen ihrer Opfer an. Weil solche Angriffe immer stark individualisiert sind, erfahren die Hersteller von Sicherheitssoftware in der Regel nichts von ihnen. Damit bieten Virenscanner, Firewalls und andere Sicherheitssoftware kaum Schutz. Das Entdeckungsrisiko ist gering. Der Aufwand für die Auswahl geeigneter Opfer und die jeweils individuellen Angriffe ist sehr hoch. Deshalb finden zielgerichtete Angriffe nur gegen wertvolle Güter statt. Die Abbildung unten zeigt, wie häufig die einzelnen Angriffsarten vorkommen.

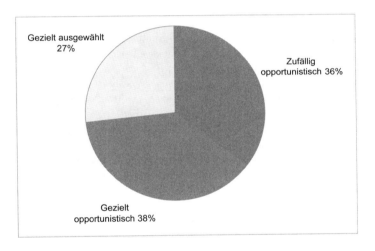

Verteilung der Angriffe nach Angriffsarten[26]

---

26) Zahlenquelle: Verizon (2010): 2010 Data Breach Investigations Report, S. 43.
     http://www.verizonbusiness.com/resources/reports/
     rp_2010-data-breach-report_en_xg.pdf. Letzter Zugriff: 10.08.2010.

GhostNet: Gezielte Übernahme der Kontrolle

Forscher des Munk Centre for International Studies an der Universität Toronto entdeckten im März 2009 ein neues Spionagenetzwerk: GhostNet. Dieses Botnetz kontrollierte über Monate hinweg völlig unbemerkt wenigstens 1295 Computer in 103 Staaten und spionierte geheime Dokumente aus. Fast ein Drittel waren hochrangige Ziele, wie Rechner von Banken, Botschaften, der NATO, Außenministerien und anderen Regierungsstellen, wie z. B. deutschen Konsulaten, wo Daten von Visumsanträgen entwendet wurden. Aber auch Computernetzwerke in akademischen Einrichtungen waren betroffen.[27]

Aufgefallen war das Netzwerk bei einer Überprüfung der Computersysteme der tibetischen Exilregierung des Dalai Lama, die in Indien ansässig ist.[28] Nach neusten Erkenntnissen der Wissenschaftler waren hauptsächlich Indien, die tibetische Exilregierung und die Vereinten Nationen von der Spionage der Botnetz-Betreiber betroffen. Die Täter und die Hintergründe dieses riesigen Netzwerks sind noch immer nicht abschließend geklärt. Jedoch wollen die Wissenschaftler zwei der Hacker in China lokalisiert haben.[29] Ob die chinesische Regierung jedoch gegen die beiden ermittelt, ist bis dato nicht bekannt.

GhostNet arbeitet auf einfache, aber hoch effektive Weise: Infizierte E-Mails werden an ausgesuchte Ziele versandt und sorgen dafür, dass der angegriffene Computer beim Öffnen seriös wirkender E-Mails einen Trojaner namens »GhostRat« herunterlädt, der von Virenscannern zum damaligen Zeitpunkt nicht erkannt wurde. Der Inhalt dieser E-Mails ist perfekt auf den Empfänger abgestimmt und nicht von erwarteten Nachrichten zu unterscheiden. Der Trojaner ermöglicht den Angreifern, Echtzeitkontrolle über die Rechner zu erlangen. Dabei können nicht nur der E-Mail-Verkehr und alle auf dem Rechner gespeicherten Dateien überwacht werden. Das System ermöglicht vielmehr die totale Fernsteuerung des Rechners, inklusive angeschlossener Kameras und Mikrofone.

Mit der Entdeckung von GhostNet ist eine ganz neue Dimension der Cyberkriminalität bekannt geworden: An die Stelle wahlloser Großangriffe mit entsprechend großen Streuverlusten ist die gezielte Attacke auf sensible Stellen eines Unternehmens oder einer öffentlichen Institution getreten. Virenscanner und Firewall sind nicht in der Lage, vor dieser Angriffsform zu schützen.

Dieses Beispiel zeigt in deutlicher Form auf, dass es ganzheitlicher Sicherheitsmaßnahmen bedarf, um der Intelligenz und Komplexität moderner Cyberkriminalität wirksam entgegentreten zu können. Ein einfacher Virenscanner reicht hierfür nicht mehr aus.

---

27) Munk Centre for International Studies (2009): Tracking GhostNet: Investigating a Cyber Espionage Network, S. 5.

28) Heise online (2010): Chinesische Spionage-Software infiltriert Rechner tibetischer Exil-Regierung, 29.03.2009. http://www.heise.de/security/meldung/Chinesische-Spionage-Software-infiltriert-Rechner-tibetischer-Exil-Regierung-Update-210074.html. Letzter Zugriff: 20.09.2010.

29) Information Warfare Monitor, Shadowserver Foundation (2010): Shadows in the Cloud. Investigating Cyber Espionage 2.0, S. 37 f.

6.1.2 Innentäter und Außentäter

Die bisher vorgestellten Täter greifen von außen an. Sie sind deshalb auf eine Internetanbindung und auf vom Internet zugängliche Schwachstellen angewiesen. Innentäter haben es leichter, da sie bereits in der Organisation arbeiten und oft legitimen Zugang zu den Daten haben. So haben beispielsweise 2009 Angestellte der britischen T-Mobile, einer Tochter der Deutschen Telekom, Millionen sensibler Kundendaten an Zwischenhändler verkauft.[30, 31] Die Daten beinhalteten Angaben wie Namen, Adressen, Telefonnummern und zentrale Vertragsinformationen. Nach Konzernangaben soll es sich vor allem um Kunden gehandelt haben, deren Vertrag bald auslief und die die Konkurrenz abwerben wollte.

Während Außentäter Geld verdienen wollen, ist die Motivlage bei Innentätern vielfältiger. Einige Täter wollen sich für eine Entlassung rächen, andere bringen ihrem neuen Arbeitgeber ein Geschenk mit und wieder andere wollen Geld dazuverdienen. Da die Täter ihre Privilegien, die sie für ihre tägliche Arbeit brauchen, »lediglich« missbrauchen, fallen diese Taten erst spät auf. Wenn überhaupt.

6.2 Daten und Computer als »Hehlerware«

Ich habe nichts Wertvolles, kommt einem schnell in den Sinn, wenn über gestohlene Daten berichtet wird. Ehe sich Erleichterung breit macht, hilft ein Blick in den eigenen Computer. Wozu wird er genutzt? Online-Banking? Onlinespiele, wie z.B. World of Warcraft? E-Mail schreiben? Einkaufen in Webshops? Für alle drei Möglichkeiten benötigt man Zugangsdaten, die von Kriminellen abgegriffen werden können. Der Computer selber ist ebenfalls wertvoll. Kriminelle steuern ihn fern, um z.B. Spam zu versenden oder illegale Daten zu speichern.

Zugangsdaten, die aus einer Kennung und einem Passwort bestehen, erlauben vordergründig, Online-Dienste zu nutzen. Sie öffnen das persönliche E-Mail-Konto ebenso wie Bankkonten oder auch die persönliche Bestellhistorie in Webshops. Damit erfüllen Zugangsdaten zwei wichtige Funktionen:

30) Spiegel Online (2009): Leck bei britischer Tochter – Neuer Datenskandal erschüttert die Telekom, 17.11.2009. http://www.spiegel.de/wirtschaft/unternehmen/ 0,1518,661900,00.html. Letzter Zugriff: 04.08.2010.

31) Handelsblatt (2009): Datenskandal bei britischer T-Mobile, 17.11.2009. http://www.handelsblatt.com/unternehmen/it-medien/telekommunikation-datenskandal-bei-britischer-t-mobile;2485602. Letzter Zugriff: 04.08.2010.

Sie authentifizieren eine Person als legitimen Eigentümer.

Sie dienen als Ersatz für die händische Unterschrift bei Rechtsgeschäften.

Zugangsdaten, aber auch Kreditkartendaten stellen eine virtuelle Identität dar. Wer im Besitz der virtuellen Identität ist, kann im Namen der entsprechenden Personen einkaufen, E-Mails schreiben oder Geld abheben.

Der Wert einer virtuellen Identität hängt von der Menge an Diensten ab, zu denen sie Zugang bietet. Viele Menschen nutzen die gleichen Zugangsdaten für unterschiedliche Dienste. Deren virtuelle Identitäten sind deshalb wertvoller als Identitäten, die nur zu einem Dienst passen. Die Krone der virtuellen Identitäten stellt die US-amerikanische Sozialversicherungsnummer dar. Staatliche Leistungen wie auch viele private Geschäfte basieren auf dieser Nummer, da die USA keine Ausweispflicht zur Identitätsfeststellung wie in Deutschland kennen. Wer die Sozialversicherungsnummer einer Person kennt, kann in den USA auch außerhalb des Internets als diese Person auftreten. Deshalb nennt man den Diebstahl von Zugangsdaten auch »Identitätsdiebstahl«. Die Federal Trade Commission berichtet von 8,3 Millionen durch Identitätsdiebstahl in irgendeiner Form betroffenen US-Amerikanern 2005.[32] Es gibt Befürchtungen, dass die lebenslange Steuernummer des deutschen Fiskus, die sich nicht ändern lässt, eine ähnliche Bedeutung erlangt.

Datendiebstähle sind nicht so selten, wie man glaubt. Die meisten Fälle kommen nie an die Öffentlichkeit, da die betroffenen Unternehmen und Behörden einen Imageverlust oder Schadensersatzansprüche fürchten, sofern sie die Tat überhaupt bemerken. Die von verschiedenen Medien publizierten Fälle zeigen ein breites Spektrum von betroffenen Organisationen (Tab. 1).

---

32) Federal Trade Commission (2006): Federal Trade Commission – 2006 Identity Theft Survey Report, erstellt durch Synovate. http://www.ftc.gov/os/2007/11/ SynovateFinalReportIDTheft2006.pdf. Letzter Zugriff: 05.08.2010.

Beschreibung	Unternehmen	Datensätze
Kreditkartendaten durch Hack bzw. Malware gestohlen[a]	Heartland Payment Systems, Tower Federal Credit Union, Beverly National Bank	130.000.000
Kundendaten von T-Mobile gestohlen und im Internet zum Kauf angeboten[b]	Deutsche Telekom	17.000.000
Hacker sammelt Facebook-Profile[c]	Facebook	100.000.000
Passwörter, Kontodaten und Unternehmens- interna von Blog-Betreiber geklaut[d]	Gawker Media	1.300.000
Kundenrechnungen öffentlich zugänglich[e]	Deutscher Sparkassenverlag	350.000
Gewinnspielteilnehmer bei sächsischen Radiosendern auslesbar[f]	BCS Broadcast Sachsen GmbH & Co	unzählige
Festplatten der Stadt Glücksburg wurden auf Flohmarkt verkauft und enthielten vertrauliche Dokumente[g]	Stadt Glücksburg	unzählige
Student kopiert heimlich Kundendaten, um Unternehmen zu erpressen[h]	E.ON	700.000
Passant entdeckt Bußgeld-Daten in Müllsack[i]	Zweckverband Kommunale Verkehrs- überwachung im Großraum Nürnberg	mehrere
Geklaute Zugangsdaten online veröffentlicht[j]	eBay, PayPal, Amazon, Packstation und Online-Händler Nierle	Mehrere Zehntausend
Externe Finanzdienstleister hatten Zugriff auf persönliche Finanzdaten von Sparkassen- Kunden[k]	Hamburger Sparkasse	Unzählige

a. http://www.heise.de/security/Schnueffelsoftware-stiehlt-Kreditkartendaten-bei-Kreditkartendienstleister/news/meldung/122074.
b. http://www.spiegel.de/wirtschaft/unternehmen/0,1518,661900,00.html, http://www.handelsblatt.com/unternehmen/it-medien/telekommunikation-datenskandal-bei-britischer-t-mobile;2485602.
c. http://www.rtl.de/medien/information/rtlaktuell/d202-0-51ca-21/hacker-sammelt-facebook-profile.html.
d. http://www.heise.de/newsticker/meldung/Nutzerdaten-nach-Einbruch-in-Gawker-Server-veroeffentlicht-1151854.html, http://www.heise.de/security/meldung/Gawker-Einbruch-Beliebtestes-Passwort-ist-123456-1153267.html.
e. http://www.heise.de/newsticker/meldung/Zugriff-auf-Rechnungen-im-Sparkassen-Shop-moeglich-848538.html.
f. http://www.heise.de/newsticker/meldung/Datenleck-bei-saechsischen-Radiosendern-1169849.html?view=print.
g. http://www.zeit.de/digital/datenschutz/2010-12/dokumente-gluecksburg, http://www.mz-web.de/servlet/ContentServer?pagename=ksta/page&atype=ksArtikel&aid=1292309968351.
h. http://www.sueddeutsche.de/c5538r/3750368/Datenklau-bei-Eon-Tochter.html.
i. http://www.nordbayern.de/sensible-bussgeld-daten-lagen-im-mullsack-1.260029.
j. http://www.heise.de/newsticker/meldung/Gestohlene-Zugangsdaten-im-Netz-veroeffentlicht-1176578.html.
k. http://www.ndr.de/wirtschaft/kontodaten100.html.

Tab. 1   Ausgewählte öffentlich bekannt gewordene Datendiebstähle 2008 bis 2010

Kreditkartendaten sind das begehrteste Diebesgut, da sie eine unmittelbare monetäre Verwertung erlauben (Tab. 2). Aus dem geringen Anteil an sensiblen Organisationsdaten, Daten im Zusammenhang mit intellektuellem Eigentum und geheimen Staatsdokumenten darf nicht geschlossen werden, dass diese Daten für die Diebe von geringem Wert oder Interesse sind. Die Tabelle zeigt nur bekannt gewordene Fälle. Gestohlene Kreditkartendaten werden meistens sofort benutzt, um die entsprechenden Konten zu leeren. Das fällt recht schnell auf. Nutznießer gestohlener Dokumente verwenden deren Inhalte ohne dass die Bestohlenen unmittelbare Konsequenzen merken. Die Tat bleibt eher unentdeckt.

Datenart	Anzahl der Datenlecks	Anzahl der Daten
Bezahlkartendaten/-nummern	54%	83%
Persönliche Informationen	38%	4%
Kontodaten/-nummern	32%	13%
Authentizitätsnachweise	23%	< 1%
Geldvermögen	13%	
Sensible Unternehmens- bzw. Organisationsdaten	9%	< 1%
Geistiges Eigentum	7%	< 1%
Daten der nationalen Sicherheit	1%	< 1%

Tab. 2   Anzahl der gestohlenen Daten/-arten im Jahr 2009[33]

Online-Marktplätze helfen den Datendieben, ihre Ware einfach, anonym und weltweit zu verkaufen. Kreditkartendaten werden ebenso gehandelt wie Zugangsdaten zu Bankkonten, Onlinespielen und E-Mail-Postfächern. Tabelle 3 zeigt exemplarisch, zu welchen Preisen gestohlene Daten gehandelt werden.

---

33)   Zahlenquelle: Verizon (2010): 2010 Data Breach Investigations Report, S. 41. http://www.verizonbusiness.com/resources/reports/rp_2010-data-breach-report_en_xg.pdf. Letzter Zugriff: 10.08.2010.

Datenart	Preis
Kreditkarteninformationen	$ 0.85 – $ 30
Zugangsdaten zu Bankkonten	$ 15 – $ 850
Zugangsdaten zu E-Mail-Konten	$ 1 – $ 20
E-Mail-Adressen	$ 1.70/MB – $ 15/MB
Shell scripts	$ 2 – $ 5
Vollständige Identitäten	$ 0.70 – $ 20
Credit card dumps	$ 4 – $ 150
Mailer	$ 4 – $ 10
Cash-out services	$ 0 – $ 600 plus 50 % – 60 %
Administrator-Zugangsdaten zu Webseiten	$ 2 – $ 30

Tab. 3   Preise auf dem Schwarzmarkt für gestohlene Daten[34]

Die Handelsplattform Golden Cash führt Mieter und Vermieter infizierter Computer (Bots genannt) zusammen.[35] Mit wenigen Mausklicks lassen sich weltweit Tausende PC für wenige Stunden anmieten, um z. B.

- Spam zu versenden,
- illegale Daten zu speichern,
- Webseiten oder Computer anzugreifen oder
- weitere Computer zu infizieren.

Komfortabel per Formular und völlig anonym. Zusätzliche Dienstleistungen, wie z. B. ein Toolkit, das hilft, neue Rechner zu infizieren, runden das Angebot ab. Der Bot-Markt funktioniert wie jeder andere Markt auch. Angebot und Nachfrage bestimmen die Preise. Je einfach die Infektion von Rechnern ist, d. h. je geringer deren Sicherheitsstandard, desto niedriger ist tendenziell der Preis. Sind Computer gut gesichert oder werden zu wenige infiziert, dann steigt der Preis.

34) Symantec (2010): Global Internet Security Threat Report. Volume XV, S. 15. http://eval.symantec.com/mktginfo/enterprise/white_papers/b-whitepaper_internet_ security_threat_report_xv_04-2010.en-us.pdf. Letzter Zugriff: 30.07.2010.

35) Finjan (2009): Cybercrime Intelligence Report. Nr. 2. http://www.finjan.com/ GetObject.aspx?ObjId=672. Letzter Zugriff: 05.08.2010.

6.3 Welche Wege gibt es?

Wie kommt ein Krimineller an Daten? Wie kann er sich Zugriff auf einen Rechner verschaffen? Der offensichtliche Weg wäre, den Rechner physikalisch zu stehlen. Solche Diebstähle insbesondere von Notebooks und anderen mobilen Geräten kommen in Parkhäusern u. ä. Orten vor. Für den Täter sind sie vergleichsweise aufwendig und risikoreich, denn jeder Diebstahl bedeutet, dass er anwesend sein muss und auch entdeckt werden kann. Sich den Zugang über das Internet zu verschaffen ist nicht nur billiger, da der Angriff automatisiert werden kann, sondern auch (fast) risikolos.

Im Internet stehen den Tätern eine Vielzahl von Wegen offen, in Computer einzudringen. Sie lassen sich vereinfacht in zwei Gruppen einteilen:

- Social Engineering und
- Sicherheitslücken in Programmen.

Social Engineering bezeichnet Techniken, um Menschen falsche Sachverhalte vorzuspielen. Das Phänomen an sich ist alt und kommt z. B. bei Betrugsfällen vor. Der Täter nimmt dabei zum Opfer Kontakt auf und versucht, ihm nützliche Informationen zu entlocken. Das kann persönlich bei einer Veranstaltung sein oder auch am Telefon unter Angabe einer falschen Identität und Geschichte. Social Engineering funktioniert immer dann, wenn das Opfer auf die Täuschung hereinfällt. Es muss den Täter unwissentlich bei seiner Arbeit unterstützen. Folgende Angriffstechniken sind eine Spielart des Social Engineering:

- Phishing
- Viren.

Computerprogramme verarbeiten Daten. Ein PDF-Reader zeigt Dateien im Format PDF an. Der Browser macht eine Webseite sichtbar. Da eine fehlerfreie Software praktisch nicht herstellbar ist, enthalten alle Computerprogramme Fehler. Viele sind vergleichsweise harmlos. Einige aber – dann Sicherheitslücken genannt – ermöglichen es Angreifern, eigene Programme einzuschmuggeln. Der Browser zeigt dann nicht nur die Webseite an, sondern installiert unbemerkt Schadsoftware.

Sicherheitslücken lassen sich auf verschiedene Weisen ausnutzen. Würmer sind eine alte Methode. Gerne werden auch Webseiten präpariert, sodass diese, während der Besucher spannende Inhalte betrachtet, im Hintergrund den Browser auf Sicherheitslücken untersuchen. So verteilte beispielsweise der Computerhersteller Lenovo auf seinem Downloadportal für Treiber Schadsoftware, nachdem Unbekannte durch eine Sicherheitslücke die Webseite verändert hatten.[36] Das *Handelsblatt* schob jedem 1000sten Besucher seiner Webpräsenz Schadsoftware durch ein infiziertes Werbebanner unter.[37] Längst sind infektiöse Webseiten kein Phänomen aus der »Schmuddelecke« mehr. Vielmehr wird der Anteil seriöser Angebote an infektiösen Webseiten auf 80 bis 90 Prozent geschätzt.[38]

Definitionen

Computerviren sind Programmteile, die meist in anderen Programmen versteckt sind. Sie vermehren sich, indem sie sich in andere Programme hineinkopieren oder sich an sie anhängen. Sie werden oft in Anhängen von E-Mails und über Downloads von Software im Internet verbreitet. Viren werden unterschieden nach den Bereichen, die sie infizieren: Computer-, Datei-, System- oder Bootviren. Zweck eines Virus ist es, andere Programme und Systeme zu behindern oder zu zerstören. Sie können jeden erdenklichen Schaden anrichten, welcher der Viruserzeuger eingeplant hat, so z.B. die Vernichtung von Programmen, Manipulationen am Betriebssystem oder eine Verfälschung von Daten. 32 Prozent der von Schadcode verursachten Attacken sind auf Viren zurückzuführen.[39]

Würmer sind automatisierte Programmroutinen, die die befallenen Computer veranlassen, diese weiterzuverteilen. Sie treten ebenfalls oft in Computernetzen auf und verbreiten sich gerne über Anhänge in E-Mails – u.a. durch Verwendung des E-Mail-Adressbuchs des Computernutzers. Sie vervielfältigen sich automatisch, dringen über Sicherheitslücken in die Systeme ein und richten Schaden an, indem sie z.B. Festplatten formatieren, Dateien löschen oder unerwünschte Bildschirmanzeigen erscheinen lassen. Würmer sind mit 43 Prozent die zweithäufigste Ursache der von Schadcode verursachten Angriffe.[40]

Trojaner sind Programme, die neben ihren eigentlichen (nützlichen) Aufgaben noch weitere Funktionen ausführen. Diese haben meist unerwünschte oder schädliche Wirkungen, wie das Auslesen von Passwörtern oder das Löschen bzw. Stehlen von Dateien. Noch perfider ist die Nutzung von Trojanern zum heimlichen Ausspähen von Wohnungen über die angeschlossene Webcam.[41] Trojaner sind für den Anwender meist unsichtbar, da sie im Hintergrund ablaufen. Sie können auf jedwede Art auf den Computer gelangen, wie z.B. über einen (unwissentlich) infizierten USB-Stick. Einige Viren oder Würmer installieren Trojaner für den eigentlichen Angriff. 56 Prozent der von Schadcode verursachten Infektionen gehen auf Trojaner zurück.[42]

---

36) Heise Online (2010): Schadcode beim Lenovo-Treiber-Download, 20.06.2010. http://www.heise.de/newsticker/meldung/Schadcode-beim-Lenovo-Treiber-Download-Update-1025789.html. Letzter Zugriff: 21.06.2010.
37) Heise Online (2010): Schädliche Werbebanner auf Handelsblatt.de und Zeit.de, 03.03.2010. http://www.heise.de/security/meldung/Schaedliche-Werbebanner-auf-Handelsblatt-de-und-Zeit-de-2-Update-921139.html. Letzter Zugriff: 06.08.2010.
38) Heise Online (2010): Trojaner-Angriffe fast nur noch über legitime Webseiten, 30.06.2010. http://www.heise.de/security/meldung/Trojaner-Angriffe-fast-nur-noch-ueber-legitime-Webseiten-1031553.html. Letzter Zugriff: 01.07.2010.

Mit **Phishing** wird das Stehlen von z. B. Zugangsdaten zu Online-Banking-Systemen über das Internet bezeichnet. Der Begriff ist eine englische Wortschöpfung, die sich wahrscheinlich von den englischen Wörtern »password« und »fishing« ableitet.

Sicherheitslücken sind Fehler in Programmen, die Angreifer ausnützen können, um Zugriff auf die Computer zu erhalten, auf denen die Software installiert ist. Dort können dann verschiedenste Schäden angerichtet werden von der Einschleusung von Schadprogrammen über das Stehlen von Daten bis zur heimlichen Ausspähung des E-Mail-Verkehrs des Nutzers. Softwarefehler treten bei der Herstellung von Programmen fast zwangsläufig auf, da nicht nur Menschen Fehler machen, sondern moderne Programme mit mehreren Millionen Codezeilen eine schwer zu überblickende Komplexität besitzen. Nicht alle Fehler werden durch die Qualitätssicherungsmaßnahmen der Hersteller gefunden. Doch sind nicht alle Softwarefehler gleich kritisch für die Sicherheit oder die Funktion des Programms.

Wer eine Sicherheitslücke ausnutzen will, benötigt tiefe technische Fachkenntnisse über das beteiligte Betriebssystem und das Programm mit der Lücke. Die Analyse und Experimente, wie sich die Lücke ausnutzen lässt, kosten viel Zeit. Das Ergebnis dieser Mühen ist ein kleines Computerprogramm, das die Lücke automatisch ausnutzen kann (»Exploit« genannt). Manche Entdecker dieser Lücken machen ihre Erkenntnisse den betroffenen Herstellern zugänglich, sodass diese neue Versionen ihrer Programme (»Patches«) bereitstellen können. Andere verkaufen das Wissen exklusiv an zahlende Unternehmen, sodass diese sich schützen können. Weitere Entdecker verkaufen ihren Exploit an Kriminelle.

Wer ein Exploit nutzen will, braucht wenige bis keine technischen Kenntnisse mehr. Kriminelle integrieren diese Exploits in ihre Baukästen für Schadsoftware, die auch Laien ermöglichen, Schadsoftware zu erstellen.

Für Systemadministratoren, die die Sicherheit ihres Unternehmens testen wollen, steht eine kostenlose (und beispiellose) Sammlung von mehr als 567 Exploits zur Verfügung, die von dem Open-Source-Projekt Metasploit entwickelt wird.[43] Wer jetzt reflexartig denkt, »das gehört verboten«, sollte überlegen, dass Kriminelle ihre eigenen Werkzeuge bereits besitzen. Wenn Systemadministratoren und Sicherheitsexperten von Metasploit und ähnlichen

39)   Symantec (2010): Symantec Global Internet Security Threat Report. Trends for 2009, S. 51.
40)   Symantec (2010): Symantec Global Internet Security Threat Report. Trends for 2009, S. 51.
41)   Heise Online (2010): Cyber-Spanner beobachten Schülerinnen über deren Webcam, 16.07.2010. http://www.heise.de/newsticker/meldung/Cyber-Spanner-beobachtet-Schuelerinnen-ueber-deren-Webcams-1039630.html. Letzter Zugriff: 13.09.2010.
42)   Symantec (2010): Symantec Global Internet Security Threat Report. Trends for 2009, S. 51.
43)   Metasploit (2010): Metasploit 3.4.1 Release Notes. http://www.metasploit.com/redmine/projects/framework/wiki/Release_Notes_341. Letzter Zugriff: 11.08.2010.

Werkzeugen abgeschnitten werden, sind sie nicht mehr in der Lage, die Sicherheit von Unternehmen, Behörden und anderen Organisationen zu gewährleisten.

6.4 Nicht nur die eigene Sicherheit zählt

Wichtige Daten liegen nicht nur auf dem eigenen Computer. Webshops bieten ihren Kunden die Möglichkeit, eigene Profile anzulegen, damit sie bei ihren Einkäufen nicht immer alle Angaben erneut eingeben müssen. Diese Profile werden durch ein Passwort, das der Kunde eingibt, gesichert. Deshalb liegen sensible Informationen wie Bankverbindungen und Kreditkartendaten nicht nur auf dem heimischen Computer, sondern auch in den Datenbanken zahlreicher Webshops.

Weil Webshops über viele Datensätze mit Bankverbindungen und Kreditkartennummern verfügen, sind sie für Kriminelle ein lohnendes Ziel. Wer 1000 Kreditkartendaten kopiert und ihre Besitzer jeweils nur um bescheidene 100 Euro erleichtert, erlöst bereits 100.000 Euro. Viel Geld für einen oft einfach durchzuführenden Angriff. Die Kunden des Spielhändlers »Spielegrotte« hatten vermutlich dieses Szenario vor Augen, als sie erfuhren, dass ihre Daten wegen einer Sicherheitslücke einfach zu klauen waren.[44]

Der Fanshop des 1. FC Köln senkte die Hürden für Kriminelle weiter. Vereinsmitglieder erhielten automatisch ein Benutzerkonto – auch ohne ihr Wissen. Der Zugriff erfolgte mit Vor- und Nachname. Die Mitgliedsnummer fungierte als Passwort. Auf den ersten Blick eine sichere Sache, wären die Mitgliedsnummern von Prominenten und anderen Mitgliedern nicht in Fanzeitschriften veröffentlicht worden. So konnten Unbefugte im Namen von Vereinsmitgliedern Bestellungen aufgeben. Zwei Jahre lang ignorierte der Fanshop die Lücke, obwohl er Kenntnis davon hatte.[45]

Nicht nur vergleichsweise kleine Webshops machen durch Sicherheitsvorfälle auf sich aufmerksam. Im Oktober und November 2009 tauschten deutsche Banken rund 100.000 Kredit- und Debitkarten aus, nachdem der

---

44) PC Games (2010): Datenleck beim Online-Händler Spielegrotte: Kundendaten für jedermann einsehbar, 10.01.2010. http://www.pcgames.de/Spielemarkt-Thema-117280/News/Datenleck-beim-Online-Haendler-Spielegrotte-Kundendaten-fuer-jedermann-einsehbar-702906/. Letzter Zugriff: 12.08.2010.
45) Netzpolitik.org (2009): Datenlücke im Fanshop des 1. FC Köln, 04.11.2009. http://www.netzpolitik.org/2009/datenluecke-im-fanshop-des-1-fc-koeln/. Letzter Zugriff: 12.08.2010.

Verdacht auf Datendiebstahl bei einem spanischen Dienstleister zur Zahlungsabwicklung aufkam.[46]

Als Reaktion auf die Vielzahl an gestohlenen Kreditkartendaten haben die führenden Kreditkartenanbieter 2004 den Standard »Payment Card Industry Data Security Standard« (PCI DSS) zur Abwicklung von Kreditkartenzahlung eingeführt. Jeder Händler oder Dienstleister, der Kreditkartentransaktionen abwickelt, speichert oder übermittelt, muss diesen Standard einhalten. Je nach Menge der Kreditkartentransaktionen ist eine regelmäßige Überprüfung durch zugelassene Sachverständige vorgeschrieben. Trotzdem kommt es regelmäßig zu erfolgreichen Einbrüchen.

PCI DSS formuliert zwölf Sicherheitsanforderungen, die zusammenspielen, um Kreditkartendaten zu schützen. Werden Anforderungen nicht erfüllt, bekommt der Schutz Löcher. Der britische Sicherheitsdienstleister 7Safe analysierte Einbrüche, um deren Hergang zu ermitteln und nach Möglichkeit die Täter zu identifizieren. Demnach erfüllte kein Unternehmen, dessen Daten gestohlen wurde, mehr als die Hälfte der Sicherheitsanforderungen.[47] Als eine Ursache gibt 7Safe mangelndes technisches Verständnis der betroffenen Unternehmen an, um die verwendeten Sicherheitsmaßnahmen und Testverfahren angemessen beurteilen zu können. Das Verizon RISK Team kommt auf Basis der von ihm analysierten Sicherheitsvorfälle zu ähnlichen Ergebnissen. Demnach erfüllten 79 Prozent der Unternehmen zum Zeitpunkt des Einbruchs die Anforderungen des PCI DSS nicht.[48]

Beide Untersuchungen beziehen sich auf Unternehmen, von denen Kreditkartendaten entwendet worden sind, d.h. deren Sicherheit erwiesenermaßen löchrig war. Was ist mit den (bisher) nicht bestohlenen Unternehmen? Webshops speichern ihre Kundendaten in Datenbanken. Oft kommen dabei Produkte des Sprachstandards SQL zum Einsatz. Webshops mit SQL-Datenbanken sind anfällig für »SQL-Injection«, wenn nicht ausgefeilte Sicherheitsmaßnahmen ergriffen werden. Bei dieser Angriffsart wird z.B. statt des Namens oder der Anschrift ein bestimmter SQL-Code im Bestellformular des Webshops eingegeben. Die Datenbank gibt dann z.B. das Administrationspasswort aus, mit dem der Angreifer vollständigen Zugang zu den Kunden-

---

46) Handelsblatt (2009): Kreditkarten-Rückruf betrifft alle deutschen Banken, 18.11.2009. http://www.handelsblatt.com/unternehmen/banken-versicherungen/datenmissbrauch-kreditkarten-rueckruf-betrifft-alle-deutschen-banken;2485708;0. Letzter Zugriff: 12.08.2010.

47) 7Safe (2010): UK Security Breach Investigations Report 2010. http://www.7safe.com/breach_report/Breach_report_2010.pdf. Letzter Zugriff: 27.01.2010.

48) Verizon (2010): 2010 Data Breach Investigations Report, S. 53. http://www.verizonbusiness.com/resources/reports/rp_2010-data-breach-report_en_xg.pdf. Letzter Zugriff: 10.08.2010.

daten erhält. Nach einer Studie des Web Application Security Consortium (WASC) sind 9 Prozent der Webpräsenzen und Webshops anfällig für das Einschleusen von SQL-Codes.[49]

Webshops nutzen aus Kostengründen gerne die Middleware[50] PHP, die grundlegende Funktionen wie z. b. die Anbindung von SQL-Datenbanken bereitstellt, sodass der Shopentwickler diese Funktionen nicht selber erstellen muss. PHP ist nicht frei von Softwarefehlern und damit von Sicherheitslücken. Z. B. wurden in der veralteten PHP-Version 4.x.x für den Bereich MySQL-Datenbank 712 Fehler behoben. Für die Version 5.2 sind bereits mehr als 225 Fehler im MySQL-Datenbankbereich bekannt.[51] Diese Fehler werden durch neue Versionen behoben. Allerdings ist die Installation einer neuen Version aufwendig, sodass sie oft unterbleibt. Damit nimmt die Gefährdung der Kundendaten zu, da die installierte Version maschinell ermittelbar ist und die Fehler und ihr Schadenspotenzial öffentlich bekannt sind. Im Jahr 2010 nutzten 39 Prozent der Webshops und Webpräsenzen aus Deutschland eine veraltete PHP-Version.[52]

6.5   Wie kommt man Dieben auf die Schliche?

Einen Wohnungseinbruch erkennt man recht schnell. Die Eingangstür ist beschädigt, die Schubladen stehen offen und der Tresor fehlt. Leider hinterlässt ein Einbruch in einem Computer meist keine sichtbaren Spuren. Auch wenn der Ausdruck »gestohlene Daten« suggeriert, dass die Daten fehlen, sind sie doch vorhanden. Der Eindringling fertigt eine Kopie an, die er mitnimmt. Dadurch bemerkt das Opfer den Einbruch nicht und der Kriminelle kann in Ruhe seine Beute zu Geld machen. 68 Prozent der Einbrüche in Com-

---

49) Heise Online (2008): Studie: Fast jede Webanwendung angreifbar, 09.09.2008.
     http://www.heise.de/newsticker/Studie-Fast-jede-Webanwendung-angreifbar--/meldung/
     115656. Letzter Zugriff: 30.11.2009.
50) »Middleware« könnte man etwa mit »ein Programm oder eine Anwendung dazwischen« übersetzen. Middleware wird u. a. dazu benutzt, um unterschiedliche Systeme zu verbinden ohne diese tiefgreifend umgestalten zu müssen. Der Vorteil ist, dass gewachsene Strukturen weiter verwendet werden und bei Bedarf später auch anders organisiert werden können.
51) Die Entwickler von PHP betreiben unter http://www.php.net/ eine Fehlerdatenbank.
     Stand der Abfrage: 23.10.2009.
52) Xamit (2010): Xamit Datenschutzbarometer 2010, S. 19. URL
     http://www.xamit-leistungen.de/downloads/XamitDatenschutzbarometer2010.pdf.
     Letzter Zugriff: 28.02.2011.

putersysteme werden erst nach Wochen oder Jahren erkannt.[53] Während dieser Zeit fließen täglich Daten ab. Je länger ein Krimineller Zugriff hat, desto größer fällt oft seine Beute aus. Nach ihrer Entdeckung brauchen die Opfer in 87 Prozent der Fälle Tage oder Monate, um die Lücken zu schließen und das Abfließen der Daten zu stoppen. Die Komplexität der Computersysteme und die Schwierigkeit, den Angriff nachzuvollziehen, erlauben oft keine schnellere Reaktion.

Weil Einbrüche keine offensichtlichen Spuren hinterlassen, wiegen sich Unternehmen und Privatpersonen in einer trügerischen Sicherheit. 35 Prozent der Einbrüche kommen ans Licht, weil die gestohlenen Daten zu Betrugszwecken verwendet wurden.[54] Das betrifft insbesondere Kreditkartendaten. Werden geheime Dokumente gestohlen, bleibt der Vorfall oft unentdeckt, da ihre Verwendung schwer zu erkennen ist. Sicherheitssoftware wie »Intrusion-Detection-Systeme«, die das Eindringen Unbefugter erkennen sollen, entdecken nur ein Prozent der Einbrüche.

Wird ein Einbruch erkannt, stellen sich zwei Fragen: Wie kam der Kriminelle in das Computernetz? Wer ist der Täter? Die erste Frage lässt sich mit Mitteln der Computerforensik meistens beantworten. Dabei werden Spuren auf Computern analysiert und auf Angriffsspuren hin untersucht. Diese Spuren befinden sich z. B. in Protokolldateien oder lassen sich an geänderten Programmeinstellungen erkennen. Angesichts der Datenmengen, die ein normaler Computer täglich in Protokollen speichert, ist die Analyse von Hunderten oder Tausenden Computer so einfach wie die Suche nach einer Nadel im Heuhaufen.

Am Ende der Anstrengung steht ein Verständnis über den Hergang des Angriffs und auch, welche Daten betroffen sind. Der Täter bleibt – abgesehen von seltenen Ausnahmen – im Dunkeln. Ein Wohnungseinbruch verlangt vom Täter körperlichen Einsatz. Dabei entstehen individuelle (DNA-)Spuren, die eine Identifikation erlauben. Beim Einbruch in ein Computersystem agiert der Täter Tausende Kilometer entfernt. Er hinterlässt keine individuellen körperlichen Spuren am Tatort. Gleichzeitig stehen ihm umfangreiche Möglichkeiten zur Tarnung und Spurenvernichtung zur Verfügung. Selbst wenn ein Computer, von dem ein Angriff ausging, identifiziert würde, wäre der Benutzer des Computers weiterhin unbekannt.

---

53) Verizon (2010): 2010 Data Breach Investigations Report, S. 46.
   http://www.verizonbusiness.com/resources/reports/rp_2010-data-breach-report_en_xg.pdf.
   Letzter Zugriff: 10.08.2010.
54) Verizon (2010): 2010 Data Breach Investigations Report, S. 49.
   http://www.verizonbusiness.com/resources/reports/rp_2010-data-breach-report_en_xg.pdf.
   Letzter Zugriff: 10.08.2010.

In Presseveröffentlichungen wird gerne von der IP-Nummer auf den Täter geschlossen. Leider ein Trugschluss, da die IP-Nummer von einem Opfer, das für den Angriff missbraucht wurde, stammen kann oder von einem gemieteten Server. Jede IP-Nummer lässt sich einem Staat zuordnen, deshalb wird bei chinesischen IP-Nummern oft auf chinesische Täter getippt. Gleichwohl könnten diese auch in den USA sitzen und sich Computern in China bedient haben. IP-Nummern sagen nichts über Täter oder Herkunftsländer aus.

Die geschilderte Anonymität, die untrennbar mit dem Internet verbunden ist, verhindert eine erfolgreiche Strafverfolgung. Dieselbe Anonymität schützt übrigens Menschenrechtler und die Bevölkerung in autoritären Staaten vor Verfolgung. Wer das Ende der Anonymität im Internet fordert, riskiert das Leben von Millionen von Menschen.

6.6 Sicherheit – Eine Frage der Einstellung

Cyberkriminalität bezieht sich auf Daten. Die Täter nutzen das Internet, um weltweit zuschlagen zu können. Damit muss sich jeder schützen, der einen Internetzugang besitzt. Selbst ein Computer, auf dem keine Daten abgelegt sind, kann als ferngesteuerter Bot Kriminellen noch geldwerte Dienste leisten. Damit sind 75 Prozent der Haushalte (2009)[55] und 79 Prozent der Unternehmen (2008)[56], die über einen Internetanschluss verfügen, in der Pflicht, ihre Daten und Computer zu schützen.

Wer muss sich schützen?

Jeder Mensch, jeder Haushalt, jedes Unternehmen, jeder Verein, jede Stiftung, jede Behörde unabhängig von ihrer Größe und Finanzkraft mit einem mobilen oder stationären Internetzugang.

---

55) Statistisches Bundesamt Deutschland (2010): Informations- und Kommunikationstechnologie in private Haushalten 2009. http://www.destatis.de/jetspeed/portal/cms/Sites/destatis/Internet/DE/Grafiken/WirtschaftsrechnungenZeitbudgets/Diagramme/KommunikationPrivateHaushalte,templateId=renderPrint.psml. Letzter Zugriff: 20.08.2010.

56) Statistisches Bundesamt Deutschland (2010): Statistisches Jahrbuch 2009, S. 120. http://www.destatis.de/jetspeed/portal/cms/Sites/destatis/SharedContent/Oeffentlich/B3/Publikation/Jahrbuch/Informationsgesellschaft,property=file.pdf. Letzter Zugriff: 20.08.2010.

Ein Krimineller interessiert sich nicht dafür, ob sein Opfer eine Privatperson, ein kleines Handwerksunternehmen oder ein DAX-Konzern ist. Für den Kriminellen ist nur wichtig, dass er ohne Aufwand in die Computer eindringen kann und Daten stehlen oder Computer als Bot übernehmen kann. Es gibt keinen Schonraum für Privatpersonen oder kleine Unternehmen. Vielmehr gilt, je geringer der Schutz ist, desto höher liegt die Gefahr eines erfolgreichen Angriffs. Deshalb stehen alle, ob Privatperson, Handwerksunternehmen oder DAX-Konzern, vor der gleichen Aufgabe. Die finanziellen und personellen Mittel sind aber ungleich verteilt.

Schutz bieten zum einen technische Mittel, die wir in Abschnitt 6.6.1 vorstellen, und zum anderen das persönliche Verhalten (Abschnitt 6.6.2). Beide Abschnitte richten sich sowohl an Privatpersonen wie auch an Vereine, Unternehmen, Behörden und andere Organisationen.

6.6.1 Schutz durch Technik

Die Wohnung ist durch Schlösser oder gar einen Hund oder eine Alarmanlage gesichert. Wichtige Unterlagen liegen im Bankschließfach. Der eigene Computer indes dient als Bankfiliale, Kaufhaus und Freizeitpark. Er kennt unseren Kontostand, unsere Kreditkarte, die Zugangsdaten zu unserem Social-Network-Profil und andere wertvolle Daten. Er weiß mehr Geheimnisse als irgendein Mensch über uns. Wie schützen wir ihn?

Der Klassiker unter den Sicherheitsprogrammen ist der Virenscanner. Ein Virenscanner soll Viren, Würmer und trojanische Pferde erkennen, blockieren und – sofern möglich – beseitigen. Er gehört mit stündlichen oder häufigeren Updates deshalb zur Sicherheitsgrundausstattung. Das Erkennen von Viren ist eine technisch höchst anspruchsvolle Aufgabe, da sich Viren nur in ihrer Intention von erwünschter Software unterscheiden, d. h., es existieren auf der technischen Ebene keine prinzipiellen Unterschiede. Virenscanner erkennen deshalb nur die Schadsoftware, die dem jeweiligen Hersteller bekannt ist. Das ist typischerweise nur bei massenhaft auftretender Schadsoftware der Fall. Schon eine geringfügige Modifikation der Schadsoftware verhindert eine Entdeckung. Moderne Virenbaukästen können z. B. 90.000 Varianten eines einzigen Virus erzeugen.[57] Für jeden Empfänger eine eigene Variante. Virenscanner erkennen diese Schädlinge nur in Ausnahmefällen.

---

57) Symantec (2010): Symantec Global Internet Security Threat Report Trends for 2009. Volume XV, April 2010, S. 12. http://eval.symantec.com/mktginfo/enterprise/ white_papers/b-whitepaper_internet_security_threat_report_xv_04-2010.en-us.pdf. Letzter Zugriff: 30.07.2010.

Ein weiterer Klassiker ist die Firewall. Sie soll die Verbindung eines Computers oder eines Netzwerks mit dem Internet oder anderen Netzwerken kontrollieren, d. h., sie nimmt eine andere Aufgabe als ein Virenscanner wahr. Dabei entscheidet die Firewall wie ein Grenzschützer, ob Datenpakete die Netzwerkgrenze überschreiten dürfen oder ob ihnen die Einreise bzw. Ausreise verboten wird. Moderne Betriebssysteme besitzen ebenso wie DSL-Modems von Haus aus eine Firewall, die den eingehenden Verkehr regelt. Die Reglementierung der Einreise hilft, z. B. Wurmangriffe aus dem Internet abzuwehren. Hat sich ein Datendieb Zugang zum Computer verschafft, will er seine Beute aus dem Computer hinausbringen. Dazu bedient er sich des Datennetzes, an dem der Computer angeschlossen ist. Teurere Firewalls erlauben nur bestimmten Datenpaketen die Ausreise. Sie bauen damit für den Dieb eine kleine Hürde auf. Klein deshalb, weil Kriminelle ihre Beute einfach über erlaubte Verbindungen, z. B. Port 80 für den Browser, herausschaffen. Trotzdem bleiben Firewalls eine unverzichtbare Hürde. Umfassenden Schutz bieten sie nicht.

Die vorgestellten Sicherheitsprogramme weisen ein paar nützliche Schutzeffekte aus, bieten aber keine ausreichende Sicherheit. Das Bundesamt für Sicherheit in der Informationstechnik (BSI) gibt das Standardwerk für IT-Sicherheit, den Grundschutzkatalog, heraus. Dieser beschreibt auf mehr als 3900 Seiten, wie Daten auf Computern sicher verarbeitet und gespeichert werden können. Der Umfang macht deutlich, dass Sicherheit nicht mit einem oder zwei Produkten gekauft werden kann. Im Gegenteil, sie ist Ergebnis ineinandergreifender Maßnahmen aus eingesetzter Sicherheitssoftware, Konfiguration von Betriebssystemen und Anwendungsprogrammen und persönlichem Verhalten.

Als Faustregel gilt, je wertvoller das zu schützende Gut, desto ausgefallener sollten die Schutzvorkehrungen sein. Das Ziel ist nicht der absolute Schutz vor einem Diebstahl, sondern ihn unwirtschaftlich zu machen. D.h., die Einbruchskosten sollen höher als der Wert des zu schützenden Guts sein. Welche Maßnahmen geeignet sind, die Einbruchskosten zu erhöhen, hängt vom jeweiligen Einzelfall ab. Deshalb helfen pauschale Ratschläge hier nicht weiter.

Sicherheit hängt auch von der Aktualität des Betriebssystems und der benutzten Anwendungsprogramme ab. Veraltete Versionen weisen oft bekannte Sicherheitslücken auf, die Angreifern den Zugang ermöglichen. (Vgl. Abschnitt 6.3) Manche Programme, wie z. B. das Betriebssystem Windows, aktualisieren sich selbstständig, allerdings mit der Gefahr, dass ein Update selber fehlerhaft ist und den Computer oder einzelne Anwendungen lahmlegt. Größere Unternehmen testen deshalb die Updates, ehe sie diese auf allen Computern installieren. Das Unternehmen Secunia[58] bietet für Privat-anwender die Software PSI kostenlos an, mit der die Aktualität von gängigen Programmen geprüft werden kann.

Weiterhin bestimmt die Konfiguration des Betriebssystems und der benutzten Anwendungsprogramme, wie sicher ein Computer vor Eindring-lingen ist. Nur in Ausnahmefällen sind Computer oder Programme von Haus aus sicher konfiguriert. Handarbeit ist also notwendig.

Sicherheit beschränkt sich nicht nur auf Computer oder Server. Auch kleine Geräte wie Kartenlesegeräte an Zapfsäulen helfen Kriminellen bei ihrer Arbeit. So haben Kriminelle in den USA Kartenlesegeräte an 180 Tank-stellensäulen manipuliert, sodass sie die Kreditkartendaten stehlen konn-ten.[59]

Die Komplexität von Sicherheit und modernen Computern und Software erlauben bei ehrlicher Betrachtung nur noch einen Weg: Einrichtung und Betrieb durch spezialisierte Firmen. Das gilt für den heimischen PC oder das iPhone genauso wie für die Rechner von Sozialeinrichtungen, Vereinen und in mittelständischen Unternehmen. Große Unternehmen und Behörden können sich eigene Spezialabteilungen leisten.

Mit der Einrichtung von Computern und Sicherheitsprodukten ist es alleine nicht getan. Viele Angriffe überwinden die Hürden. Dabei hinterlas-sen sie immer Spuren in sogenannten Protokolldateien. Wer diese Protokoll-dateien regelmäßig nach Auffälligkeiten (maschinell) durchsieht, entdeckt schneller Angriffe oder Unregelmäßigkeiten.[60]

Sicherheit kostet Geld – oder reparieren Sie Ihr Auto selber?

- Computer, Handy und andere Geräte vom Fachbetrieb einrichten lassen.
- Kleine und mittlere Unternehmen aller Branchen sollten ihre IT von Fachbetrieben betreiben und warten lassen.
- Sie haben die Wahl: Sie zahlen jetzt für Sicherheit oder später noch mehr für den Schaden.

---

58) URL: http://secunia.com/.
59) Heise Online (2010): Skimming-Angriffe an Tankstellensäulen, 23.02.2010. http://www.heise.de/newsticker/meldung/Skimming-Angriffe-an-Tankstellensaeulen-937855.html. Letzter Zugriff: 23.02.2010.
60) Verizon (2010): 2010 Data Breach Investigations Report, S. 50 f. http://www.verizonbusiness.com/resources/reports/rp_2010-data-breach-report_en_xg.pdf. Letzter Zugriff: 10.08.2010.

6.6.2 Schutz durch Verhalten

Unser Verhalten kann Daten ebenfalls gefährden. Dann helfen teure Sicherheitsmaßnahmen auch nicht mehr. Das fängt bereits mit der Wahl von Passwörtern an. Kurze und einfache Passwörter lassen sich zwar besser merken. Da die Rechenleistung aber stetig steigt, müssen Passwörter von Jahr zu Jahr länger werden, um nicht innerhalb weniger Sekunden erraten zu werden. Das BSI empfiehlt beispielsweise für Dienstzugänge eine Passwortlänge von 14 Zeichen.[61] Je größer der verwendete Zeichenvorrat ist, desto schwieriger ist es, ein Passwort zu knacken. Das Passwort »qwert« ist weniger sicher als das gleich lange »Q1-8p«. Wörter aus Wörterbüchern, z.B. Namen, sind schlechte Passwörter, weil jedes Passwort-Knackprogramm als erstes Wörterbücher durchprobiert.

Der Virenscanner-Hersteller BitDefender stellte in einem Experiment fest, dass 75 Prozent der untersuchten Nutzer das gleiche Passwort für ihr Social Network und für ihr E-Mail-Konto verwenden.[62] Kriminelle erhalten so bei Kenntnis des Passworts einen umfassenden Zugang. Deshalb sollte jeder Dienst ein eigenes Passwort bekommen.

Miniprogramme, sogenannte »Apps«, erweitern das iPhone oder ein Android-Smartphone zu einem individuellen Tausendsassa. Was eine App hinter der schicken Oberfläche so treibt, bleibt dem Handynutzer jedoch verborgen. Das Sicherheitsunternehmen Lookout hat 100.000 Apps aus dem Apple-Store und dem Android-Store von Google daraufhin untersucht, welche Daten sie weitergeben.[63] Das Ergebnis ist, dass fast die Hälfte der Android-Apps Code von Drittherstellern enthält, der neben Werbezwecken unter Umständen auch eine Analyse des Nutzungsverhaltens unterstützt. Teilweise wissen die App-Entwickler sogar selber nicht, was dieser Code macht. Apple überprüft im Unterschied zu Google, ob bösartige Apps in seinen Marktplatz eingestellt werden. Trotzdem schaffen es Kriminelle immer wieder, ihre Schad-Apps feilzubieten. Wer sensible Daten auf seinem Smartphone hat, wie z.B. seine Telefonkontakte, sollte sich sehr genau überlegen, welche App er installiert.

---

61) Bundesamt für Sicherheit in der Informationstechnik (2009): M 4.48 Passwortschutz unter NT-basierten Windows-Systemen. https://www.bsi.bund.de/ContentBSI/grundschutz/kataloge/m/m04/m04048.html. Letzter Zugriff: 20.08.2010.

62) BitDefender (2010): BitDefender-Experiment: Ausspionierte Social Network-Accounts ermöglichen Zugriff auf E-Mail-Postfächer, 04.08.2010. http://www.bitdefender.de/NW1671-de--bitdefender-experiment:-ausspionierte-social-network-accounts-ermoeglichen-zugriff-auf-e-mail-postfaecher.html. Letzter Zugriff: 20.08.2010.

63) Heise Online (2010): Apps telefonieren nach Hause [Update], 29.07.2010. http://www.heise.de/newsticker/meldung/Apps-telefonieren-nach-Hause-Update-1047796.html. Letzter Zugriff: 20.08.2010.

7 Aufsicht und Kontrolle über die Datenverarbeitung

Niels Lepperhoff

Die Kontrolle des Datenschutzes wird durch drei miteinander verbundene Zentren wahrgenommen. Ein Zentrum bildet die sogenannte Eigenkontrolle. Sie verpflichtet die verantwortlichen Stellen zu größtmöglicher Transparenz bei der Datenverarbeitung. Sollte diese beeinträchtigt sein, kann der von der Verarbeitung Betroffene aufgrund seiner Auskunfts- und Korrekturrechte die gesetzlich gewollte Transparenz wieder herstellen lassen. Das zweite Kontrollzentrum bildet die Fremdkontrolle. Die staatlichen Aufsichtsbehörden sind befugt zu helfen und Mängel bei der Ordnungsmäßigkeit der Datenverarbeitung zu beseitigen. Das dritte Zentrum bildet die sogenannte Selbstkontrolle. Diese verpflichtet die für eine Datenverarbeitung verantwortlichen Stellen unter bestimmten Voraussetzungen, einen betrieblichen Datenschutzbeauftragten zu bestellen. Der Datenschutzbeauftragte nutzt als Arbeitsgrundlage ein Verfahrensverzeichnis. Er schult die Mitarbeiter und dokumentiert oder organisiert die Dokumentation aller datenschutzrelevanten Vorgänge. Um seinen gesetzlichen Aufgaben angemessen nachkommen zu können, sollte der Datenschutzbeauftragte in bestehende und geplante Verfahren rechtzeitig eingebunden werden. (Vgl. Abschnitt 2.4)

7.1 Datenschutzaufsicht

(Astrid Auer-Reinsdorff)

Die Einhaltung der Datenschutzbestimmungen wird bei den öffentlichen Stellen des Bundes durch den »Bundesbeauftragten für den Datenschutz und die Informationsfreiheit«[1] überwacht. Der Bundesbeauftragte hat neben der Wahrnehmung der Aufsichts- und Kontrollaufgaben regelmäßig und auf Auf-

---

1) §§ 22 ff. BDSG. http://www.bfdi.bund.de/cln_136/DE/Home/homepage_node.html.

forderung an den Bundestag und die Bundesregierung zu berichten. Ferner soll er die Zusammenarbeit mit den Datenschutzbeauftragten der Länder fördern zum Beispiel in Datenschutzkonferenzen[2] (§ 26 Absatz 4 BDSG).[3] Der Bundesbeauftragte ist zugleich zuständig für die Aufsicht im Bereich des Datenschutzes und die Auskunftserteilung über die Tätigkeit des Bundes in Erfüllung der Verpflichtungen nach dem Gesetz zur Regelung des Zugangs zu Informationen des Bundes (Informationsfreiheitsgesetz, IFG). Dies erscheint zunächst ein Widerspruch, aber gerade in Erfüllung der Auskunftsbegehren nach dem IFG sind datenschutzrechtliche Aspekte im Hinblick auf möglicherweise zu beauskunftende personenbezogene Daten zu berücksichtigen.

Auf Länderebene sehen die Landesdatenschutzgesetze die Aufsicht der Datenverarbeitung der öffentlichen Stellen der Länder durch Landesdatenschutzbeauftragte vor, zum Beispiel das Gesetz zum Schutz personenbezogener Daten in der Berliner Verwaltung[4] den Berliner Datenschutzbeauftragten.[5]

Die datenschutzrechtliche Aufsicht über den nicht öffentlichen Bereich, also die Unternehmen und sonstigen privaten Einheiten, führen weder der Bundes- noch die Länderbeauftragten, sondern die Aufsichtsbehörden im Sinne des § 38 BSDG.[6] Eine Liste der derzeit aktuellen Aufsichtsbehörden für den nicht öffentlichen Bereich findet sich im Anhang.[7]

Die Repräsentanten der Datenschutzaufsichten für den privaten Bereich haben sich informell zum Düsseldorfer Kreis zusammengeschlossen, um in ständigen Arbeitsgruppen und regelmäßigen Treffen möglichst eine gemeinsame Haltung zu aktuellen datenschutzrechtlichen Themen erzielen zu können.[8] Aufgrund ihrer Bedeutung haben z.B. »Webanalysedienste«[9] das Interesse des Düsseldorfer Kreises geweckt.

---

2) Bericht zur 80. Konferenz der Datenschutzbeauftragten des Bundes und der Länder am 3./4.11.2010 in Freiburg.
   http://www.bfdi.bund.de/cln_136/DE/Oeffentlichkeitsarbeit/Pressemitteilungen/2010/80DSK_NeueHerausforderungAnDenDatenschutz.html?nn=408908.

3) Ein Zentralarchiv der Tätigkeitsberichte der Datenschutzbeauftragten findet sich unter http://www.fh-giessen-friedberg.de/zaftda/.

4) http://www.datenschutz-berlin.de/attachments/346/BlnDSG2008.pdf.

5) http://www.datenschutz-berlin.de/.

6) Für die katholische und evangelische Kirche sind auf Basis kircheneigener Gesetze gesonderte Aufsichtsbehörden eingerichtet.

7) Siehe Abschnitt A.3.

8) Beschlüsse abrufbar unter https://www.ldi.nrw.de/mainmenu_Service/submenu_Entschliessungsarchiv/Inhalt/Beschluesse_Duesseldorfer_Kreis/index.php.

9) S. »Webanalysedienste« – Abschnitt 3.4.3.

Der EuGH hat am 03.12.2009 in der Rechtssache C-518/07 entschieden,[10] dass einige Aufsichtsbehörden für den Datenschutz in den Ländern nicht hinreichend unabhängig ausgestaltet waren. Der EuGH bezog sich auf Behörden wie Regierungspräsidien oder Ministerien, die in acht Bundesländern (Baden-Württemberg, Bayern, Brandenburg, Hessen, Rheinland-Pfalz, Saarland, Sachsen-Anhalt und Thüringen) als Datenschutzstellen für den nicht öffentlichen Bereich agieren. Artikel 28 Abs. 1 Unterabs. 2 der Richtlinie 95/46/EG des Europäischen Parlaments und des Rates vom 24.10.1995 zum Schutz natürlicher Personen bei der Verarbeitung personenbezogener Daten und zum freien Datenverkehr schreibt den Mitgliedstaaten vor, dass sie Kontrollstellen einsetzen müssen, die als Hüter der Grundrechte und Grundfreiheiten agieren. Da die Datenschutzstellen der acht Bundesländer staatlicher Aufsicht unterstellt sind, könnten sie nicht, wie es die EU-Richtlinie vorsehe, in *völliger Unabhängigkeit* arbeiten, entschied der EuGH. Es bestehe die Gefahr der Einflussnahme. Die Länder haben entsprechend umzustrukturieren.

Auf europäischer Ebene agieren der Europäische Datenschutzbeauftragte[11] sowie die Artikel-29-Arbeitsgruppe[12]. Der Europäische Datenschutzbeauftragte ist auf Basis der Verordnung (EG) Nr. 45/2001 des Europäischen Parlaments und des Rats vom 18.12.2000 zum Schutz natürlicher Personen bei der Verarbeitung personenbezogener Daten durch die Organe und Einrichtungen der Gemeinschaft und zum freien Datenverkehr[13] tätig und führt die Aufsicht über die Organe und Einrichtungen der Europäischen Union im Hinblick auf datenschutzrechtliche Fragen. Die Artikel-29-Gruppe hat beratende Funktion gegenüber den Gemeinschaftsorganen.[14] In diesem Rahmen gibt sie unabhängige fachliche Stellungnahmen zu allgemeinen Datenschutzthemen ab. Sie setzt sich zusammen aus je einem Repräsentanten

---

10) http://eur-lex.europa.eu/LexUriServ/LexUriServ.do?uri=
OJ:C:2010:113:0003:0004:DE:PDF;
http://curia.europa.eu/jurisp/cgi-bin/gettext.pl?lang=de&num=
79899690C19070518&doc=T&ouvert=T&seance=ARRET.

11) Zusammenfassung der Europäischen Vorschriften unter https://www.ldi.nrw.de/
mainmenu_Gesetze/submenu_Datenschutz/Inhalt/EuropaeischesRecht/index.php.

12) Diese Arbeitsgruppe ist auf Basis des Artikels 29 der am 24.10.1995 erlassenen Richtlinie 95/46/EG zum Schutz natürlicher Personen bei der Verarbeitung personenbezogener Daten und zum freien Datenverkehr eingesetzt. http://ec.europa.eu/justice/policies/privacy/workinggroup/index_en.htm.

13) http://eur-lex.europa.eu/LexUriServ/site/de/oj/2001/l_008/
l_00820010112de00010022.pdf.

14) http://ec.europa.eu/justice/policies/privacy/index_en.htm.

der Datenschutzaufsicht der Mitgliedsländer, dem Europäischen Datenschutzbeauftragten und einem nicht stimmberechtigten Mitglied der Europäischen Kommission.

7.2 Kontrolldichte

Im Datenschutzbarometer 2010 wurde berechnet, dass die deutschen Aufsichtsbehörden für den Datenschutz im privaten Bereich nur etwa 2,6 Stellen
pro 100.000 Unternehmen zur Verfügung hatten.[15] Diese sowieso schon
wenigen Personen haben aber nicht nur Vor-Ort-Kontrollen durchzuführen,
sondern kümmern sich z.B. auch um Anfragen aus der Bevölkerung oder sind
für Unternehmen beratend tätig.

Die Aufsichtsbehörde für den Datenschutz im nicht öffentlichen Bereich
von Baden-Württemberg hat im Jahr 2008 insgesamt zwölf Unternehmen vor
Ort überprüft. Damit stellen die überprüften Unternehmen mit 0,0025 Prozent nur einen sehr marginalen Teil der in Baden-Württemberg existierenden
477.928 Unternehmen.[16] Bei dieser Taktung kann ein Unternehmen in
Baden-Württemberg nur alle 39.400 Jahre einmal kontrolliert werden. Eine
abschreckende Kontrolldichte ist mit der aktuellen Personalausstattung
unmöglich.

Doch was passiert eigentlich, wenn die Behörden bei einer Kontrolle
Datenschutzverstöße bemerken? Denn das ist immerhin bei etwa drei Viertel
der eingehenden Beschwerden der Fall.[17] Bußgelder in Millionenhöhe für die
Datenschutzverstöße bei der Deutschen Bahn[18] und zum wiederholten Male
bei Lidl[19] machten Schlagzeilen. Doch wurden innerhalb eines Jahres gerade

---

15)   Xamit (2010): Datenschutzbarometer 2010, S. 39 ff. http://www.xamit-leistungen.de/
      downloads/XamitDatenschutzbarometer2010.pdf. Letzter Zugriff: 28.02.2011.

16)   Statistische Ämter des Bundes und der Länder: URL: http://www.statistik-portal.de/
      Statistik-Portal/de_enterprise.asp?reg=08. Letzter Zugriff: 18.11.2010.

17)   S. Antwort des Innenministeriums zum Antrag der Landtagsfraktion der SPD (Drucksache
      14/4478), S. 3.

18)   RP Online (2009): Datenskandal: Bahn soll Bußgeld zahlen. http://nachrichten.rp-online.de/
      article/wirtschaft/Datenskandal-Bahn-soll-Bussgeld-zahlen/55735. Letzter Zugriff:
      18.11.2010.

19)   Innenministerium Baden-Württemberg (2008): Datenschutzaufsichtsbehörden verhängen
      gegen Lidl-Vertriebsgesellschaften hohe Bußgelder wegen schwerwiegender Datenschutz-
      verstöße (2008). https://www.datenschutzzentrum.de/presse/20080911-bw-lidl-
      bussgeldverfahren.pdf. Letzter Zugriff: 18.11.2010, und: Welt (2009): Datenschutz
      verhängt Bußgeld gegen Lidl. URL http://www.welt.de/wirtschaft/article4353471/
      Datenschutz-verhaengt-Bussgeld-gegen-Lidl.html. Letzter Zugriff: 18.11.2010.

einmal 2,75 Bußgeldbescheide pro Bundesland erlassen.[20] Diese geringe Anzahl an Bußgeldverfahren liegt unter anderem an der knappen personellen Ausstattung der Aufsichtsbehörden. Denn wenn keine wirksamen Kontrollen durchgeführt werden, können auch keine Verstöße aufgedeckt und keine Bußgelder verhängt werden. Wenn sich ein Unternehmen im Falle eines Datenschutzverstoßes einsichtig zeigt, kann auch auf ein Bußgeldverfahren verzichtet werden. Bei Daimler z.B. wurden heimlich Listen mit Krankendaten von Mitarbeitern erstellt. Da das Unternehmen kooperierte und die Fälle umgehend aufarbeitete, kam es bisher mit zwei Rügen der Aufsichtsbehörde davon.[21]

So überrascht es nicht, wenn Unternehmen sich einfach keine Gedanken über den Schutz der ihnen anvertrauten Daten machen oder Datenschutzverstöße ganz bewusst in das unternehmerische Risiko einkalkulieren. Datenschutzverstöße sind auch in Zukunft aus unserem Alltag nicht mehr wegzudenken.

7.3 Kontrolle als Wettbewerbsvoraussetzung

Die Voraussetzung fast aller Geschäftsbeziehungen ist Vertrauen. Egal, ob ein Konsument nun Bücher im gewohnten Online-Shop bestellt oder ein Bankkunde Informationen über ein Finanzierungsangebot einholt: Das Unternehmen muss dem (potenziellen) Kunden glaubhaft machen, dass das in ihn gesetzte Vertrauen nicht enttäuscht wird. Denn enttäuschte Kunden wandern schnell zur Konkurrenz. Seitdem persönliche Daten auch elektronisch verarbeitet werden, kommt dem Vertrauen in den rechtskonformen Umgang mit personenbezogenen Daten gesteigerte Bedeutung zu. Doch misstrauen heutzutage 82 Prozent der Deutschen den Unternehmen hinsichtlich des Umgangs mit den von ihnen gespeicherten Daten.[22] Hier bietet sich für diejenigen Unternehmen, die die Datensicherheit ihrer Kunden ernst nehmen, eine gute Möglichkeit, sich als besonders vertrauenswürdig zu positionieren und so einen Wettbewerbsvorteil zu erhalten. Zurzeit gereicht datenschutzkonformes Verhalten jedoch vielen Unternehmen eher zum Nachteil als zum Vorteil.

---

20) Vgl. Holländer, Corinna (2009): Datensündern auf der Spur – Bußgeldverfahren ungeliebtes Instrument der Datenschutzaufsichtsbehörden?, in: Recht der Datenverarbeitung (RDV), Oktober 2009, S. 215 – 222.

21) Virtuelles Datenschutzbüro (2009): Daimler wegen Speicherung von Krankendaten gerügt. http://www.datenschutz.de/news/detail/?nid=3920. Letzter Zugriff: 18.11.2010.

22) Institut für Demoskopie Allensbach (2009): Zu wenig Datenschutz? Die meisten sind mit persönlichen Daten vorsichtiger geworden, Allensbacher Bericht Nr. 6/2009.

Denn sie müssen Ressourcen für Sicherheit und Datenschutz einsetzen, welche die Datenschutzverweigerer für andere Unternehmensziele aufwenden können. Um eine Wettbewerbsgleichheit herzustellen, muss in Deutschland ein einheitlicher Datenschutzstandard geschaffen werden.

Ein einheitlicher Datenschutzstandard kann aber nur dann garantiert werden, wenn effiziente Kontrollmechanismen vorhanden sind. Diese zu etablieren ist Aufgabe der Politik,[23] denn freiwillige Selbstkontrollen werden nicht zum gewünschten Erfolg führen, wie das Beispiel des TÜV zeigt. Wäre es nicht gesetzlich vorgeschrieben und mit Bußgeld bewehrt, so würden wohl die wenigsten Fahrzeughalter ihr Fahrzeug regelmäßig auf mögliche technische Mängel hin untersuchen lassen. Doch gerade diese regelmäßige Untersuchung gibt den Verkehrsteilnehmern das nötige Vertrauen, dass nicht nur ihres, sondern auch die anderen Fahrzeuge einem Mindestsicherheitsstandard entsprechen.

---

23) Ein Vorschlag zur Einführung eines wirksamen Kontrollmechanismus findet sich im Datenschutzbarometer 2009, S. 35 f. http://www.xamit-leistungen.de/downloads/ XamitDatenschutzbarometer2009.pdf. Letzter Zugriff: 28.02.2011.

8 Forschung: Wo geht die Reise hin?

Joachim Jakobs

8.1 RFID

Das Akronym RFID basiert auf dem englischen Begriff »radio-frequency identification«. Das lässt sich ins Deutsche übersetzen mit »Identifizierung mithilfe elektromagnetischer Wellen«. RFID ermöglicht die automatische Identifizierung und Lokalisierung von Gegenständen und Lebewesen und erleichtert damit erheblich die Erfassung von Daten.

Dazu wird am Objekt ein sogenannter Transponder befestigt, der die Daten des Objekts trägt. Die Daten des Transponders werden mithilfe spezieller Geräte auf bis zu 15 Meter Entfernung ausgelesen. Je nach eingesetzter Technik verfügen (»aktive«) Transponder über eine eigene Energieversorgung oder sie entnehmen – passiv – ihre Betriebsspannung dem elektromagnetischen Feld. Zu den wichtigsten Einsatzgebieten gehört die Warenwirtschaft im Einzelhandel: Der Future Store[1] der Metro-Gruppe in Tönisvorst ermöglicht Kritikern zufolge bereits das vollautomatische Einkaufen – Personal ist dabei theoretisch nicht mehr nötig.[2] Durch den einmaligen RFID-Chip und das bargeldlose Bezahlen lässt sich jederzeit rekonstruieren, welcher Kunde was gekauft hat (es sei denn der Kunde deaktiviert den Chip am Ausgang des Marktes mithilfe des dortigen »De-Activators«). Die Firma Reno kündigte 2007 an, ihre Schuhe künftig zwecks Diebstahlsicherung mit solchen Chips auszurüsten. Die Kunden könnten die Technik nach dem Kauf deaktivieren.[3]

---

1) http://de.wikipedia.org/wiki/Future_Store.
2) http://www.heise.de/newsticker/meldung/Die-Zukunft-des-Shoppings-78461.html.
3) http://www.silicon.de/technologie/netzwerk/0,39044013,39182858,00/
   reno_sichert_schuhwerk_mit_radio_frequency.htm.

Schier ungeahnte Möglichkeiten eröffnen sich in der Verkehrstelematik: Walter Maibach ist der Ansicht, dass konventionelle Nummernschilder schon bald durch RFID-Chips angereichert werden.[4] Maibach ist Mitarbeiter der »PTV AG – Die Verkehrsoptimierer« (Stuttgart) und leitet das EU-Verkehrs-Projekt ASSET[5]. In Großbritannien wurde bereits vor Jahren mit derlei Technik herumexperimentiert.[6] Die Chips verfügen über eine eigene Batterie und funken deshalb zehn Jahre lang auf bis zu 100 Meter Daten an jeden Interessierten. Damit lässt sich nicht nur die Geschwindigkeit von 200 Fahrzeugen gleichzeitig kontrollieren (vorausgesetzt, dass 320 km/h nicht überschritten werden!) – genauso können vereinfacht Steuer und Versicherung oder der Besuch eines Parkhauses abgerechnet werden. In Verbindung mit dem Speed-pass-System[7] von Exxon lässt sich auch das Tanken automatisiert abrechnen.[8] Weiter käme man ganz fix Autodieben auf die Spur.[9]

Offenbar nehmen sich die Verkehrsüberwacher ein Beispiel an den Chinesen: Der Entwickler IPICO kündigte im Jahr 2009 ein »fortgeschrittenes integriertes RFID Auto-Identifizierungs und -Registrierungs-, Strecken- und Mautabrechnungsprogramm für ganz China« an.[10] Was bei 1,5 Milliarden Chinesen klappt, sollte doch bei 500 Millionen Europäern eine Kleinigkeit sein!? Die Holländer bilden die Vorhut: Die Niederländer werden den Straßenverkehr vollständig ab 2015 per GPS erfassen.[11] Die Autofahrer sollen drei Cent je gefahrenen Kilometer bezahlen.

Dabei könnte die RFID-Technik tatsächlich auch dem Menschen dienlich sein – zum Beispiel bei der Kurzzeitmiete von Autos, wie sie z.B. Daimler mit seinem Projekt »Car2go« anbietet.[12] Nach der einmaligen Registrierung kleben Sie als Car2go-Kunde den RFID-Transponder dauerhaft auf den Führerschein. Wann immer Sie dann in Ulm, Hamburg oder der US-amerikanischen Stadt Austin unterwegs sind und Lust verspüren, einen Smart zu fahren, können Sie in Ihrer iPhone-App gucken, wo sich der nächste Smart befindet,

---

4) http://ec.europa.eu/research/infocentre/article_en.cfm?id=/research/transport/news/article_10368_en.html&item=Infocentre&artid=17058.
5) http://www.project-asset.com/index1.php?lan=de.
6) http://www.spiegel.de/netzwelt/tech/0,1518,369248,00.html.
7) https://www.speedpass.com/.
8) http://www.marketingshift.com/2005/1/exxon-mobile-speedpass-hack-via-rfid.cfm – Allerdings wurde das Exxon-System bereits geknackt.
9) http://www.innovations-report.de/html/berichte/informationstechnologie/bericht-75987.html.
10) http://www.digitaljournal.com/pr/110051.
11) http://www.taz.de/1/politik/schwerpunkt-ueberwachung/artikel/1/niederlaender-fuehren-kontrollsystem-ein/.
12) http://www.heise.de/autos/artikel/Car2go-Pkw-Spontanmiete-wird-weiter-ausgebaut-964818.html.

dann »halten Sie kurz Ihren Führerschein mit dem car2go-Siegel vor das Kartenlesegerät hinter der Windschutzscheibe und schon öffnet sich das Fahrzeug«, wie die Werbung verspricht.[13] So einfach geht das. Der Fahrzeugschlüssel zum Starten befindet sich im Inneren. Großen Wert legt Unternehmenssprecher Andreas Leo auf den Datenschutz. Es würden keine Bewegungsprofile mit den Fahrzeugen erstellt.

Auch das Ummelden von Pkw würde mithilfe von RFID deutlich fixer vonstatten gehen: zusammen mit dem elektronischen Kfz-Schein sogar vom heimischen PC.[14] Es ist nicht allzu viel Phantasie nötig, um sich vorzustellen, dass die wirtschaftlichen Interessen der beteiligten Unternehmen die Einführung elektronischer Kennzeichen, elektronischer Fahrzeugscheine[15] und elektronischer Führerscheine[16] beflügeln werden.

Ähnlich sieht es in anderen Bereichen aus: RFID-Chips erfreuen sich künftig nicht nur in der Wirtschaft, sondern auch in Personalausweisen großer Beliebtheit – und das, obwohl diese offenbar auch für digitale Schädlinge anfällig sind. Wissenschaftler der Universität von Amsterdam wollen 2006 den Nachweis erbracht haben, dass sich Schadcode über die Lesegeräte verbreiten lässt.[17] Geschrieben wurde der RFID-Virus angeblich von einem Studenten in nur vier Stunden. Es sei zu befürchten, dass nicht nur die Chips, sondern auch die Lesegeräte und die Systeme im Hintergrund infiziert werden könnten. Dadurch könnten auch Supermärkte und Gepäckabfertigungen an Flughäfen in Gefahr geraten. Oder eben (über die Personalausweise) auch die Einwohnermeldeämter. Und womöglich wäre der Schädling auch noch mobil und würde sich auch für die Datenbanken anderer Behörden interessieren, die Name, Wohnort, Geburtsdatum und ähnliche Informationen sammeln. Da RFID mit dem Internet verbunden werden kann,[18] lassen sich die mit RFID gefütterten Objekte – theoretisch! – nicht nur weltweit verfolgen – es ist auch nicht auszuschließen, dass Schadsoftware zwischen RFID und Internet hin und her wechselt. Ob von dieser Verknüpfungsmöglichkeit Gebrauch gemacht wird, ist bislang vor allem davon abhängig, ob jemand darin für sich ein sinnvolles Geschäftsmodell oder eine andere Art Nutzen entdeckt.

---

13) http://www.car2go.com/ulm/de/einsteigen/start-ziel/oeffnen/.
14) http://www.heise.de/autos/artikel/Elektronische-Kennzeichen-koennten-Kfz-Zulassung-stark-vereinfachen-445599.html.
15) http://www.ifg.cc/index.php?option=com_content&task=view&id=3721&Itemid=99999999.
16) http://www.itseccity.de/content/produkte/digitalesignatur/080208_pro_dig_iics.html.
17) http://www.computerworld.ch/aktuell/itsecurity/35446/.
18) http://ipv6.com/articles/applications/Using-RFID-and-IPv6.htm.

8.2 Höhere Leistung, höhere Nachfrage

Das »Mooresche Gesetz« besagt, dass sich die Anzahl der Schaltkreise auf einem Computer alle 18 bis 24 Monate verdoppelt. Dieses Gesetz von Gordon Moore – einem der Gründer des US-Halbleiterherstellers Intel – hat seit 1965 Bestand.[19] Im Frühjahr 2008 verkündete der Konzern, dass es auch die nächsten 20 Jahre noch gelten werde.[20] Die explosionsartig steigende Schaltkreisdichte bewirkt eine ähnlich wachsende Rechenkapazität – Fachleute drücken diese in »Gleitkommaoperationen pro Sekunde«, kurz »FLOPS« (»Floating Point Operations Per Second«[21]): aus. Entsprechend der Vorhersage ging 2009 Europas erster Peta-FLOP-Supercomputer am Forschungszentrum Jülich in Betrieb.[22] Die Vorsilbe »Peta« bedeutet, dass dieses Monster jede Sekunde eine Billiarde Rechenoperationen ausführen kann – damit lassen sich etwa die Bilder eines Kernspin-Tomographen »in Echtzeit« auswerten, d. h., die Bilder sind eine Sekunde nach ihrer Aufnahme bereits analysiert. Laut *Heise online* hätten aktuelle Systeme 2008 noch zwei Stunden an dieser Analyse zu beißen gehabt. Im Jahr 2029 sei demzufolge mit Zetta-FLOP-Systemen zu rechnen; damit ließen sich Wetterprognosen für die kommenden 14 Tage mit der theoretisch maximalen Genauigkeit in Echtzeit berechnen.

Ein ähnliches Bild ergibt sich bei der Anwender-Elektronik. Ein »intelligentes« Telefon mit Android-Betriebssystem ist leistungsfähiger[23] wie ein Supercomputer aus dem Jahr 1969[24] – der wesentliche Unterschied: Das Telefon passt in die Hosentasche, während der Supercomputer einer vierköpfigen Familie Platz für einen bequemen Campingurlaub hätte bieten können (nähme man ihm die Innereien). Die Leistungssteigerungen finden auf allen Ebenen statt: Im Dezember 2010 berichtet *Technology Review,* dass Google beispielsweise mit einem Bündel von Verbesserungen, genannt »mod_pagespeed«, die Leistungen von Internetservern verdoppeln oder gar verdreifachen will.[25] Die Telekom hat im Frühjahr 2011 begonnen, 1000-Megabit-Glasfaserleitungen zu verlegen.[26] Damit sollen in zehn deutschen Städten bis

---

19) http://de.wikipedia.org/wiki/Mooresches_Gesetz.
20) http://www.heise.de/newsticker/meldung/IDF-Moore-s-Law-bis-2029-194902.html.
21) http://de.wikipedia.org/wiki/Gleitkommaoperation.
22) http://www.golem.de/0905/67346.html.
23) http://www.mobiflip.de/2010/05/android-2-2-froyo-erste-geschwindigkeitsmessung-wurde-durchgefuehrt-und-ueberzeugt/.
24) http://research.microsoft.com/en-us/um/people/gbell/craytalk/sld052.htm.
25) http://www.heise.de/tr/artikel/Google-beschleunigt-das-Web-1143475.html.
26) http://www.fr-online.de/wirtschaft/daten-in-lichtgeschwindigkeit/-/1472780/7504834/-/index.html.

Ende des Jahres Daten in Lichtgeschwindigkeit übertragen werden können. Der UMTS-Nachfolge-Standard LTE wird mobile Download-Raten von 100 Mbit ermöglichen.[27]

8.3 Das allgegenwärtige Internet verlangt nach der Wolke

Die schiere Leistungssteigerung ist das eine. Die Daten – etwa der Stromverbraucher – sollen auf beliebigen Plattformen jederzeit verfügbar sein: Der intelligente Stromzähler misst den Verbrauch und leitet seine Daten zur Abrechnung an den Versorger. Der Versorger muss aber nicht nur abrechnen, sondern aus den Daten der Vergangenheit auch noch den aktuellen Bedarf ermitteln und entsprechend Strom einspeisen. Und der eine Stromkunde will seine Abrechnung aus dem Netz aufs Handy runterladen, sein Nachbar möchte seine Abrechnung aber als PDF an seine E-Mail-Adresse geschickt bekommen. Das bedeutet: Die gleichen Daten müssen für beliebige Endgeräte verfügbar sein. Das Internet dient als Universal-Speicher und -Transportmedium. Der Anwender soll die Daten wahlweise kabellos oder auch kabelgebunden auf sein Endgerät erhalten können. Hinzu kommt: Die Daten für die Abrechnung und die für die Kapazitätsplanung können physikalisch und sogar geographisch auf getrennten Rechnern liegen.

Das schafft nicht nur technische Probleme. Auch die Juristen müssen völliges Neuland betreten: Welche Daten lagern jetzt in Deutschland? Welche in einem anderen Mitgliedsland der Europäischen Union? Und welche irgendwo in der Welt? Hat der Kunde der Verlagerung seiner Daten zugestimmt? Welche Vorschriften gelten, wenn der Vertragspartner des Kunden von einem nicht europäischen Konzern übernommen wird? Wer muss im Streitfall nachweisen, dass er seiner Sorgfaltspflicht genüge getan hat? Der Kunde? Sein Auftragnehmer oder dessen Dienstleister? Je nachdem, welche Daten verlorengehen, ist der Betroffene bedroht. Lebenslänglich. Er kann aber die entstehenden Schäden womöglich nicht zweifelsfrei diesem Datenverlust zuordnen. – Denn schließlich scheint es noch nicht einmal Standard zu sein, jeden Datenzugriff zu protokollieren.[28] Und selbst wenn er das kann, ist keineswegs gesichert, dass er dann eine angemessene Entschädigung erhält. Auf die juristische Forschung und den Gesetzgeber wartet hier wahre Kärrnerarbeit – die eigentlich erledigt sein sollte, noch bevor die Dienste in Betrieb gehen.

---

27) http://www.golem.de/0912/71848.html.
28) http://www.welt.de/wirtschaft/webwelt/article12680570/Beim-Cloud-Computing-drohen-gefaehrliche-Luecken.html.

Und: Die Wolke könnte womöglich zur Schädlingsschleuder mutieren, wie die *Computerworld* befürchtet:[29] Die Kriminellen nähmen die verfügbaren Leistungen der Wolke lieber zu Hilfe als die der Botnetze, da es weniger Zeit brauche, um sie aufzubauen. Einen Tag, bevor *Computerworld* darüber berichtete, hatte der Deutsche Thomas Roth einen Verschlüsselungsalgorithmus der US-amerikanischen National Security Agency geknackt.[30] Dabei hatte er ein Cloud-Angebot von Amazon genutzt. Gegenüber *Zdnet* erläutert Roth: »Ich denke, Cloud-Cracking wird in Zukunft sehr nützlich sein, da es massiv parallel operiert. Mit ein paar Klicks hat man ein Cluster mit hundert Knoten für eine solche Aufgabe gestartet.« *Zdnet* resümiert: »In seinem Blog schildert er, wie er [...] sechsstellige Passwörter innerhalb von 49 Minuten knacken konnte – zum Preis von 2,10 Dollar pro Stunde für den Clouddienst.«

8.4 Künstliche Intelligenz

Angesichts der Raffinesse der Angreifer wäre es zu wünschen, dass die Maschine mal so klug wird, dass sie sich quasi selbst beschützen kann. Die breite Öffentlichkeit konnte sich im Frühjahr 2011 von Watsons Klugheit überzeugen: Das Elektronenhirn aus dem Hause IBM hat kürzlich in »Jeopardy« – der US-amerikanischen Fassung von »Wer wird Millionär«, gegen zwei frühere Sieger der Quizsendung gewonnen.[31] Bemerkenswert dabei: Die Fragen wurden nicht per Tastatur eingegeben, sondern mündlich gestellt. Und genauso mündlich beantwortet. Insbesondere die Sprachqualität war hervorragend! Zeit ist ein wesentlicher Faktor bei Jeopardy. Trotzdem hat die Maschine ihre Konkurrenten »deklassiert«, wie *die Süddeutsche Zeitung* berichtete.[32]

---

29) http://www.computerworld.ch/aktuell/news/52892/.
30) http://www.zdnet.de/news/wirtschaft_sicherheit_security_hacker_knackt_
     passwoerter_mithilfe_der_amazon_cloud_story-39001024-41540830-1.htm.
31) http://www.computerwoche.de/management/2366099/.
32) http://www.sueddeutsche.de/digital/mensch-gegen-maschine-bei-jeopardy-supercomputer-
     watson-deklassiert-quiz-meister-1.1060969.

Dem Watson-Avatar ging das Licht schneller auf als der Konkurrenz. (Quelle: Wikipedia)

So können bereits heute verschiedene Techniken zusammengeschaltet werden: Die Datengeschwindigkeit von LTE[33], die Cloud-Services[34] und Watson. Heraus käme dann die (technische) Möglichkeit für jede Politesse, bei der Überwachung des »ruhenden« Straßenverkehrs ein Foto eines beliebigen Passanten zu machen und ihn Sekunden später zu fragen, wann er endlich seinen letzten Strafzettel bezahlt. Die Firma Neurotechnology im litauischen Vilnius bietet bereits einen Entwicklungsbaukasten für eine derartige Anwendung an.[35]

---

33) Vgl. Abschnitt 8.2.
34) Vgl. Abschnitt 8.3.
35) http://www.neurotechnology.com/download/FaceCell_EDK_Brochure_2010-09-10.pdf.

Personenkontrolle 2.0 – Nachdem FaceCell EDK ein Foto von dem Verdächtigen gemacht wurde, spuckt das Telefon die personenbezogenen Daten aus. (Quelle: neurotechnology.com)

Das System kann das Foto des zu Kontrollierenden mit 3000 Bildern in der Datenbank vergleichen – das ist wohl im Verhältnis zu Watson noch ein wenig langsam, lässt sich aber sicher steigern. Und wenn FaceCell dann noch sprachliche Fähigkeiten entwickelt, kann der Polizist 2.0 dem System theoretisch sämtliche Daten entlocken, die über die Person in diesem System (oder einem mit ihm verbundenen) gespeichert sind.

Etwa Daten, die Gehirnscanner künftig womöglich aus unserem Oberstübchen absaugen.[36] Konzepte für solche Kisten werden von Militärs in Großbritannien und den USA ersonnen. Es droht ein »Daten-Tsunami«[37]: Die »Future Group« – eine Gruppe europäischer Innen- und Justizminister, die sich dem Guardian zufolge auf Betreiben Deutschlands 2007 gegründet hat[38] – schreibt in einem »Konzeptpapier zur öffentlichen Sicherheit in einer vernetzten Welt«:[39]

36)   http://www.heise.de/tp/r4/artikel/30/30959/1.html.
37)   http://www.vdi-nachrichten.com/vdi-nachrichten/aktuelle_ausgabe/
        akt_ausg_detail.asp?cat=2&id=50419.
38)   http://www.guardian.co.uk/world/2008/aug/07/eu.uksecurity.
39)   http://www.statewatch.org/news/2008/jul/eu-futures-dec-sec-privacy-2007.pdf.

»Die Bürger hinterlassen bereits viele digitale Spuren mit ihren Bewegungen. Eins allerdings ist klar: Die Anzahl dieser Spuren (und die detaillierten Informationen, die sie enthalten) wird sich höchstwahrscheinlich innerhalb der nächsten zehn Jahre um ein Zigfaches steigern. Von jedem Objekt, das eine Person benutzt, jeder Transaktion, die sie unternimmt, und nahezu überall, wo sie hingeht, wird es digitale Aufzeichnungen geben. Das bedeutet für die Sicherheitsorgane reichlich Information und liefert riesige Möglichkeiten für effektive und produktive Sicherheitsanstrengungen.«

Es geht aber nicht mehr allein um die schiere Masse. Karlheinz Meyer, Professor für Experimentalphysik an der Universität Heidelberg, beschäftigt sich mit der Leistungsfähigkeit von Computern und vergleicht sie mit denen des menschlichen Gehirns.[40] Und ihn interessieren die Konsequenzen, die sich daraus ergeben könnten. Am Schluss seiner Abhandlung zieht er das Fazit: »Für die zukünftige Nutzung [...] werden [...] Computer nach dem Vorbild des menschlichen Gehirns vielleicht doch eines Tages möglich sein.«

Die Universität Magdeburg unterscheidet zwischen »schwacher« und »starker« künstlicher Intelligenz (kI).[41] Die schwache konzentriert sich demnach auf die Lösung von Problemen mithilfe von Mathematik und Informatik. Die starke wolle der Maschine zusätzlich ein eigenes »Bewusstsein«, »Emotionen« und sogar einen eigenen »Willen« verschaffen. Ob dies gelingen könne, sei auch in der Wissenschaft umstritten.

Aktuell arbeiten die Wissenschaftler an der parallelen Informationsverarbeitung: Konventionelle Computer arbeiten in der Regel eine Aufgabe nach der anderen ab; das Gehirn nimmt mehrere Reize gleichzeitig auf und setzt sie zueinander in Beziehung.[42]

Selbst wenn die künstlich Intelligenten »schwach« bleiben sollten, könnten sie dem einen oder der anderen sicher dennoch Angst einjagen: Im Forschungsprojekt »Kismet« beschäftigen sich die Magdeburger mit Wahrnehmungstheorie, der Erkennung anderer und vielem mehr. Der Roboter nimmt über Sensoren seine Umwelt wahr und »reagiert« emotional: »beispielsweise glücklich, interessiert, ruhig, böse, traurig, überrascht und angeekelt«[43]. Weiter heißt es: »Das Projekt vereint viele Unterarten der Forschung an künstlicher Intelligenz in sich, sowohl wissensbasierte Systeme als auch neuronale Netze, Bild- und Sprachverarbeitung sowie Robotik mit dem Ziel, ein

---

40) http://www.uni-heidelberg.de/presse/ruca/ruca07-1/vorbild.html.
41) http://www.uni-magdeburg.de/iew/web/studentische_projekte/ws04/berger/
    schwach-stark.htm.
42) http://www.uni-magdeburg.de/iew/web/studentische_projekte/ws04/berger/
    Problematik.htm.
43) http://www.uni-magdeburg.de/iew/web/studentische_projekte/ws04/berger/Kismet.htm.

System zu schaffen, dass vorher Gelerntes umsetzen kann, um mehr und komplexere Fähigkeiten zu entwickeln.«

Anwendungen gibt es – zum Beispiel für das Pokern. Wie das funktioniert, zeigt das Deutsche Forschungszentrum für Künstliche Intelligenz (DFKI) in einem Youtube-Video.[44] Offenbar hat der Mensch das Rennen in diesem Bereich aber bereits verloren: 2007 haben Profi-Spieler zwar noch gegen das Programm »Polaris« gewonnen,[45] nach Verbesserungen in der Software waren die menschlichen Pokerfreunde jedoch 2008 bereits unterlegen.[46] Bei einer internationalen Pokerveranstaltung im November 2010 waren dann schließlich nur noch Menschen zugelassen.[47] Unsere künstlichen Mitkreaturen – seien sie nun virtuell oder in Hardware gegossen – arbeiten dabei mithilfe von Sensoren. Der Verein Deutscher Ingenieure (VDI) erläutert:[48]

»Sensoren sind so etwas wie künstliche Sinnesorgane, die Helligkeit, Druck, Temperatur, Abstände, Strahlung, Farbe oder sonstige Informationen aus der Außenwelt und über den Zustand der Einheit selbst aufnehmen und als Signale weitergeben. Diese Signale werden – und das ist jetzt die dritte Komponente – durch Mikroprozessoren, wenn man so will einen Computer, im Rahmen eines Softwareprogramms verarbeitet und daraus in Befehle zur Reaktion auf die eingehenden Informationen umgewandelt. Die Befehle gehen schließlich an sog. Aktoren – die vierte Komponente. Aktoren sind das Gegenstück zu den Sensoren: Sie setzen die Signale der Steuerung wiederum in mechanische Arbeit oder Bewegung um, z. B. um ein Ventil zu schließen oder einen Greifarm zu bewegen.«

Die Maschine ist also in der Lage, ihre Umgebung »wahrzunehmen«, beliebig lang zu speichern, auszuwerten und zu »reagieren«. Somit ist nicht auszuschließen, dass die menschlichen Sinnesorgane fürs Sehen, Riechen, Schmecken, Hören und Tasten früher oder später perfekt von der Technik imitiert werden. – Nur vermutlich ein wenig präziser: Menschlicher Schweiß könnte wohl gleich auch noch einer chemischen Analyse unterzogen werden. Hinzu kommt die Fähigkeit, die Daten jederzeit zu übertragen. Dadurch werden Datenverknüpfungen (vgl. Abschnitte 3.3 und 3.5) möglich, von denen die Ermittlungsbehörden und Datenschützer gleichermaßen – wenn auch mit unterschiedlichen Vorzeichen – träumen. Es gibt bereits Roboter wie den

44) http://www.youtube.com/watch?v=H8PWp5Gl9CQ.
45) http://www.heise.de/newsticker/meldung/Profispieler-siegen-knapp-gegen-Pokerprogramm-Polaris-155899.html.
46) http://www.os-informer.de/aid,651566/Computerprogramm-schlaegt-Pokerprofis/Hardware/News/.
47) http://www.theregister.co.uk/2010/11/05/world_series_poker_prize_cash_up_for_grabs/.
48) http://de2.netpure.de/cgi-bin/baseportal.pl?htx=/vnm/tib/seiten/archivdetail&Id==485.

»Asimo« von Honda. Der müsste nur noch um die menschlichen Sinnesorgane ergänzt werden.

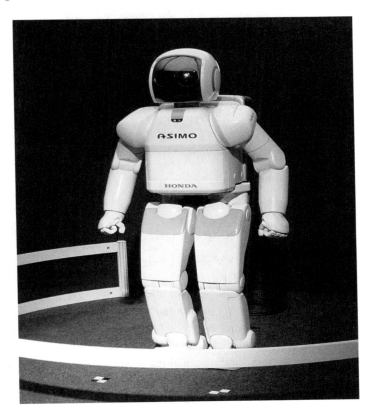

Der Asimo von Honda ist ein humanoider Roboter mit einer Größe von 130 cm und 54 kg Gewicht. Er läuft 6 km pro Stunde.[49] Kann er eines Tages genauso gut hören und sehen wie er heute schon rechnet? (Quelle: Wikipedia.de)

Damit ist das Ende technischer Möglichkeiten aber noch nicht ausgereizt: Gesichtsausdruck und Körperbewegungen einer Person lassen sich manipulieren, sobald diese einmal gescannt sind.[50] Das Verfahren wird als »Motion Capture« bezeichnet. Die Filmindustrie macht bereits regen Gebrauch davon – z.B. für »Avatar« unter der Regie von James Cameron.

---

49) http://de.wikipedia.org/w/
    index.php?title=Datei:HONDA_ASIMO.jpg&filetimestamp=20100721182232.
50) http://de.wikipedia.org/wiki/Motion_Capture#Performance_Capture.

Optische Motion Capture Marker auf einem Gesicht für Performance Capture.
(Quelle: Wikipedia.de)

8.5 Neuromarketing steigt den Menschen unters Dach

Warum sind wir, wie wir sind? Was bestimmt unser Sein, unser Bewusstsein, unser Unterbewusstsein? Wieso sind manche Menschen ängstlicher als andere? Wieso ist der eine schüchtern und die andere kreativ? Wird unser Verhalten von unseren Erbanlagen oder den Umwelteinflüssen bestimmt?

Diese Fragen bestimmen unsere Psyche. Sie wird im frühesten Kindesalter »geprägt«. Die vorhandenen Erbanlagen wollen geweckt werden. Kein Wunder, dass Eltern frühzeitig Begabungen ihres Kindes entdecken und fördern wollen.[51] Sie erhalten dabei allerlei Unterstützung: Psychologen erklären, was Kleinkinder so alles in ihren Zeichnungen verraten,[52] die Erzieherinnen erfassen die Ergebnisse frühkindlicher Bildung, die anschließend wissenschaftlich ausgewertet werden.[53] Kinder und deren Bildung bedeuten schließlich die Zukunft einer (rohstoffarmen) Industrienation.

Deshalb werden solche Auswertungen nicht nur in Deutschland, sondern international durchgeführt. Allerdings mangelt es den Verantwortlichen gelegentlich am Gespür für die Sensibilität des Unterfangens. Das US-amerikanische National Center for Education Statistics berichtet von einer landesweiten repräsentativen Studie, die auf Jahre angelegt war.[54] Dabei sollten Daten von Kindern im Alter von neun Monaten bis zu sechs Jahren erhoben wer-

---

51) Vgl. Abschnitt 3.3.1.
52) http://www.kindergartenpaedagogik.de/429.html.
53) http://www.duesseldorf.de/ccb/download/dokumentation.pdf.
54) www.amstat.org/sections/srms/proceedings/y2008/Files/300253.pdf.

den. Dazu wurde u. a. das Verhalten der Kleinstkinder mit Kameras zu Hause aufgenommen, die Eltern interviewt und vieles mehr. Diese Phase wurde im Sommer 2005 begonnen und im November bereits gestoppt, nachdem ein Ordner mit Erhebungsdaten und drei Laptops innerhalb eines Monats gestohlen wurden. Die Interviewer sollten zunächst weitere Schulung bezüglich Datensicherheit erhalten.

Welche Schlussfolgerungen die gestohlenen Daten auf die Psyche der Kinder zulassen und wie hoch die Wahrscheinlichkeit ist, dass diese Schlussfolgerungen dann auch korrekt sind, ist nicht bekannt.

Angesichts der Attraktivität der Daten zur kindlichen Psyche sind »Tausende von Apps«[55] für mobile Computer aller Art in den Händen von Kindern mit Vorsicht zu genießen. Im Abschnitt 3.2 hatten wir bereits auf die Beichtanwendung fürs iPhone hingewiesen: Ein Mensch, dem seine »Sünde« derart zu schaffen macht, dass er sich einem Dritten offenbaren muss, wird offensichtlich von Gewissensbissen geplagt. Diese werden Spuren auf der Seele hinterlassen. Und diesen Spuren zu folgen – das könnte für Interessenten aller Art attraktiv sein.

Die Psychologen steigen dem Menschen »unters Dach«. Deren Erkenntnisse macht sich das Neuromarketing zunutze. Das Microm-Consumer-Marketing erläutert auf seiner Internetseite:[56]

»Bei einer Individualanalyse wird grundsätzlich Ihre Kundendatenbank auf Verfügbarkeit von Daten evaluiert, die den Analyse-Algorithmus verfeinern (z.B. Alter, Geschlecht, Akademischer Grad, weitere je nach Projekt). ›Datenlücken‹ können durch Echtinformationen der microm, Öffentliche Verzeichnisse oder Namensanalysen gefüllt werden. Wird bei den microm Limbic® Types Individual beispielsweise das Alter der Kunden bzw. Interessenten mit in den Analyse-Algorithmus einbezogen, erhöht dies merklich die Prognosegenauigkeit. Grund hierfür ist die stark abweichende Verteilung der microm Limbic® Types in verschiedenen Altersgruppen ...«

Mit anderen Worten: Dieses System frisst jede Information, die es über einen Kunden bekommen kann, und schneidet die Werbung immer passgenauer auf sein Profil zu.

So klassifizierte die Hamburger Sparkasse (Haspa) ihre Kunden in sieben Typen wie »Bewahrer«, »Hedonisten« oder »Abenteurer« mithilfe des Kon-

---

55) http://ipadforkids.com/.
56) http://www.microm-online.de/Deutsch/Microm/Aktuelles/Aktuelle_Meldungen/Aktuell/microm_Limbic_Types_Individual.jsp.

zepts »Limbic« der Münchner Unternehmensberatung »Gruppe Nymphen-
burg« – einem Wettbewerber von Microm.[57]

Anschließend können dem Bewahrer risikolose festverzinsliche Wertpa-
piere, dem Abenteurer Hedgefonds mit gigantischen Gewinn- und (Verlust-
)möglichkeiten angedreht werden. Das Risiko entsteht aber bereits bei der
Klassifikation des Kunden: Die geht nämlich unweigerlich schief, wenn die
Angaben zu Alter, Geschlecht, Bildungsstand etc. nicht korrekt sind. Außerdem ist es möglich, dass die verarbeitende Software die soziographischen
Angaben schlecht interpretiert – das Programm schlicht untauglich ist. Und
es ist möglich, dass am Ende nur noch der Name und »Abenteurer« übrig ist.
Nehmen wir also lieber an, dass er zu den Glücklichen zählt, deren (korrek-
ter!) Datensatz komplett erhalten bleibt.

Nach entsprechenden Presseveröffentlichungen und einem öffentlichen
Aufschrei will die Haspa ihre Kunden nicht weiter klassifizieren.

8.6   Von den »Rohdaten« zum geklonten Menschen

Wir hatten bereits darauf hingewiesen, wie gut Watson parlieren kann. Das
war aber doch immer noch eine Elektronenstimme ohne Temperament und
Sprachmelodie. Wenn sich jetzt auch noch die Stimme einer beliebigen Person
künstlich synthetisieren ließe, könnte jedermann jedem beliebigen Prominenten beliebige Handlungen »unterschieben« bzw. beliebige Aussagen in den
Mund legen: So musste sich die Bundeskanzlerin 2009 gegen ein Gerücht zur
Wehr setzen, sie wolle Roma-Lager in Deutschland auflösen (die überhaupt
noch niemand hier entdeckt hat).[58] Viel überzeugender wäre es doch, wenn
Merkel das tatsächlich sagen würde? Wie sich das anhören könnte, zeigt das
Comedy-Archiv des Südwestrundfunks:[59] Da äußert sich Kanzlerin Merkel
zu einem Gipfel der NATO und macht aus dem Nordatlantischen Vertei-
digungsbündnis die »Nordatlantische Trinkerorganisation«. Tatsächlich hat
die Redaktion nur einzelne Worte der Kanzlerin aus verschiedenen Tonkon-
serven bunt durcheinandergemischt und neu zusammengeschnitten. Und um
die Stimme imitieren zu können, ist es wichtig, über Alter, Geschlecht, Dia-
lekt und ähnliche Angaben der Zielperson zu verfügen. Die schottische Firma

---

57)   http://www.focus.de/finanzen/banken/kundeneinschaetzungen-hamburger-sparkasse-
      loescht-umstrittene-profile_aid_568851.html.
58)   http://www.welt.de/politik/ausland/article9692503/Merkel-wehrt-sich-gegen-
      Unterstellung-Sarkozys.html.
59)   http://www.swr3.de/fun/comix/-/id=136018/cf=42/did=342748/gp1=255976/gp2=audios/
      j8pe1b/index.html.

Cereproc[60] will die Stimme des früheren US-Präsidenten George W. Bush bereits synthetisiert haben.[61] – Nun sind die Teststimmen auf der Internetseite eindeutig als Computerstimmen zu identifizieren. Insofern wird vermutlich der künstlich animierte Mensch noch eine ganze Weile gut vom menschlichen Original zu unterscheiden sein. Wie lange aber wird das so bleiben? Fünf Jahre? Zehn Jahre? Angesichts des immensen Wettbewerbs in diesem Markt womöglich weniger lang, als uns lieb ist.[62]

Der US-amerikanische Telefonkonzern AT&T lässt seinen Kunden die Wahl:[63] Entweder sie nehmen eine Stimme »von der Stange« oder sie hauen ihren Anwendern individuelle Stimmen – auf Wunsch auch die eigene – um die Ohren. Psychologisch ist das nicht ohne, wie *Spiegel Online* berichtet: »Nun können sie zusehen, wie die eigene Stimme in alle Welt multipliziert wird. Fremde Menschen werden sie besitzen. Wo wird sie überall zu reden beginnen? Was wird sie sagen?« Potenzielle Stimmgeber warnt der Technische Leiter von Cereproc daher: »Deine Stimme verrät eine Menge über Dich – Deine Biographie, woher Du stammst, welcher Typ Mensch in vielerlei Hinsicht Du bist. Sie ist Teil Deiner Seele. Aber natürlich ist es für diejenigen, die ihre Stimme verloren haben, großartig, dass wir sie wieder auferstehen lassen können.« Es ist nicht auszuschließen, dass wir künftig für jeden Menschen ein virtuelles Abbild schaffen können, das seinem Original in punkto Optik, Mimik, Gestik, Sprache, Körperhaltung, Gang, Verhalten, Emotionen, Humor und Temperament gleicht wie ein Ei dem anderen. Nur in Bezug auf Wissen dürfte das Alter Ego den Menschen um Längen übertreffen: Mit wem hast Du am 15. Mai 2004 um 15.45 Uhr telefoniert? Wie viel hast Du für die Uhr damals bezahlt? Wie oft und weshalb warst Du 2006 krank? Wie hoch war der Blutdruck im Jahresdurchschnitt? Vielleicht hättest Du doch etwas weniger Burger und Pommes essen sollen und stattdessen mehr Gemüse? Wie lang ist der Lohn in der Zeit zu 100 Prozent fortgezahlt worden? Was stand in der Kündigung später drin?

Unser virtuelles Abbild wird uns besser kennen als wir uns selbst. Einschließlich aller Freude und aller Leiden, die wir über die Jahre erlebt (und schon lange abgehakt) haben. Wollen wir hoffen, dass es nicht allzu geschwätzig ist und wenn, dann nur im Zwiegespräch mit uns selbst.

---

60) http://www.cereproc.com/.
61) http://abcnews.go.com/Technology/roger-eberts-voice-restored-experimental-technology/story?id=9987141&page=2.
62) http://tcts.fpms.ac.be/synthesis/mbrola/.
63) http://www.spiegel.de/netzwelt/tech/0,1518,149936,00.html.

9 Schlussfolgerung

9.1 Astrid Auer-Reinsdorff

Das kodifizierte Datenschutzrecht ist gerade 40 Jahre alt und schon stellen wir die Frage: Ist dieser Ansatz überholt und ein Auslaufmodell? Hat sich die soziale Norm in der Tat derart verändert, dass die persönlichen Daten eines jeden Einzelnen Allgemeingut werden? Genießen wir Konsumenten es, dass werbende Unternehmen unseren Bedarf und unsere Wünsche kennen und uns individualisierte Kaufempfehlungen zum richtigen Zeitpunkt und Anlass machen, welchen wir nicht widerstehen können und die auch noch unserem Budget entsprechen?

Anbieter können dies, da Individuen mehr und mehr bereit sind bzw. dies als selbstverständlich empfinden, persönliche und intime Details in unterschiedlichen Verbindungen im »On« zu verbreiten. Sie tun dies nicht, weil staatliche Stellen dies verlangen würden, sondern weil sie so schnell mit Fremden, die sie ihre Freunde nennen, unkompliziert und direkt in Kontakt treten und gemeinsame Interessen teilen und vorantreiben können.

> »*Sage mir, mit wem du umgehst, so sage ich dir, wer du bist! Weiß ich, womit du dich beschäftigst, so weiß ich, was aus dir werden kann.*«[1]

In den Sozialen Netzwerken werden in diesem Sinne umfassend Informationen über die Personen selbst sowie die Personen aus ihren Netzwerken preisgegeben und mit Bildern, Kommentaren zu politischen, gesellschaftlichen und Unterhaltungsthemen verbreitet sowie Produktbewertungen und -empfehlungen abgegeben. Ist es an der Zeit, Arbeitgebern zu untersagen, das Internet als Informationsquelle über Bewerber zu nutzen oder aber sehen Bewerber dies eher positiv?

In der datenschutzrechtlichen Debatte sollte es allmählich um die Frage der Bildung und Information in Sachen Selbstdatenschutz gehen. Die techni-

---

1) Johann Wolfgang von Goethe, Maximen und Reflexionen. Allgemeines, Ethisches, Literarisches, II, 35.

schen Entwicklungen sowie die Weiterentwicklung von Geschäftsmodellen wird auch zukünftig die Vernetzung und Kommunikation sowie den Waren- und Dienstleistungsfluss weltweit im Fokus haben. Schon heute können die gesetzgeberischen Maßnahmen nur mühsam Schritt halten mit den Neuerungen, und Einzelfallgesetze und spezielle Regelungen für neue datenschutzrechtliche Phänomene führen kaum mehr zum Ziel. Mit der Einrichtung der Stiftung für Datenschutz kann ein wichtiger Schritt in Richtung »Datenschutz als Qualitätsmerkmal« gemacht werden und damit die Akzeptanz und die Sensibilität bei allen Akteuren gesteigert werden. Im internationalen Vergleich sollten die datensicherungsrechtlichen Komponenten des Datenschutzes stärker betont werden, um Deutschland als Unternehmensstandort und Absatzmarkt nicht unattraktiv wegen unflexibler Datenschutzbestimmungen erscheinen zu lassen. Flankierende Maßnahme wäre die Vereinheitlichung von Datenschutzinformationspflichten, damit der Betroffene noch die Chance hat, seine Rechte in der Datenverarbeitung wahrzunehmen.

Bei allen Regelungsbestrebungen im privatwirtschaftlichen Bereich darf aber die Enthaltsamkeit des Staates bei der Datenerhebung und Verarbeitung nicht aus dem Blick geraten.

9.2 Joachim Jakobs

Die Politik nimmt sich gern der kleinen Dinge im Leben an: Im Zustand höchster Erregung wird mit einer wahrlich bemerkenswerten Liebe zum Detail etwa die Frage debattiert, ob Bedürftige künftig fünf, acht oder gar zehn Euro monatlich mehr erhalten sollen. Kosten mit der jetzt gefundenen Lösung: 23 Milliarden Euro.[2] Gleichzeitig wird Irland praktisch debattenfrei gerettet – Begründung: Die Irland-Rettung sei »alternativlos«. Mögliche Kosten für die Bundesrepublik: bis 174 Milliarden Euro.[3] Weitere Kosten für andere Staaten sind nicht ausgeschlossen.

Ähnlich verhält es sich beim Datenschutz: »Google Street View« war wochenlang in der öffentlichen Diskussion: »Google News« findet für das Jahr 2010 15.000 Treffer zu diesem Thema. Das Thema »Personenprofil« schafft es auf 44. »Datenprofil« auf 18.

Im Dezember 2010 kündigte der damalige Innenminister Dr. Thomas de Maizière Regelungen zu Gesichtserkennungsdiensten, zu der Profilbildung anhand von Suchmaschinenanfragen und der Erhebung von Standortdaten

---

2) http://www.derwesten.de/nachrichten/politik/
   Was-die-Irland-Hilfe-Deutschland-kosten-wird-id3972597.html.
3) http://www.spiegel.de/wirtschaft/unternehmen/0,1518,730235,00.html.

an.[4] Gesichtserkennung, Suchmaschinenanfragen und Standortdaten – das sind die Anteile des Profils, für die sich Wirtschaftsunternehmen interessieren. Von den Anteilen, für die sich Strafverfolger, Arbeitsamt, Finanzamt, Krankenkassen und andere Einrichtungen unter staatlichem Einfluß interessieren, spricht de Maizière nicht. Genauso wenig wie über die Frage, ob Behörden mit personenbezogenen Daten der Bürger handeln dürfen.

Wir brauchen aber nicht nur eine intensive Debatte darüber, wer Profile mit welcher Detailtiefe erstellen darf und wozu die Daten von wem letztlich genutzt werden dürfen, sondern wir müssen auch darüber reden, welche Daten überhaupt gesammelt werden und wer nachweispflichtig ist, sollten Daten verlorengehen: Muss der Datensammler nachweisen, dass er keine Daten verloren hat? Oder muss der Betroffene das Gegenteil darlegen? Und wie hoch muss der Schadensersatz sein, den der Betroffene zu erhalten hat? Muss er nach einem Datenverlust einen konkreten Schaden nachweisen? Oder hat er unabhängig vom Nachweis eines womöglich erst in Zukunft auftretenden Schadens Anspruch auf Schadensersatz?

Um diese Fragen gut zu beantworten, ist ein Minimum an Erkenntnis notwendig. Wie zum Beispiel diese: Noch ist die Technik nicht in der Lage, zwischen Gut und Böse, richtig oder falsch zu unterscheiden. Jede diesbezügliche Entscheidung wird sich unweigerlich auf alle beziehen, deren Daten verfügbar sind.

Genauso sollte ein Politiker ein Gespür für Größenordnungen bekommen: Wenn ein Patientendatensatz für Tausende US-Dollar gehandelt wird, sollten die Sicherungssysteme für einen Datentopf mit 80 Millionen Patienten etwa dem Nutzen entsprechen, den der Angreifer selbst aus allen 80 Millionen Datensätzen ziehen kann.

Daher ist es wichtig, dass nicht nur diejenigen Anwender, Softwareentwickler, Serverbetreiber und Diensteanbieter sich datenschutzrechtlich und -technisch fortbilden, die selbst unmittelbar mit Daten zu tun haben. Sondern auch diejenigen, die die strategische Entscheidung dazu in Politik und Wirtschaft fällen.

9.3 Niels Lepperhoff

Ohne die dynamische technologische Entwicklung und die allgegenwärtige elektronische Informationsverarbeitung wäre nicht nur der Alltag schwer vorstellbar, sondern unsere Wirtschaft verlöre im Wettbewerb. Informa-

---

4) http://www.bmi.bund.de/SharedDocs/Kurzmeldungen/DE/2010/11/
    Datenschutzkodex_RoteLinie.html.

tionstechnik ist der Garant unseres Wohlstands, auf der anderen Seite auch eine Gefahr für unsere Privatsphäre. Dieses Spannungsfeld lässt sich nur im Einzelfall in einen mehr oder weniger befriedigenden Kompromiss – meistens in Form eines Gesetzes – überführen.

Ein solcher Kompromiss bedeutet Verzicht auf technische Vorteile zugunsten der Privatsphäre. In letzter Konsequenz bedeutet er auch Wettbewerbsnachteile für die betroffenen Unternehmen und Wirtschaftszweige, denn die außereuropäische Konkurrenz teilt im Allgemeinen unsere Datenschutzvorstellungen nicht. Sie orientiert sich an der technischen Machbarkeit.

Zum Schutz der Privatsphäre erscheinen Wettbewerbsnachteile auf den ersten Blick vertretbar. Diese nehmen jedoch überhand, wenn nicht nur außereuropäische Unternehmen keine Rücksicht nehmen müssen, sondern auch inländische Unternehmen bestehende Gesetze nicht befolgen. Da die Datenschutzaufsichtsbehörden nicht über ausreichend Personal für einen wirksamen Kontrolldruck verfügen (vgl. Abschnitt 7.2), werden die meisten Gesetzesverstöße nicht bekannt. Der Verweis, Konsumenten müssten selber Unternehmen, Vereine und Parteien kontrollieren, verkennt, dass deren Kontrollmöglichkeit nicht nur Fachwissen und viel Freizeit voraussetzt, sondern einfach durch eine gezielt verschleiernde Informationspolitik seitens der Unternehmen oder auch Behörden unterlaufen wird. 2009 bat der Autor beispielsweise um die Zusendung des Verfahrensverzeichnisses von 378 Unternehmen, Behörden und Vereine. Fünf Prozent der Angeschriebenen sandten ein Verzeichnis zu.[5] Die übrigen 95 Prozent ignorierten ihre gesetzliche Pflicht nach § 4 g Abs. 2 BDSG.

Ohne eine effektive Kontrolle leiden Unternehmen, die datenschutzkonform agieren, dreifach:

- Sie verzichten auf Wettbewerbsvorteile durch unterlassene Datennutzung.
- Dokumentations-, Lösch- und Informationspflichten verursachen zusätzliche Kosten.
- Wettbewerbsnachteile gegenüber nicht konform agierenden inländischen Unternehmen kosten Marktanteile.

Eine effektive und personell adäquat ausgestattete Datenschutzaufsicht schützt nicht nur die Privatsphäre der Bürger, sondern ist auch die Voraussetzung für einen fairen Wettbewerb. Hier liegt eine zentrale politische Herausforderung, die in der öffentlichen Debatte so gut wie nicht vorkommt.

---

5) Xamit (2009): Datenschutzbarometer 2009, S. 22 ff. http://www.xamit-leistungen.de/downloads/XamitDatenschutzbarometer2009.pdf. Letzter Zugriff: 09.03.2011.

A.1 Beispiel für die Bestellung eines Datenschutzbeauftragten

Die Muster GmbH, vertreten durch den Geschäftsführer, Anschrift, bestellt hiermit Herrn/Frau Name, Anschrift, gemäß § 4 f Absatz 1 Bundesdatenschutzgesetz zum/zur betrieblichen Datenschutzbeauftragten. Der/Die Beauftragte für den Datenschutz hat auf die Einhaltung des Bundesdatenschutzgesetzes und anderer Datenschutzvorschriften hinzuwirken. Funktion und Aufgaben des/der Datenschutzbeauftragten ergeben sich aus §§ 4 f, 4 g Bundesdatenschutzgesetz. In Zweifelsfällen kann sich der/die Beauftragte an die örtlich zuständige Aufsichtsbehörde für den Datenschutz wenden.

Herr/Frau Name wird in seiner/ihrer Funktion als Datenschutzbeauftragte/r der Geschäftsleitung unmittelbar unterstellt. (Ort, Datum, Unterschrift Geschäftsführer Muster GmbH)

Ich bin mit der Bestellung zum/zur Beauftragten für den Datenschutz einverstanden.

(Ort, Datum, Unterschrift Datenschutzbeauftragte/r)

A.2 Beispiel für eine Auskunfts- oder Löschungsanforderung

Betreffzeile:
E-Mail-Adresse oder anderer betroffener Datensatz/Werbemaßnahme

Auskunft und Widerruf der Genehmigung zur Speicherung dieser Daten für werbliche Zwecke

Sehr geehrte Damen und Herren,

gemäß § 34 Bundesdatenschutzgesetz (BDSG) fordere ich Sie auf, mir folgende Auskünfte zu erteilen:

- Welche Daten zu meiner Person haben Sie gespeichert und woher haben Sie diese Daten/Informationen erlangt?
- Zu welchem Zweck und auf welcher rechtlichen Basis erfolgt diese Speicherung?
- An welche Empfänger oder sonstige Stellen wurden/werden diese Daten wann weitergegeben?

Ich widerspreche gemäß § 28 Absatz 4 BDSG der Nutzung und Übermittlung meiner Daten für Zwecke der Werbung oder der Markt- oder Meinungsforschung. Sie sind daher verpflichtet, die Daten nicht mehr für diese Zwecke zu verwenden.

Ich setze Ihnen zur Erfüllung meiner Auskunftsaufforderung eine Frist bis zum

Datum (etwa zwei Wochen später).

Ich behalte mir vor, meinen Anspruch auf Löschung und/oder Sperrung nach Auskunftserteilung weiterzuverfolgen. Sollten Sie dieses Schreiben ignorieren, werde ich mich an die zuständige Aufsichtsbehörde wenden. Außerdem behalte ich mir weitere rechtliche Schritte vor.

Mit freundlichen Grüßen

A.3 Liste der Aufsichtsbehörden für die Privatwirtschaft

Bundesland	Bezeichnung der Behörde	Kontaktdaten
Baden-Württemberg	Innenministerium Baden-Württemberg	– Referat Datenschutz – Postfach 10 24 43 · 70020 Stuttgart oder: Dorotheenstraße 6 · 70173 Stuttgart Telefon: 0711/231-4 Telefax: 0711/231-5000 E-Mail: Datenschutz@im.bwl.de Homepage: http://www.im.baden-wuerttemberg.de/
Bayern	Bayerisches Landesamt für Datenschutzaufsicht in der Regierung von Mittelfranken	Promenade 27 (Schloss) · 91522 Ansbach Telefon: 0981/53-1301 Telefax: 0981/53-5301 E-Mail: datenschutz@reg-mfr.bayern.de Homepage: http://www.regierung.mittelfranken.bayern.de/
Berlin	Berliner Beauftragter für Datenschutz und Informationsfreiheit	An der Urania 4–10 · 10787 Berlin Telefon: 030/13 889-0 Telefax: 030/215-5050 E-Mail: mailbox@datenschutz-berlin.de Homepage: http://www.datenschutz-berlin.de
Brandenburg	Die Landesbeauftragte für den Datenschutz und für das Recht auf Akteneinsicht	Stahnsdorfer Damm 77 · 14532 Kleinmachnow Telefon: 033203/356-0 Telefax: 033203/356-49 E-Mail: poststelle@lda.brandenburg.de Homepage: http://www.lda.brandenburg.de
Bremen	Die Landesbeauftragte für Datenschutz und Informationsfreiheit der Freien Hansestadt Bremen	Postfach 10 03 80 · 27503 Bremerhaven oder: Arndtstraße 1 · 27570 Bremerhaven Telefon: 0421/361-2010 Telefax: 0421/496-18495 E-Mail: office@datenschutz.bremen.de Homepage: http://www.datenschutz.bremen.de
Hamburg	Der Hamburgische Beauftragte für Datenschutz und Informationsfreiheit	Klosterwall 6 (Block C) · 20095 Hamburg Telefon: 040/42854-4040 Telefax: 040/42854-4000 E-Mail: mailbox@datenschutz.hamburg.de Homepage: http://www.datenschutz.hamburg.de

Bundesland	Bezeichnung der Behörde	Kontaktdaten
Hessen	Regierungspräsidium Darmstadt	Dezernat Datenschutz – Kollegiengebäude – Luisenplatz 2 · 64283 Darmstadt Telefon: 06151/12-0 Telefax: 06151/12-5794 E-Mail: Datenschutz@rpda.hessen.de Homepage: http://www.rp-darmstadt.hessen.de/
Mecklenburg-Vorpommern	Der Landesbeauftragte für den Datenschutz Mecklenburg-Vorpommern	Schloss Schwerin · 19053 Schwerin Telefon: 0385/59494-0 Telefax: 0385/59494-58 E-Mail: datenschutz@mvnet.de Homepage: http://www.lfd.m-v.de
Niedersachsen	Der Landesbeauftragte für den Datenschutz Niedersachsen	Postfach 221 · 30002 Hannover oder: Brühlstraße 9 · 30169 Hannover Telefon: 0511/120-45 00 Telefax: 0511/120-45 99 E-Mail: poststelle@lfd.niedersachsen.de Homepage: http://www.lfd.niedersachsen.de
Nordrhein-Westfalen	Landesbeauftragter für Datenschutz und Informationsfreiheit Nordrhein-Westfalen	Postfach 20 04 44 · 40102 Düsseldorf oder: Kavalleriestraße 2–4 · 40213 Düsseldorf Telefon: 0211/38424-0 Telefax: 0211/38424-10 E-Mail: poststelle@ldi.nrw.de Homepage: http://www.ldi.nrw.de
Rheinland-Pfalz	Der Landesbeauftragte für den Datenschutz Rheinland-Pfalz	Postfach 30 40 · 55020 Mainz oder: Hintere Bleiche 34 · 55116 Mainz Telefon: 06131/208-24 49 Telefax: 06131/208-24 97 E-Mail: poststelle@datenschutz.rlp.de Homepage: http://www.datenschutz.rlp.de
Saarland	Ministerium für Inneres und Sport	Referat B4 Postfach 10 24 41 · 66024 Saarbrücken oder: Franz-Josef-Röder-Straße 21 66119 Saarbrücken Telefon: 0681/962-0 Telefax: 0681/962-1605 E-Mail: datenschutz@innen.saarland.de Homepage: http://www.innen.saarland.de/

Bundesland	Bezeichnung der Behörde	Kontaktdaten
Sachsen	Der Sächsische Datenschutzbeauftragte	Postfach 12 09 05 · 01008 Dresden oder: Bernhard-von-Lindenau-Platz 1 01067 Dresden Telefon: 0351/49 3-5401 Telefax: 0351/49 3-5490 E-Mail: saechsdsb@slt.sachsen.de Homepage: http://www.datenschutz.sachsen.de
Sachsen-Anhalt	Landesverwaltungsamt Sachsen-Anhalt	Referat Justitiariat Ernst-Kamieth-Straße 2 · 06112 Halle (Saale) Telefon: 0345/514-0 Telefax: 0345/514-3799 E-Mail: poststelle@lvwa.sachsen-anhalt.de Homepage: http://www.sachsen-anhalt.de
Schleswig-Holstein	Unabhängiges Landeszentrum für Datenschutz Schleswig-Holstein	Postfach 71 16 · 24171 Kiel oder: Holstenstraße 98 · 24103 Kiel Telefon: 0431/988-1200 Telefax: 0431/988-1223 E-Mail: mail@datenschutzzentrum.de Homepage: http://www.datenschutzzentrum.de
Thüringen	Thüringer Landesverwaltungsamt	Referat 200 Weimarplatz 4 · 99423 Weimar Telefon: 0361/3770 0 Telefax: 0361/377371 90 E-Mail: poststelle@tlvwa.thueringen.de Homepage: http://www.thueringen.de/de/tlvwa